WISSENSCHAFTLICHE BEITRÄGE
AUS DEM TECTUM VERLAG

Reihe Pädagogik

WISSENSCHAFTLICHE BEITRÄGE
AUS DEM TECTUM VERLAG

Reihe Pädagogik

Band 18

Anna Miebach-Berkes

Schwestern im Alter

Rückblicke auf eine lebenslange Beziehung

Tectum Verlag

Anna Miebach-Berkes

Schwestern im Alter.
Rückblicke auf eine lebenslange Beziehung

Wissenschaftliche Beiträge aus dem Tectum Verlag:
Reihe: Pädagogik; Bd. 18

Zugl.: Köln, Univ. Diss. 2009

ISBN: 978-3-8288-2340-2

ISSN: 1861-7638

Umschlagabbildung: © Foto: Sandra Zarth.

Mit freundlicher Unterstützung der

Gerda-Weiler-Stiftung für feministische Frauenforschung

D-53894 Mechernich, www.gerda-weiler-stiftung.de

Besuchen Sie uns im Internet
www.tectum-verlag.de

Bibliografische Informationen der Deutschen Nationalbibliothek
Die Deutsche Nationalbibliothek verzeichnet diese Publikation in der Deutschen Nationalbibliografie; detaillierte bibliografische Angaben sind im Internet über http://dnb.ddb.de abrufbar.

Inhaltsverzeichnis

Abbildungsverzeichnis

Tabellenverzeichnis

Vorwort

Bedingt durch meine eigene Situation als viertes von fünf Kindern richtete sich meine Aufmerksamkeit bereits während meines Studiums der Diplompädagogik auf die Geschwister, die Besonderheiten und beeinflussenden Faktoren ihrer lebenslangen Beziehung. Die vorliegende Studie greift diese Thematik auf, indem sie die Geschwisterbeziehung aus der Perspektive von Schwesternpaaren im späten Erwachsenenalter betrachtet und damit Rückblicke auf diese ungewöhnlich lang andauernde Beziehung ermöglicht. Gleichzeitig wird eine Gegenüberstellung der Sichtweisen beider beteiligter Personen vorgenommen.

Diese Arbeit wurde an der Humanwissenschaftlichen Fakultät der Universität Köln als Dissertation angenommen. Die Prüfung erfolgte am 3.Juli 2009.

Mein besonderer Dank gilt Herrn Prof. Dr. Johannes Wickert ohne dessen ersten Anstoß, entscheidende Unterstützung und Ermutigung diese Arbeit nicht zustande gekommen wäre.

Bedanken möchte ich mich vor allem bei meiner Doktormutter Frau. Prof. Dr. Ellen Aschermann, die mich sehr unterstützt hat, nachdem ich krankheitsbedingt eine neue Betreuung für die Arbeit suchte und in der „Datenmasse zu ertrinken drohte“. Ihre methodischen und thematischen Anregungen, Verbesserungen sowie ihre Bestärkung haben wesentlich zum Gelingen meines „Großprojekts Promotion“ beigetragen. Mein Dank gilt auch Herrn Prof. Dr. Kersten Reich, der freundlicherweise das Zweitgutachten übernommen hat.

Darüber hinaus haben viele Menschen zur Entstehung dieser Arbeit beigetragen.

An erster Stelle möchte ich den Teilnehmerinnen an der empirischen Erhebung danken. Sie haben nicht nur ihre Zeit eingebracht, sondern haben mir durch ihre Offenheit einen Einblick in ihre Geschwisterbeziehung und ihr privates Leben gewährt.

Durch die finanzielle Förderung der Gerda Weiler Stiftung für feministische Frauenforschung e.V. wurde die Buchveröffentlichung in der vorliegenden Form ermöglicht.

Die nachstehenden, in alphabetischer Reihenfolge aufgeführten Menschen haben mich auf unterschiedlichste Weise unterstützt: Bürofachfrau Marita Albert, Web Designerin Bylle Baringer, Dipl. Päd. Markus Linnemann, Germanistiker Wolfgang Noethen und Dipl. Heilpäd. und Künstlerin Sandra Zarth.

Danken möchte ich auch Freundinnen und Freunden, Kolleginnen und Kollegen, die mich auf verschiedenste Art unterstützt, sowie Geduld und Anteilnahme an meiner Arbeit gezeigt haben.

Mein herzlichster Dank gilt jedoch meinem Ehemann, dessen Verständnis und Unterstützung das Gelingen und Beenden meines Vorhabens Promotion erst ermöglicht haben.

Zusammenfassung

Was zeichnet die Beziehung von Schwesternpaaren im späten Erwachsenenalter aus? Das ist die zentrale Frage, der diese Arbeit nachgeht.

Eine grundlegende Rolle für die vorliegenden Überlegungen spielt dabei die Geschwisterbindung mit ihren beeinflussenden inneren und äußeren Faktoren. Als Geschwister werden Kinder der gleichen Familie definiert. Wesentliche Kennzeichen ihrer Beziehung sind unter anderem eine fehlende Freiwilligkeit, das gemeinsame Aufwachsen und die lebenslange Dauer. Ihre Bindung wird durch äußere Bedingungen, wie den Altersabstand, die Familiengröße und das Elternverhalten beeinflusst. Die inneren Bedingungen beinhalten die gefühlsmäßige Ebene zwischen den Geschwistern, die aufgrund der frühen Bindung und dem gemeinschaftlichen Aufwachsen eine besondere Intimität erreichen kann.

Im Hinblick auf die Zielgruppe sind geschlechtsspezifische Besonderheiten bedeutsam. Schwestern wird im Vergleich zu Brüdern eine größere Nähe, aber es werden ihnen auch mehr Konflikte und Rivalität, sowie eine größere Offenheit zu negativen Beziehungsaspekten zugeschrieben.

Aus der Literaturanalyse ergab sich ein neuer Ansatz für diese Untersuchung, der darin besteht, dass jeweils zwei Schwestern einer Familie zu ihrer Beziehung befragt werden. Das ermöglichte es, die Beziehungswahrnehmung der Geschwister eines Paares miteinander zu vergleichen.

Für die retrospektive Analyse dieser lebenslangen Beziehung war es wichtig, dass die Teilnehmerinnen zum Zeitpunkt der Interviews mindestens ein Alter von 55 Jahren erreicht hatten. Die Schwestern befanden sich damit in einer vergleichbaren Lebensphase und konnten auf eine ähnlich lange Zeit ihrer Beziehung zurückblicken.

Aufgrund dieser Altersbeschränkung ergab sich eine weitere Besonderheit der Studie: die meisten Teilnehmerinnen haben den Zweiten Weltkrieg als Kinder erlebt. Mögliche Auswirkungen dieser extremen Lebenssituation werden in einem Exkurs dargestellt.

Im Rahmen des Forschungsprojektes wurden die Schwestern jeweils einzeln zu ihrer Beziehung in den unterschiedlichen Lebensphasen befragt. Ein Selbstbewertungsbogen, ein Persönlichkeitsfragebogen (mit Abfrage des Selbst- und Fremdbildes der Anderen) und ein Fragebogen zum erinnerten Elternverhalten ergänzten dieses Verfahren im Sinne einer Methoden-Triangulation.

An dieser Untersuchung nahmen 47 Schwesternpaare, das heißt 94 Einzelpersonen, teil. Die Ergebnisse wurden inhaltsanalytisch codiert und anschließend hinsichtlich der nachfolgenden wesentlichen Fragestellungen, wie den Beziehungsmustern, dem Elternverhalten, der Konflikte, der Besonderheit der Beziehung und des dyadischen Erlebens betrachtet.

Die Auswertung der Untersuchung zeigte folgende bedeutsame Ergebnisse:

- **Typische Beziehungsmuster** ließen sich bilden, erfassten jedoch nicht alle Probandinnen und waren nur bedingt mit bestehenden Typologien zu verbinden. Die Betrachtung einzelner Dimensionen erscheint sinnvoller.
- Die inhaltsanalytische Auswertung verdeutlichte eine mehrheitlich **positive Wahrnehmung der Beziehung** und eine von der Beziehungsqualität unabhängige große Übereinstimmung. Die Schwestern erlebten ihre Beziehung im späten Erwachsenenalter tendenziell näher und stuften Konflikte weniger ausgeprägt ein, als in anderen Lebensabschnitten.
- **Geschwisterliche Konflikte** wurden häufig erwähnt und innerhalb der Paare zumeist ähnlich eingestuft. Die Versorgung der Eltern oder das elterliche Erbe war oft der Inhalt gravierender Auseinandersetzungen zwischen den Schwestern.
- Ein Großteil der Teilnehmerinnen nahm **Besonderheiten ihrer Beziehung** wahr, beispielsweise eine außergewöhnliche Bindung und die gemeinsame Herkunft bzw. Geschichte.
- Ein überdauernder Einfluss des **Elternverhaltens** konnte belegt werden. So ging ein erinnertes Ungleichverhalten mit einer beeinträchtigten Beziehungsqualität im späten Erwachsenenalter einher. Die Älteren eines Paares erinnerten sich an mehr elterliche Kontrolle als die Jüngeren.
- Hinsichtlich des **dyadischen Erlebens**, hier der eigenen und von der Schwester erfassten **Persönlichkeitswahrnehmung,** konnten große Unterschiede in Abhängigkeit vom Geburtsrang der Schwestern nachgewiesen werden. Es fanden sich Hinweise auf eine zeitgeschichtlich bedingte größere Verantwortung der älteren Schwestern und ein damit zusammenhängendes Konfliktpotential.
- Die Evaluation des Forschungsansatzes unter Einbeziehung testtheoretischer Gütekriterien, der **Methoden-Triangulation** ist zufriedenstellend.

In der abschließenden Diskussion der angewendeten Verfahren und Ergebnisse werden kritische Aspekte aufgezeigt und die Befunde in die bestehende Forschung eingeordnet. Des Weiteren werden Vorschläge für zukünftige Untersuchungen entwickelt.

Getragen sind die Ergebnisse von der großen Offenheit der teilnehmenden Frauen. Hier entstand vielfach der Eindruck, dass sie entscheidend die Familienbeziehungen, eine Familiensolidarität prägen und zu ihrer Aufrechterhaltung beitragen, wenn sie beispielsweise Familientreffen, Kontakte und Unterstützung für weitere Familienmitglieder, wie Eltern, Brüder aber auch Schwägerinnen initiieren.

1 Einleitung

Wie erleben Frauen im fortgeschrittenen Alter ihre Geschwisterbeziehung? Welche trennenden oder verbindenden Faktoren werden wahrgenommen? Wie beschreiben sie den Verlauf ihrer Beziehung?

Die vorliegende Arbeit beantwortet diese Fragen auf der Grundlage von Aussagen, die Frauen im späten Erwachsenenalter zu ihrer Geschwisterbeziehung machen. Die Fokussierung auf das fortgeschrittene Lebensalter bietet die Chance, eine retrospektive längsschnittliche Studie dieser lebenslangen Beziehung vorzunehmen. Mein persönliches Interesse ergibt sich aus der Situation als viertes von fünf Geschwistern. Im Austausch mit ihnen erlebe ich immer wieder überraschend unterschiedliche Wahrnehmungen und Einschätzungen unserer Beziehung. Dadurch wurde meine Neugier hinsichtlich folgender Fragen geweckt: Stimmen Geschwister in ihrer Beziehungswahrnehmung überein oder erleben sie diese unterschiedlich? Die Einbeziehung von Schwesternpaaren ermöglicht einen Vergleich der Wahrnehmung beider Personen, die an der Beziehung beteiligt sind und kann damit zur Beantwortung dieser Frage beitragen.

Die bisherige psychologische Forschung weist unterschiedlichste Herangehensweisen zum Thema Geschwister auf. Ein erster Hinweis auf den Einfluss der Geburtsposition ist bereits bei Alfred Adler (1927) zu finden. Studien mit verschiedenen Inhalten haben sich im Bereich der Sozial- und Entwicklungspsychologie in den folgenden Jahrzehnten angeschlossen. So ist beispielsweise die Geschwisterbeziehung im Alter zunehmend ins Interesse der Forscher gerückt (z.B. Bedford, 1989a, 1995; Cicirelli, 1992, 1995; Connidis, 1989; Gold, 1989a, b; Kasten, 2004).

Ziel dieser Arbeit ist es, die bestehenden Forschungsansätze zu erweitern und neue Befunde und Denkansätze zum Thema Geschwister anzustellen.

Die Besonderheit der vorliegenden Studie basiert auf den folgenden Ansätzen und Überlegungen:

(1) Die Grundlage der Geschwisterbeziehung bilden mindestens zwei Personen. Entsprechend werden in dieser Untersuchung zwei Geschwister einer Familie zu ihrer Bindung und ihren Erfahrungen befragt. So können die unterschiedlichen Sichtweisen, sowie Gemeinsamkeiten, die Perspektiven beider Schwestern betrachtet werden. Hierin besteht ein Vorteil gegenüber den bestehenden Geschwisterstudien, die nur ein Familienmitglied einbeziehen. Eine Erweiterung der bisherigen Forschungsergebnisse wird dadurch ermöglicht.

(2) Die Fokussierung auf das fortgeschrittene Lebensalter birgt einen weiteren Vorteil: dadurch kann die Geschwisterbeziehung, die zu den längsten des menschlichen Lebens gehört, über eine große Lebensspanne abgebildet werden, indem sie sowohl gegenwärtige als auch retrospektive Berichte zu den verschiedenen Lebensphasen erfasst. Der Komplexität der Geschwisterbeziehung wird durch halbstandardisierte Leitfadeninterviews Rechnung getragen. So bietet sich den Probandin-

nen die Möglichkeit, individuelle Erfahrungen und Besonderheiten ihrer umfassenden und lang andauernden Beziehung einzubringen.

(3) Die Befragung von Frauen ab dem 55. Lebensjahr bedingt außerdem eine zeitgeschichtliche Besonderheit: Die Teilnehmerinnen der Geburtsjahrgänge bis 1945 haben den Zweiten Weltkrieg als Kind oder junge Erwachsene erlebt. Ein Einfluss dieser Situation auf die Geschwisterbeziehung wird vermutet. Da an den verschiedensten Orten zu allen Zeiten kriegerische Auseinandersetzungen ausgetragen werden, handelt es sich hierbei um ein – bedauerlicherweise immer wieder – aktuelles Thema. Der bestehende Mangel bisheriger Forschungsansätze, die den zeitgeschichtlichen Kontext ihrer Versuchspersonen nicht beachten, wird in dieser Arbeit aufgehoben.

(4) Die Triangulation der Methoden bietet eine Ergänzung des qualitativen Ansatzes und eine Validierung der nicht unumstrittenen qualitativen Methode. Beispielsweise wird anhand des Selbstbewertungsbogens überprüft, inwieweit die Selbsteinschätzung mit der qualitativen Interviewauswertung übereinstimmt.

(5) Die psychologische Literatur betont geschlechtsspezifische Unterschiede von Geschwistern. So wird Schwesternbeziehungen eine größere Intimität und Nähe aber auch mehr Konfliktpotential und Rivalität zugeschrieben (vgl. Bedford, 1995). Aufgrund dieser größeren Variabilität erscheint die Erforschung der Schwesternbeziehung besonders ergiebig. Die Fokussierung auf weibliche Dyaden ermöglicht außerdem eine detaillierte Analyse dieser Beziehung und begünstigt die Vergleichbarkeit der Ergebnisse innerhalb der Studie. Der Nachteil einer begrenzten Übertragbarkeit der Resultate auf gemischtgeschlechtliche oder männliche Dyaden wurde zugunsten der genannten Vorteile in Kauf genommen.

Die vorliegende Arbeit gliedert sich in folgende Abschnitte:

In einem ersten, theoretischen Teil wird zunächst der Stand der Geschwisterforschung aufgezeigt. Ziel ist es, die Komplexität der Geschwisterbindung zu verdeutlichen, indem die Literatur thematisch nach den vielfältigen beeinflussenden Faktoren geordnet dargestellt wird. Soweit vorhanden, werden die jeweiligen Themen durch geschlechtsspezifische Besonderheiten ergänzt.

Im Hinblick auf die gewählte Stichprobe, die sich aus Frauen im späten Erwachsenenalter zusammensetzt, liegt ein zweiter theoretischer Schwerpunkt auf der Hervorhebung der Fachliteratur zum geschlechtsspezifischen Altern.

Die theoretische Ausarbeitung schließt mit einem Exkurs zu Auswirkungen einer Kriegskindheit ab. So hat ein Großteil der Teilnehmerinnen (mehr als drei Viertel) den Krieg als Kind oder junge Frau erlebt (in dieser Studie sind die Jahrgänge 1920 bis 1945 betroffen).

Der zweite, empirische Teil stellt das Forschungsprojekt vor, in dem 94 Frauen aus 47 Schwesternpaaren zur ihrer Geschwisterbeziehung befragt wurden. Einleitend erfolgt zunächst die Deskription der Datenerhebungsmethodik. Die unterschiedlichen Erhebungsmethoden, wie der Interviewleitfaden, die standardisierten Verfahren und der Selbstbewertungsbogen werden kurz vorgestellt. Der Schwerpunkt liegt hierbei auf dem inhaltsanalytischen Vorgehen: Die inhaltlichen Kategorien bzw. Themenschwerpunkte werden ebenso wie ihre Skalierungsstufen kurz skizziert und durch Ankerbeispiele belegt. Das strategische Vorgehen der Datenauswertung wird beschrieben.

Der dritte Abschnitt dokumentiert die Ergebnisse zu den verschiedenen Erhebungsmethoden und orientiert sich dabei an den Grundfragestellungen der Arbeit.

Der vierte Abschnitt diskutiert die Ergebnisse. Es folgt der Versuch einer Zusammenführung der verschiedenen Befunde und eine Einordnung in den theoretischen Rahmen.

Grenzen und Möglichkeiten dieses Forschungsansatzes werden kritisch betrachtet. Abschließend wird ein Ausblick auf künftige Forschungsmöglichkeiten gegeben.

2 Geschwister in der Fachliteratur

Welche Rolle Geschwister für den einzelnen Menschen spielen, inwieweit sie sich auf die Entwicklung der Persönlichkeit auswirken und durch welche Faktoren ihre Beziehung beeinflusst wird, soll anhand der Fachliteratur dargestellt werden. Hierfür erfolgt in einem ersten Abschnitt eine Eingrenzung des Themas, als Zweites wird die Geschwisterbeziehung definiert. Der nächste Abschnitt zeigt die Bedeutung innerer und äußerer beeinflussender Faktoren und schließt mit einer längsschnittlichen Betrachtung über die verschiedenen Lebensabschnitte ab.

Die Anfänge der Geschwisterforschung erfolgten bereits Anfang der Zwanzigerjahre des vorigen Jahrhunderts und sind auf den Psychologen Alfred Adler zurückzuführen, der eine Verbindung zwischen der Geschwisterposition und der Persönlichkeitsentwicklung hergestellt hat. Diese wird von Dreikurs (1990) verdeutlicht, der die Grundbegriffe der Individualpsychologie Adlers erläutert:

> Um die Entwicklung der Persönlichkeit eines Menschen zu verstehen, muß man nicht nur seinen Lebensstil kennen, sondern auch die Art, wie er dazu kommt, seine Eigenart zu entwickeln. Dies geschah im Zusammenspiel von ihm und allen anderen Mitgliedern der Familie. (Dreikurs, 1990, S.86)

Auch wenn der Einfluss von Geschwistern auf die Entwicklung der Persönlichkeit bereits in der ersten Hälfte de 20. Jahrhunderts festgestellt wurde, stand die Geschwisterforschung dennoch lange Zeit in der Sozialisationsforschung hinter anderen Sozialbeziehungen, zum Beispiel der Eltern-Kind-Beziehung zurück.

In den Anfängen stellten die Geschwisterposition und der Geburtsrang den wesentlichen Ansatz der Geschwisterforschung dar. Ein Einfluss der Geburtsposition auf die Entwicklung der Persönlichkeit wurde angenommen (vgl. Adler, 1927; Dreikurs, 1990; Forer & Still, 1982; König, 1992; Leman, 1994; Toman, 1986). Die Auswirkungen der Konstellationsforschung wurden jedoch zunehmend in Frage gestellt, da beeinflussende Faktoren, wie das spezifische Umfeld der Kinder nicht berücksichtigt worden waren (vgl. Bank & Kahn, 1991; Kidwell, 1981). So wiesen bereits Ernst und Angst (1983) in einer Literaturanalyse zur Geschwisterposition nach, dass die Untersuchungen methodisch unzureichend waren und festgestellte Unterschiede nicht mehr zutreffend waren, wenn beispielsweise die gesellschaftliche Stellung oder die Geschwisterzahl berücksichtigt wurden. Im Rahmen dieser Arbeit wird daher auf die Ergebnisse der traditionellen Geschwisterforschung nur am Rande eingegangen.

Zunehmend wurden an Stelle der strukturellen Variablen weitere Prozesse und innerfamiliale Wechselwirkungen sowie intra- und interindividuelle Aspekte betrachtet. Auch wurde dem Zusammenspiel verschiedener äußerer Faktoren, dem Altersabstand, dem Elternverhalten, dem Geschlecht und der Familiengröße ein bedeutsamer Einfluss auf die Geschwisterbeziehung zugeschrieben (z.B. Bank &

Kahn, 1991; Bedford, 1989b und 1995; Cicirelli, 1995; Connidis, 1989; Diepold, 1988; Kasten, 2004).

Wesentliche Schwerpunkte neuerer Forschungen stellen unter anderem längsschnittliche Entwicklungen, spezifische Altersabschnitte der Geschwisterbeziehung und kulturvergleichende Studien dar (z.B. Avioli, 1989; Bedford, 1989a, 1995, Cicirelli, 1982, 1995; Goldring Zukow, 1989; Kasten, 1998; Milevsky & Levitt, 2005; Riggio, 2000, 2006; Seltzer, 1989, Weisner, 1982). Auch besondere Anforderungen an die Geschwisterbeziehung in bestimmten Lebensphasen oder belastende Ereignisse, beispielsweise die Versorgung der Eltern im mittleren Erwachsenenalter, Trennung der Eltern in der Kindheit und die Unterstützung von Geschwistern werden thematisiert (z.B. Abbey & Dallos, 2004; Bush & Ehrenberg, 2003; Cicirelli, 1991, 1992; Coleman & Ganong, 1993; Eriksen & Gerstel, 2002; Karle, Kleefeld & Klosinski, 1998).

Auf spezifische Situationen, wie Scheidungen, Stiefgeschwister, behinderte Geschwister aber auch kulturvergleichende Studien wird hier nicht eingegangen, da sie für die vorliegende Fragestellung zu speziell sind. Sie stellen jedoch ein interessantes Forschungsfeld dar, welches beispielsweise im Hinblick auf Potentiale und Kompensationsmöglichkeiten dieser Familienbindung und im Rahmen vergleichender Studien für zukünftige Untersuchungen von Interesse ist.

2.1 Geschwister und Geschwisterbeziehung: eine Begriffsklärung

Versucht man eine Definition des Begriffs „Geschwister", so fällt auf, dass dieser in den verschiedenen Sprachen und Kulturen, somit auch in der Geschwisterforschung unterschiedlich verwendet wird: Während es z.B. im Englischen einen analogen Begriff gibt (sibling), sprechen die Franzosen von „Brüdern und Schwestern" (frères et sœurs). Nach Kasten (1993) ist die Bezeichnung bzw. Zuordnung von Personen in die Kategorie „Geschwister" interkulturell sehr unterschiedlich und hängt vom jeweils kulturell definierten Verwandtschaftsverhältnis ab. So werden nach Weisner (1982) in vielen Gesellschaftsformen auch Cousins und Cousinen als Geschwister bezeichnet. Unter Geschwistern werden jedoch in den meisten Kulturen Menschen verstanden, die zumindest ein gemeinsames bzw. identisches Elternteil haben.

Victor G. Cicirelli (1995), der seit Jahrzehnten die Geschwisterbindung erforscht, erweitert diese Definition, indem er zwei Kinder der gleichen Familie als Geschwister bezeichnet, die entweder

- biologisch zumindest ein gemeinsames Elternteil haben,
- eine gesetzlich definierte Beziehung haben (auch Stiefgeschwister oder adoptierte Geschwister) oder

- die Geschwisterfunktionen füreinander übernehmen, “commitment or socialization to the norms of sibling roles“ (ebenda, S. 4).

Die **Geschwisterbeziehung** umfasst nach Cicirelli (1995) die Gesamtheit der Interaktionen (die physische, verbale und nonverbale Kommunikation) zwischen zwei oder mehr Individuen, die Wissen, Wahrnehmungen, Einstellungen, Überzeugungen und Gefühle zueinander teilen, beginnend mit der Zeit, da ein Geschwister bewusst das andere wahrnimmt.

Die Geschwisterbindung ist nach Bank und Kahn (1991) als eine „intime wie öffentliche Beziehung zwischen dem Selbst von zwei Geschwistern: die Zusammensetzung der Identitäten zweier Menschen“ (S. 25) zu verstehen.

Der Begriff der Geschwisterbindung beinhaltet nach Bedford (1989b), Cicirelli (1995), Kasten (1993, 1998, 2001) und Wright (2001) folgende Komponenten bzw. Dimensionen:

(1) Die Geschwisterbeziehung ist in der Regel die **längste Beziehung**, die ein Mensch in seinem Leben erfahren wird. Es liegt eine lebenslange Verbindung vor, die mit der Geburt des zweiten Kindes, das heißt, eines jüngeren Geschwisters beginnt. Sie besteht ungeachtet von Konflikten und Phasen der Entfremdung lebenslang und endet erst mit dem Tod des Geschwisters. Sie ist nicht auf einen bestimmten Lebensabschnitt begrenzt, sondern es besteht ein lebenslanger Prozess, in dem sie sich fortlaufend weiterentwickelt.

(2) Die Beziehung ist **nicht freiwillig**, sondern wird durch die Geburt vorgegeben und ist gesetzlich (Geburtsurkunde) festgeschrieben. Geschwister haben demnach etwas Schicksalhaftes. Auch wenn der Kontakt aufgrund von Streitigkeiten abgebrochen werden kann, kann die Beziehung nicht beendet werden und besteht auch bei Trennung weiter. Eine Bindung zwischen getrennten Geschwistern kann daher nach Jahren wieder aufgenommen werden, was unter getrennten Freunden in der Regel nicht geschieht.

(3) Sie ist dem **familiären Bereich** zuzuordnen und bildet im Familiensystem eine Untergruppe, die sich wechselseitig mit den anderen Subsystemen (z.B. Elternbeziehung, Vater-Kind-Beziehung) beeinflusst. Es handelt sich hierbei um eine horizontale Beziehung im Gegensatz zur vertikalen Eltern-Kind-Beziehung. Sie wird ebenso wie die Eltern-Kind-Beziehung auch als Primärbeziehung bezeichnet. Die Geschwisterbeziehung kann als gleichberechtigt eingestuft werden, auch wenn gewisse Statusunterschiede aufgrund des Alters, der Intelligenz, des Geschlechts, Wissens etc. bestehen können. In der Regel erleben Geschwister sich jedoch gleichgestellt und gehen entsprechend miteinander um.

(4) Geschwister haben in der Regel in ihrer Kindheit den gleichen sozialen Hintergrund und in den ersten Lebensjahren die gleichen sozialen Beziehungen. Durch das gemeinsame Aufwachsen wird ein Höchstmaß an Intimität erreicht. Sie verbringen, bedingt durch den Familienalltag, täglich viel Zeit gemeinsam. Dagegen wird der Kontakt im Erwachsenenalter eher über die Distanz durch gelegentliche

Treffen und Telefonate gehalten, sodass die Beziehung stärker durch äußere Einflüsse und Veränderungen, wie Lebensumstände beeinflusst wird.

(5) Für die Geschwisterbeziehung bestehen in unserem westlichen Kulturkreis keine festen Regeln oder Rituale, wie z.B. Heirat oder Taufe.

(6) Es bestehen unausgeschriebene Erwartungen oder auch Verpflichtungen, die sich überdauernd in einem füreinander einstehenden und unterstützenden Verhalten zeigen können.

(7) Ein gleichzeitiges Vorhandensein positiver und negativer Emotionen im Sinne einer tiefen gefühlsmäßigen Ambivalenz wird als typisch angesehen.

(8) Geschwister haben eine gemeinsame Geschichte geteilter Erfahrungen aber auch ungleicher Erfahrungen. Geteilte Erfahrungen verstärken Gemeinsamkeiten zwischen den Geschwistern, während nicht geteilte Erfahrungen eher ihre Unterschiede und Individualität fördern. Gemeinsamkeiten und Unterschiede müssen im größeren Familienkontext gesehen werden und beeinflussen sich gegenseitig. Einfache Ursache- und Wirkungszusammenhänge bestehen demnach nicht.

Als gemeinsamen Nenner der verschiedenen Definitionen mussten die Teilnehmerinnen der vorliegenden Studie die gleichen Eltern oder zumindest ein gleiches Elternteil aufweisen.

Da Menschen im späten Erwachsenenalter im Mittelpunkt stehen, ist besonders die beschriebene, lang andauernde und lebenslange Wirksamkeit der Beziehung zu betonen. Es stellt sich die Frage, ob die Teilnehmerinnen ihre Beziehung tatsächlich als unzertrennbar erleben.

2.2 Bedingungen der Geschwisterbeziehung

Unterschiedliche Variablen wirken auf die Art und Intensität der Geschwisterbeziehung ein.

Das Modell von Bank und Kahn (1991) zur Geschwisterbindung, das noch immer Gültigkeit besitzt, verdeutlicht die verschiedenen Einflussgrößen sehr anschaulich. Die Autoren unterscheiden zwischen äußeren und inneren beeinflussenden Faktoren: **Zu den Äußeren Bedingungen** zählen die Wohnsituation, einschließlich Lage und Art der Wohnung, die gesellschaftliche Stellung bzw. der Status der Familie inklusive der finanziellen Situation, der Beruf als auch die Einstellungen und das Verhalten der Eltern. Diese Bedingungen sind auf die Lebenssituation der erwachsenen Geschwister auszuweiten.

Beispielsweise wird ein dauerhafter Effekt der sozioökonomischen Herkunft auf die Geschwisterbeziehung angenommen (vgl. Connidis, 2007, S494ff.). Eine größere Komplexität bzw. Bandbreite und schneller und häufiger wechselnde äußere Lebensbedingungen der Familie (z.B. Scheidung, Berufswechsel, Umzug) können sich entscheidend auf die Lebenssituation der Kinder aber auch später der erwachsenen Geschwister auswirken. Wesentliche Veränderungen innerhalb weniger Jahre sind vorstellbar, sodass die Kinder einer Familie demnach völlig unterschiedliche Lebenssituationen vorfinden können. Dieser Aspekt wird im Konzept der ungleichen Umwelten von Geschwistern aufgegriffen (vgl. Kapitel 2.2.2.3). Nicht zuletzt gehören die Variablen der Geschwisterkonstellation wie Altersabstand, Geschwisterzahl, Geschlecht und Geschwisterposition zu den äußeren Bedingungen der Geschwisterbeziehung (vgl. Angst & Ernst, 1983, S. 239ff.; Kasten, 2001, S. 73f.).

Die **Inneren Bedingungen** umfassen die gefühlsmäßige Ebene zwischen den Geschwistern, die in früher Kindheit gebildet wird, auf der sich ihre Beziehung aufbaut und die das spätere Verhalten stark beeinflusst (vgl. Lüscher, 1997, S. 20; Bank & Kahn, 1991, S. 85ff.).

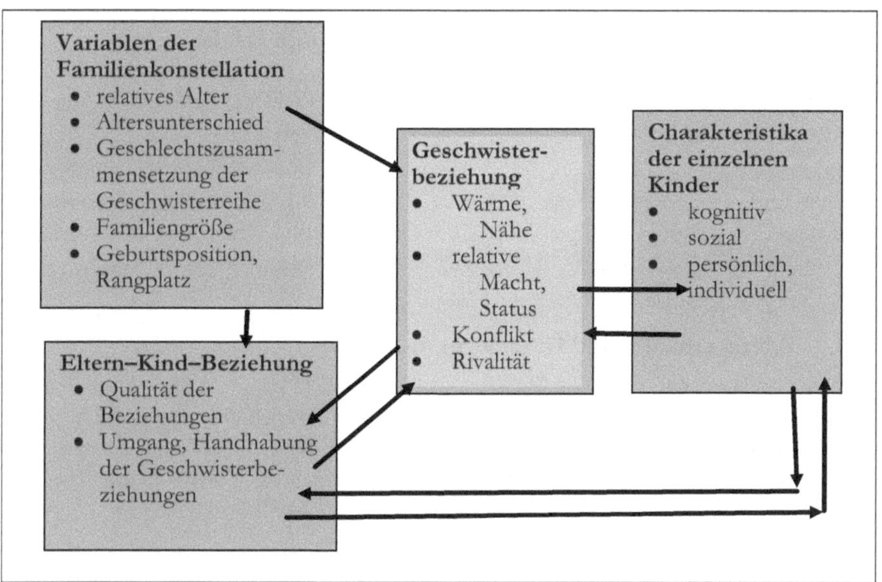

Abbildung 1: Einflussfaktoren auf die Geschwister und ihre Familie[1]

Abbildung 1 stellt die verschiedenen inneren und äußeren Faktoren, die auf die Geschwister und ihre Familie einwirken, dar. Diese sind durch die bereits erwähnte sozioökonomische Situation der Familie zu ergänzen.

Nachfolgend werden die einzelnen Einflussgrößen eingehender betrachtet.

---

[1] nach Furman & Buhrmester, 1985, S. 458

2.2.1 Äußere Bedingungen

Nachfolgend werden die äußeren Bedingungen, die auf die Beziehung einwirken dargestellt. Aufgrund der Fokussierung auf Schwesternbeziehungen sind geschlechtsspezifische Faktoren von besonderem Interesse. Ferner werden die Eltern und ihr Einfluss auf die Beziehung, Konstellationsaspekte, wie der Altersabstand, die Familiengröße und die räumliche Nähe der Geschwister betrachtet.

2.2.1.1 Geschlechtsunterschiede und Geschlechterverteilung

Die Überzeugung, dass Geschlechtsunterschiede zwischenmenschliche Beziehungen beeinflussen, ist mittlerweile gesellschaftlich verbreitet. Entsprechend werden Persönlichkeitsunterschiede oder doch zumindest ein unterschiedliches Geschlechtsrollenverhalten, beispielsweise eine größere weibliche Fürsorglichkeit beschrieben (vgl. Chodrow, 1990, S11ff.). Auch bezogen auf die Geschwister spielen Geschlechtsunterschiede sowie die Geschlechterzusammensetzung der Geschwistergruppe eine Rolle und beeinflussen die Entwicklung ihrer Beziehung (vgl. Bedford, 1993, S. 119ff.).

Zunächst werden die Wechselwirkungen zwischen dem Geschlecht der Kinder und dem Elternverhalten, sowie die Auswirkungen der Geschlechterzusammensetzung der Geschwistergruppe abgebildet. Der abschließende und entscheidende Abschnitt erörtert den Einfluss von Weiblichkeit auf die Geschwisterbeziehung.

(1) Elternverhalten und Geschlecht der Kinder

Eltern reagieren nach Kasten (2001) und Chodrow (1990) auf Söhne und Töchter jeweils unterschiedlich. Mütter kommunizieren mit ihren Kindern in Abhängigkeit vom Geschlecht ungleich. Dieser Effekt wird nach Kasten (2001) noch verstärkt, wenn das Geschlecht des nachfolgenden Kindes einbezogen wird. Demzufolge ist das Erziehungsverhalten der Eltern gegenüber zwei Jungen vergleichsweise strenger als bei zwei Mädchen.

Nach Stöhr, Laucht, Ihle, Esser und Schmidt (2000) lassen sich geschlechtsspezifische Entwicklungsunterschiede als Reaktion auf die Geburt eines Geschwisters nachweisen: Demnach profitieren viereinhalbjährige erstgeborene Mädchen von einem Geschwister. Sie zeigen höhere Intelligenzleistungen und weniger Verhaltensauffälligkeiten. Gleichaltrige Jungen mit Geschwistern schneiden dagegen bezogen auf ihre kognitiven Leitungen deutlich schlechter ab als Jungen ohne Geschwister. Die Autoren erklären diese Ergebnisse mit einer „geschlechtsspezifischen Vulnerabilität gegenüber Stressbelastungen“ (ebenda, S. 47). Erörtert wird ein unterschiedliches Elternverhalten, das einerseits Mädchen eher in die Betreuung des Säuglings einbezieht, andererseits den Säugling vor dem explorierenden Verhalten eines älteren Bruders schützt.

Und auch Kidwell (1981) sieht einen Zusammenhang zwischen der Geschlechterverteilung und dem von den Jugendlichen wahrgenommenen Erziehungsverhalten der Eltern: Demnach erleben Jungen, denen eine Schwester in der Geschwisterfolge am nächsten steht, die Eltern tendenziell als strafender.

Eine wichtige Rolle spielt die Bedeutung, die die Eltern dem jeweiligen Geschlecht beimessen. Es wird davon ausgegangen, dass die Mutter sich zu einem erstgeborenen Jungen oftmals besonders hingezogen fühlt und sich auch der Vater häufig mehr über einen ältesten Jungen freut. Das kann mit den noch immer geltenden traditionellen Geschlechtsrollenerwartungen erklärt werden (vgl. Dreikurs, 1990, S. 89f.). So geht Chodrow (1990) davon aus, dass Eltern unbewusst ihre Töchter und Söhne unterschiedlich behandeln. Mit dem Mädchen erfolgt seitens der Mütter eine stärkere Identifikation, da sie als „gleich" erlebt werden. Dagegen werden die Jungen wegen ihres Geschlechts von der Mutter eher als „anders", als männliches Gegenstück angesehen. Dementsprechend sexualisieren sie die Entwicklung ihrer Söhne vorzeitig. Ein entsprechendes Verhalten ist meines Erachtens beim Vater den Töchtern gegenüber zu erwarten.

Hier mag ein Auslöser für eine geschlechtsbezogene Rivalität zu sehen sein, die verstärkt von Frauen gegenüber ihren Brüdern empfunden wird und von Milgram & Ross (1982) beschrieben wird (vgl. Kapitel 2.2.2.6).

(2) Geschlechterzusammensetzung der Geschwistergruppe

Nicht nur das Elternverhalten kann geschlechtsspezifisch unterschiedlich ausfallen und damit indirekt auf die Geschwister einwirken, sondern auch Geschlechtsunterschiede oder -übereinstimmung der Geschwisterpaare untereinander beeinflussen die Beziehung. Hervorgehoben werden beispielsweise eine größere Nähe, mehr Vertrautheit aber auch mehr Konflikte in gleichgeschlechtlichen Geschwisterdyaden.

So stellt bereits Gold (1989a) fest, dass negative Beziehungsmerkmale, wie Neid und Ärger über die gesamte Lebensspanne verstärkt in gleichgeschlechtlichen und weniger in gemischt geschlechtlichen Geschwisterdyaden von Bedeutung sind. Bank und Kahn (1991) belegen ebenfalls, dass der Altersabstand und das Geschlecht gemeinsam die emotionale Verbundenheit der Geschwister beeinflussen: Bei gleichem Geschlecht und ähnlichem Alter erhöht sich demnach die Zugänglichkeit, und die emotionale Bindung zwischen den Geschwistern steigt, gleichzeitig kommt es zu einem Anstieg geschwisterlicher Konflikte. Und auch Stocker, Lanthier und Furman (1997) bestätigen, dass gleichgeschlechtliche Geschwister generell mehr Konflikte angeben als solche unterschiedlichen Geschlechts. Entsprechend stellt Bedford (1995) fest, dass bei Gleichgeschlechtlichkeit eine größere Deidentifikation auftritt und Identifikationsprozesse besonders unter Schwestern problematisch sind: "interidentification is a problem for sister pairs" (S. 213).

Auch variiert die Hilfe, die sich Geschwister gegenseitig geben, in Abhängigkeit von der Geschlechterzusammensetzung des Geschwisterpaars und des Geschlechts der Befragten (vgl. Kapitel 2.2.2.4).

Bedeutsam kann ebenfalls die Tatsache sein, ob das Geschlecht eines Kindes in der Geschwistergruppe eine Besonderheit darstellt. Kindern, die in großen andersgeschlechtlichen Geschwistergruppen aufwachsen, wird ein besonders ausgeprägtes Geschlechtsrollenverhalten nachgesagt. Ansonsten trägt eine gemischte Geschwistergruppe eher dazu bei, dass sich ein weniger angepasstes Rollenverhalten entwickelt und das Auftreten kreativen Verhaltens begünstigt wird. Älteren Schwestern wird eine die sprachliche Intelligenz fördernde Wirkung zugeschrieben. Ein größerer Altersanstand steigert diese Tendenz. Ältere Brüder bewirken bei ihren nachfolgenden Geschwistern eine verstärkte Ausbildung von Geschlechtsstereotypien und begünstigen z.B. schriftstellerische Fähigkeiten und beruflichen Erfolg (vgl. Kasten, 2001, S. 62ff.).

(3) Besonderheiten von Frauen in der Geschwisterbeziehung

In der Geschwisterforschung wird allgemein eine besondere Funktion von Frauen bzw. Schwestern, das heißt der Weiblichkeit innerhalb der Geschwistergruppe festgestellt. Vor allem in Schwesternbeziehungen wird von einer größeren Nähe und emotionalen Wärme berichtet, jedoch sind diese Ergebnisse nicht eindeutig. So liegen bereits bezüglich der Kontakthäufigkeit unterschiedliche Befunde vor:

Nach Connidis (1989) treffen sich Schwestern häufiger als Brüder. Die Wahrscheinlichkeit, dass ein Geschwister als enger Freund oder Vertrauter angesehen wird, ist unter Schwestern überraschender Weise jedoch nicht größer als unter Brüdern. Im Gegensatz dazu belegen White und Riedmann (1992), dass die Wahrscheinlichkeit sich sogar verdoppelt. Sie betonen außerdem, dass eine Schwester generell in der Geschwistergruppe (zu Geschwistern beiderlei Geschlechts) die Wahrscheinlichkeit erhöht, dass Geschwister sich als enge Freunde bezeichnen. Spitze und Trent (2006) bestätigen, dass sich Schwestern häufiger als enge Freunde ansehen als Brüder. Sie weisen jedoch darauf hin, dass Frauen generell vermehrt ihre Geschwister, einschließlich der Brüder, als engen Freund einschätzen, als das Männer bezogen auf ihre Geschwister machen. Demnach scheint hier das Geschlecht der Befragten bedeutsam zu sein und weniger das des Geschwisters. Bezogen auf die Besuchshäufigkeit von Brüdern und Schwestern konnten jedoch keine signifikanten Unterschiede festgestellt werden.

Weaver, Coleman und Ganong (2003) kommen zu dem Ergebnis, dass reine Schwesternpaare eher Geschwisterfunktionen, wie gegenseitige Regulation, Interpretation und Hilfe füreinander übernehmen als beispielsweise Bruder- und Schwesterndyaden. Als ein wichtiger auslösender Faktor wird die geschlechtsspezifische Sozialisation von Frauen vermutet. Dagegen zeigen sich gegenseitige Identifikationsprozesse eher in reinen Bruderpaaren. Generell wird ein positiver Zusammenhang zwischen der wahrgenommenen Nähe und den Geschwisterfunktionen der „Identifikation", „gegenseitigen Regulation und Hilfe" gesehen. Dieser zeigt sich besonders, wenn Frauen über ihre Geschwister (egal welchen Geschlechts) sprechen. Bei Frauen, die von ihren Geschwistern (beiderlei Geschlechtes) berichten, ist ebenfalls ein Zusammenhang zwischen den Funktionen des „interpretierenden" und „lehrenden Verhaltens" einerseits und der „Nähe" andererseits zu erkennen. Die Autoren gehen aufgrund dieser letztgenannten Verhaltensweisen davon aus, dass verbaler Austausch für die Wahrnehmung der Nähe innerhalb der Geschwisterbeziehung für Frauen bedeutsamer ist als für Männer.

> Young adult siblings, and particularly sisters, are providing the roles and services described by the sibling functions, and this in turn is positively related to perceptions of closeness in the relationship. Young women provide their siblings with companionship and emotional support as friends and confidantes and are sources of aid and services as they are needed. (ebenda, S. 258)

Ebenso stellt Riggio (2000) bezogen auf junge Erwachsene fest, dass Frauen eine insgesamt positivere Haltung zu ihren Geschwistern beschreiben als Männer. Sie benennen positivere Gefühle und häufigere und positivere Kontakte mit den Geschwistern. Personen, die von ihrer Schwesternbeziehung berichten, erwähnen ebenfalls mehr positive Gefühle und Überzeugungen, häufigere Kontakte und eine insgesamt positivere Einstellung als Personen, die ihre Bruderbeziehung beschreiben. Milevsky, Smoot, Leh und Ruppe (2005) bestätigen diese Ergebnisse bezogen auf die wahrgenommene emotionale Wärme zwischen Geschwistern. Und auch die Ergebnisse von Wilson, Calsyn und Orlofsky (1994) belegen, dass das Geschlecht und die wahrgenommene Nähe in der Geschwisterbeziehung sich beeinflussen: "Sister-sister relationships were the most intimate and brother-brother relationships the less intimate" (ebenda, S. 169).

Bedford (1989c) stellt außerdem fest, dass Frauen mehr Phantasien mit Konfliktinhalten zu ihren Schwestern äußern als Brüder. Und auch Stocker et al. (1997) belegen, dass Schwestern von mehr Rivalität in der Geschwisterbeziehung als Brüder berichten. Teilnehmer mit Schwestern nehmen mehr Konflikte aber auch mehr emotionale Wärme in den Geschwisterbeziehungen wahr.

Geschlechtsspezifische Unterschiede in Form einer besonderen Rolle der Frauen bzw. Schwestern zeigen sich auch in der gegenseitigen Hilfe der Geschwister und bei der Versorgung der Eltern. Sie werden weiter unten aufgegriffen (vgl. Kapitel 2.2.2.4 und 2.2.2.5).

Betrachtet man die verschiedenen Ergebnisse zusammenfassend, weisen Schwesternpaare eine größere Nähe, mehr Kontakte und teilweise auch eine größere Konflikthäufigkeit und Rivalität auf.

Grundsätzlich bestätigen sich auch für Geschwister allgemein nachgewiesene Unterschiede im Sozial- und Kommunikationsverhalten zwischen Männern und Frauen.

2.2.1.2 Elternverhalten

Bereits intuitiv plausibel erscheint ein besonderer Einfluss des Elternverhaltens auf die Geschwisterbeziehung. Auswirkungen einer elterlichen Ungleichbehandlung mit einer daraus resultierenden geschwisterlichen Rivalität werden beispielsweise in Klassikern wie Schillers „Die Räuber" (1781, 2001) beschrieben.

In der Geschwisterforschung ist das Elternverhalten als ein wesentlicher determinierender Faktor der Qualität der Geschwisterbeziehung anzusehen. Es kann innerhalb einer Familie sehr unterschiedlich ausfallen und wird selbst wiederum durch verschiedene Aspekte beeinflusst. Als wichtige Faktoren werden hierbei von Forer und Still (1982) und Kidwell (1981) die Kinderzahl, Geschlecht, Altersabstand und Geschwisterposition des Kindes und der Eltern gesehen. Nicht zuletzt kann die Tatsache, ob das Kind gewünscht war, das Elternverhalten beeinflussen. Eltern üben nach Diepold (1988) auch durch die Art, wie sie ihre eigene Beziehung führen, Einfluss auf die Geschwister aus. Die Kinder übernehmen wesentliche Merkmale der elterlichen Interaktion; ihre Beziehung dient ihnen als Modell.

Vernachlässigen Eltern ihre Kinder oder können aus anderen Gründen deren Bedürfnisse nicht befriedigen, können die Kinder stellvertretend füreinander diese Aufgabe übernehmen. Ein enges und loyales Geschwisterverhältnis kann entstehen. Dieses ist jedoch problematisch, da ein Kind nicht auf Dauer die Bedürfnisse des anderen befriedigen kann (vgl. Bank & Kahn, 1991, S. 40). Beispielsweise kann eine Abhängigkeit der Kinder kritisch für das jüngere Kind werden, das plötzlich seinen Rückhalt verliert, wenn das ältere Geschwister auszieht.

Wird ein Kind als Partnerersatz eines Elternteils ausgewählt und soll dessen emotionale Bedürftigkeit befriedigen, wird die Geschwisterbeziehung dadurch nach Diepold (1988) erschwert, da das Kind aus seinen altersgemäßen Beziehungen herausgenommen wird. Probleme bei der späteren Loslösung des ausgewählten Kindes sind zu befürchten. Eine fehlende Loslösung kann seitens der nicht betroffenen Geschwister wiederum den Eindruck einer ungleichen Behandlung verstärken.

Wichtig ist in diesem Zusammenhang auch die Rolle, die weitere Bezugspersonen, wie Großeltern und Verwandte für das Kind einnehmen. Diese gewinnt an Bedeutung, wenn sie die Eltern bei der Kinderbetreuung unterstützen und kann sogar dem Einfluss der Eltern gleichkommen oder diesen verringern, wenn die Kinder beispielsweise die meiste Zeit bei den Großeltern verbringen. Verstärken weitere Bezugspersonen ein elterliches Ungleichverhalten, sind besonders gravierende Auswirkungen auf die Geschwisterbeziehung zu erwarten.

Besonderes Interesse gilt in der Forschung einem ungleichen Elternverhalten. Die unterschiedliche elterliche Behandlung umfasst nach Boll, Ferring und Filipp (2001) zwei Konzepte: **elterliche Ungleichbehandlung** (differential parental treatment) und **elterliche Bevorzugung** (parental favoritism).

(1) Elterliche Ungleichbehandlung

Das Konzept der elterlichen Ungleichbehandlung ist vorerst neutral und beschreibt überwiegend quantitative Aspekte der Zuwendung durch die Eltern bzw. des Elternverhaltens. Dieser Ansatz wurde im Zusammenhang mit den unterschiedlichen Erfahrungen der Kinder einer Familie, ihrer **nicht geteilten Umwelt**, entwickelt. Hierunter sind alle Umwelteinflüsse zu verstehen, die dazu führen, dass zwei Kinder einer Familie sich unterschiedlich entwickeln (vgl. Plomin, Chipuer & Neiderhiser, 1994, S. 1ff.; vgl. Kapitel 2.2.2.3). So stellen Dunn und McGuire (1994) fest, dass Mütter sich zu ihren Kindern sehr unterschiedlich verhalten:

> What the evidence from the Colorado data shows is that mothers behave very differently to children of different stages, even to the same child at different stages. (...) In a family in which the mother is especially affectionate to her children when they are 1-year-olds, but less interested in argumentative 3-year-olds, the older sibling at 3 will daily be witness of his mother's special affection for his young sibling. (ebenda, S. 119)

In diesem Zusammenhang kann auch die Feststellung von Forer und Still (1982) gesehen werden, nach der sich die elterliche Einstellung von Kind zu Kind verändert, was sie als psychischen Alterungsprozess bezeichnen.

Behandeln Eltern ihre Kinder aufgrund ihres unterschiedlichen Alters oder der Persönlichkeit unterschiedlich, liegt hier generell noch keine Ungerechtigkeit vor.

(2) Elterliche Bevorzugung

Dagegen bringt die **elterliche Bevorzugung** eine Ungerechtigkeit im Verhalten zum Ausdruck, die negative Auswirkungen für die Geschwisterbeziehung mit sich bringt. So geht Sohni (1995) davon aus, dass die Favorisierung eines einzelnen Kindes einem elterlichen Missbrauch gleichkommt. Und auch Lüscher (1997) betont: „Die Verletzung des Gerechtigkeits- und Gleichheitsprinzips führt zu destruktiven Gefühlen und zeigt sich in Neid, Rivalität, Machtmissbrauch, ja Hass und Rache unter den Geschwistern" (ebenda, S. 37).

Entscheidend für die Einschätzung eines ungleichen Elternverhaltens als Bevorzugung oder Benachteiligung ist die individuelle Bewertung durch die einzelnen Geschwister. Auch eine absolute elterliche Gleichbehandlung mag als ungerecht erlebt werden, wenn die Kinder sehr unterschiedlich sind (vgl. ebenda, S. 195ff.; Dunn & Plomin, 1996, S. 181ff.). Kowal, Kramer, Krull und Crick (2002) stellen in diesem Zusammenhang fest, dass 75 Prozent der von ihnen befragten Geschwister, die eine elterliche Ungleichbehandlung benennen, diese als gerecht einstufen. Hierbei wurde nicht nur der eigene Vorteil als fair beurteilt, sondern auch die größere elterliche Zuwendung zum Geschwister. Nahmen sie jedoch eine mangelnde Fairness und Ungerechtigkeit wahr, wurden ein sinkender Selbstwert, eine schlechtere Befindlichkeit sowie verstärkte Verhaltensprobleme festgestellt. Diese Auswirkungen waren jedoch nicht nachzuweisen, wenn lediglich das allgemeine Ausmaß der Ungleichbehandlung berücksichtigt wurde (vgl. ebenda, S. 303f.).

Für die Einschätzung des Elternverhaltens sind entsprechend die zugrunde gelegten Prinzipien von Gerechtigkeit bedeutsam, z.B. ob eine Verteilung von Zuwendung nach dem Gleichheits-, dem Bedürfnis- oder dem Leistungsprinzip unter den Geschwistern erfolgt und wieweit die Geschwister die Anwendung dieser Prinzipien als gerecht erleben. Auch Dunn und McGuire (1994) weisen darauf hin, dass die individuell wahrgenommenen Unterschiede der Geschwister bezogen auf das Elternverhalten ausschlaggebend sind und weniger die Tatsache, ob Unterschiede tatsächlich vorhanden sind. Bezogen auf eine elterliche Ungleichbehandlung stellen sie fest:

> Children whose mothers had shown relatively more affection to their siblings had a lower sense of self-competence than the children whose mothers had shown them more affection than their siblings. This effect remained after we took account of the variance in self-worth correlated with earlier temperament differences between the siblings. (ebenda, S. 124f.)

Brody und Stoneman (1994) erweitern die vorliegenden Erkenntnisse, indem sie unterschiedliche Auswirkungen eines ungleichen väterlichen und mütterlichen Verhaltens für die Kinder nachweisen: Demnach besteht ein Zusammenhang zwischen ungleichem mütterlichen Verhalten und Berichten der Geschwister über eine konflikthafte Beziehung. Dagegen steht eine väterliche Ungleichbehandlung mit konflikthaftem Verhalten in Zusammenhang. Die Autoren vermuten, dass die unterschiedlichen Auswirkungen der elterlichen Ungleichbehandlung auf die ungleiche Verfügbarkeit beider Elternteile zurückzuführen ist. Ungleichbehandlung durch den Vater führt demnach aufgrund dessen in der Regel seltenerer Anwesenheit zu einer stärkeren Rivalität zwischen den Geschwistern, die sich in direkten Konflikten äußert. Dagegen könnte eine Ungleichbehandlung durch die Mutter eher einen überdauernden Effekt haben.

Kidwell (1981) kommt zu dem Ergebnis, dass mit steigender Geschwisterzahl und einem geringen Altersabstand zu den Geschwistern männliche, mittlere Jugendliche die Eltern als weniger vernünftig handelnd und weniger unterstützend empfinden. Sie bewerten das Elternverhalten häufiger negativ als Kinder anderer Geschwisterpositionen und kleinerer Geschwistergruppen. War der Altersabstand nicht größer als zwei bis drei Jahre, nahmen sich mittlere Kinder in der schlechtesten Eltern-Kind-Position wahr (vgl. ebenda, S. 329).

Nach Boyle, Jenkins, Georgiades, Cairney, Duku und Racine (2004) ist der individuelle Effekt elterlicher Ungleichbehandlung ein Ergebnis sozialer Vergleiche: Ein benachteiligtes Kind erfährt sich als weniger wertvoll und liebenswert. Bevorzugte Kinder können sich als verletzbar erleben und als gefährdet, ihren Staus zu verlieren. Wenn die Ungleichbehandlung als ungerecht empfunden wird, kann das Gefühl entstehen, dass jeder das Ziel einer Benachteiligung werden kann. Die Qualität der Geschwisterbeziehung wird ungünstig beeinflusst, da einerseits elterliche Unterstützung, aber andererseits gleichzeitig ein Verlust der geschwisterlichen Unterstützung erfahren wird (vgl. ebenda, S. 1472). Kowal et al. (2002) vermuten ebenfalls in der erlebten Ungerechtigkeit einen Grund dafür, warum sich die eigene elterliche Bevorzugung auch negativ auf das betroffene Kind auswirken kann. Entsprechend stellen auch Dunn und Plomin (1996) fest: Eine einseitige Bevorzugung eines Kindes, hat Nachteile für „das benachteiligte Kind, ohne jedoch die erfolgreiche Anpassung oder das Selbstvertrauen des bevorzugten Kindes zu fördern“ (S. 200).

Elterliche Ungleichbehandlung kann sich bis ins Erwachsenenalter fortsetzen und beispielsweise in einer Benachteiligung beim Erbe und unterschiedlicher finanzieller Unterstützung fortgeführt werden. Auswirkungen einer Favorisierung bzw. Benachteiligung können sich in einer anhaltenden Rivalität und einer destruktiven Konkurrenz zeigen (vgl. Milgram & Ross, 1982, S. 132ff.).

Im Gegensatz dazu vermutet Riggio (2000), dass ein ungleiches Elternverhalten in erster Linie negative Einstellungen und Gefühle zum Geschwister während der Kindheit hervorruft, dieses aber im Erwachsenenalter weniger Einfluss auf die Gefühle zum Geschwister hat, da beide in der Regel nicht mehr bei den Eltern leben. Hinsichtlich der Geschwisterforschung bemängeln Ferring, Boll und Filipp (2004):

> Die Begründung und Nachvollziehbarkeit des elterlichen Verhaltens spielt somit eine maßgebliche Rolle, wenn es um die Analyse ihrer Effekte geht, und hier liegt ein eindeutiges Desiderat der bisherigen Erforschung elterlicher Ungleichbehandlung. (S. 10)

Betrachtet man Arbeiten zum Elternverhalten, so ist bereits aufgrund der zahlreichen Veröffentlichungen die besondere Bedeutung für die Geschwisterbeziehung zu erkennen. Hierbei sind die neueren Ansätze hervorzuheben, die zwischen einem eher „neutralen“ Elternverhalten und einem ungerecht erlebten elterlichen Ungleichverhalten (Bevorzugung, Benachteiligung) unterscheiden.

Diese Differenzierung erscheint für zukünftige Forschungsansätze richtungweisend und wird in der vorliegenden Studie aufgegriffen: Mit Hilfe der Skalierung der Interviewaussagen werden neutrale Antworten der Teilnehmerinnen (beispielsweise eine altersbedingte Ungleichbehandlung) niedrig und Benachteiligungen oder Bevorzugungen hingegen hoch skaliert.

2.2.1.3 Alter und Altersabstand

Das Alter und der Altersabstand zwischen den Geschwistern kann die Qualität und Intensität der Geschwisterbeziehung entscheidend beeinflussen. Bereits Adler (1983) stellt fest, dass die Eifersucht des älteren gegenüber dem jüngeren Geschwister entscheidend vom Altersabstand abhängt.

Ergebnisse zur Familiengröße und Geschwisterposition werden nach Kidwell (1981), wie bereits angesprochen, entscheidend vom Altersabstand der Kinder beeinflusst. Demnach wirkt sich ein Altersabstand von zwei und drei Jahren zum nächsten Geschwisterkind negativ auf die Eltern-Kind-Beziehung aus. Abstände von fünf Jahren und kleiner als einem Jahr werden dagegen positiv bewertet. So verringert sich bei steigendem Altersabstand das strafende Verhalten der Eltern, gleichzeitig werden die Eltern von den Kindern verstärkt unterstützend und vernünftig handelnd erlebt. Besonders das Selbstkonzept des mittleren Kindes wird – bei steigender Geschwisterzahl und einem Altersabstand zum nächsten Kind von zwei Jahren – zunehmend negativ beeinflusst.

Nach Bank und Kahn (1991) begünstigt ein geringer Altersabstand einen hohen emotionalen Zugang der Geschwister und die Entwicklung einer höheren Identifikation, was aber nicht bedeutet, dass die Beziehung konfliktfrei und reibungslos verläuft. Stattdessen zeigt sich: Je geringer der Altersabstand ist, desto mehr Aggressionen und Konflikte treten zwischen den Geschwistern auf, aber desto mehr beschäftigen sie sich auch miteinander. Auseinandersetzungen werden eher mit älteren Geschwistern, zu denen ein geringer Altersabstand besteht, als mit weiter entfernten und jüngeren Geschwistern ausgetragen. Dabei verhalten sich Brüder eher physisch und Schwestern eher verbal aggressiv. Auch Milevsky et al. (2005) bestätigen, dass Geschwister mit einem Altersabstand von zwei Jahren und weniger von mehr Geschwisterkonflikten berichteten, als solche mit einem größeren Abstand. Je größer der Abstand ist, desto eher ist das ältere Kind in der Lage, mit der Geburt eines Geschwisters umzugehen; die Konkurrenz zwischen beiden wird begrenzt. Entsprechend weisen auch Stocker et al. (1997) daraufhin, dass Geschwister mit einem größeren Altersabstand und unterschiedlichem Geschlecht im jungen Erwachsenenalter weniger Konflikte wahrnehmen, als Geschwister, die einen geringen Altersunterschied hatten. Wenngleich hier eine entgegengesetzte Zielgruppe untersucht wurde, ist aufgrund der ähnlichen Ergebnisse ein überdauernder Effekt zu vermuten.

Bei einem Abstand von fünf und mehr Jahren zeigen die Geschwister häufig Eigenschaften eines Einzelkindes. Besteht z.B. zwischen vier Geschwistern nur zwischen dem zweiten und dritten Kind ein Abstand von mehr als fünf Jahren, so kann es zur Bildung von Untergruppen kommen. Nach Leman (1994) kann dadurch eine zweite Familie in der Familie entstehen. Die später geborenen Kinder können, bezogen auf die Theorien zur Geschwisterposition, sowohl Merkmale eines Erstgeborenen als auch eines mittleren Kindes aufweisen.

Milevsky et al. (2005) stellen in ihrer Studie mit jungen Erwachsenen außerdem fest, dass das Alter des Geschwisters bzw. die Position in der Geschwisterreihe sich auf die Beziehungsqualität auswirkt: Demnach berichteten Personen mit einem älteren Geschwister von mehr Nähe als solche mit einem jüngeren. Ältere Teilnehmer berichten von mehr Nähe und weniger Konflikten zwischen ihren Geschwistern als jüngere.

Das gemeinsame Aufwachsen der Geschwister ist für die Ausprägung ihrer besonderen Bindung grundlegend und wird als ein Kennzeichnen ihrer Beziehung beschrieben (vgl. Kapitel 2.1). Entsprechend wurde die Altersdifferenz für die teilnehmenden Schwestern eines Paares auf zehn Jahre begrenzt.

2.2.1.4 Geschwisterzahl

Die bereits beschriebenen Variablen, wie das Elternverhalten und die Bedeutung des Geschlechts werden wiederum durch die Geschwisterzahl beeinflusst. So können nach Ernst und Angst (1983) Unterschiede zwischen ältesten und jüngsten Kindern statt auf die Geschwisterposition ebenso auf die Familiengröße zurückgeführt werden. Ob jemand das jüngste Kind von zwei oder von fünf Geschwistern oder das einzige Mädchen von zwei oder vier Kindern ist, erscheint bereits bei erster Betrachtung von Bedeutung. Je größer die Zahl der Familienmitglieder ist, umso mehr Beziehungsmöglichkeiten gibt es und umso mehr verschiedene Familienkonstellationen sind möglich (beispielsweise drei Jungen und ein Mädchen oder vier Jungen).

Die Familiengröße ist wiederum in Verbindung mit dem sozioökonomischen Status zu sehen. Entsprechend finden sich Familien mit mehr als zwei Kindern nach Kasten (2001) häufiger in sozial benachteiligten Schichten.

Ernst und Angst (1983) beschreiben einen Zusammenhang zwischen der Geschwisterzahl, den kognitiven Leistungen und dem Schulerfolg: "Large sibship size may be an indicator of an environment impeding high achievement rather than a direct inhibitor" (Ernst & Angst, 1983, S. 240).

In der Geschwisterfolge entwickeln sich nach Dreikurs (1990) besonders benachbarte Geschwister sehr unterschiedlich (was nochmals durch einen geringen Altersabstand verstärkt wird), während zum übernächsten Kind jeweils eine größere Ähnlichkeit zu finden ist. Sie versuchen demnach, unterschiedliche Interessen zu entwickeln, sich auf anderen Gebieten zu bewähren, um so eine eigene Identität zu entwickeln und die Konkurrenz untereinander zu entschärfen. Je größer die Geschwisterzahl, desto schwieriger wird die Suche nach einem eigenen Bereich.

Kidwell (1981) stellt fest, dass sich mit steigender Geschwisterzahl das Erziehungsverhalten der Eltern verändert, ihre Unterstützung gegenüber den Kindern abnimmt, die Kinder ihr Verhalten vermehrt strafend erleben und das Selbstkonzept, besonders der mittleren Jungen geschwächt wird.

Stocker et al. (1997) weisen in ihrer Studie mit jungen Erwachsenen negative Auswirkungen einer größeren Geschwistergruppe für die Qualität der Geschwisterbeziehung nach: Je größer die Geschwistergruppe, desto geringer ist die emotionale Wärme und desto höher die erlebte Rivalität.

Auch Milevsky et al. (2005) bestätigen, dass Teilnehmer mit einer höheren Geschwisterzahl bezogen auf die Geschwisterbeziehung eine geringere Nähe, weniger Unterstützung und weniger Kommunikation aufweisen, als solche aus kleineren Geschwistergruppen. Laut Kasten (2001) sind später geborene Kinder mit vielen Geschwistern häufiger ungünstigen Bedingungen bereits im Laufe der Schwangerschaft und der frühen Kindheit ausgesetzt. Es treten öfter zerrüttete Familienverhältnisse auf und ein geringeres Schul- und Ausbildungsniveau ist wahrscheinlicher. Delinquentes Verhalten wird häufiger bei Jugendlichen aus kinderreichen Familien mit einem niedrigen sozioökonomischen Status festgestellt. Es wird dementsprechend davon ausgegangen, dass die Kinder unter ungünstigen Sozialisationsbedingungen aufwachsen. Die gravierendste mögliche Auswirkung einer hohen Kinderzahl besteht darin, dass sie einen Risikofaktor in Zusammenhang mit Geschwisterinzest darstellt:

> Ein Mangel an Beaufsichtigung der Kinder begünstigt das Auftreten des Geschwisterinzests. Kinderreiche Familien stellen hohe Anforderungen an die Eltern. (…) Häufig entstehen Überforderungssituationen, denen einige Eltern damit begegnen, dass sie ältere Geschwister bitten, auf jüngere Geschwister aufzupassen. Diese Dynamik begünstigt, wie bereits erwähnt, wiederum Situationen, in denen sich Geschwisterinzest vollziehen kann. (Klees, 2008, S. 55)

Zusammenfassend kommt Blake (1989) in ihrer Untersuchung zu dem überraschenden Ergebnis, dass es fast unmöglich ist, Vorteile großer Geschwisterreihen zu benennen.

Als einziger positiver Aspekt ist nach Ernst und Angst (1983) gegenüber kleinen Geschwistergruppen das seltenere Auftreten neurotischer und psychotischer Erkrankungen zu nennen.

Generell wirken sich rückläufige Geburtszahlen auch reduzierend auf die Geschwisterzahlen aus. Sie sind jedoch für die Jahrgänge der vorliegenden Untersuchung noch nicht bedeutsam, die im Durchschnitt vier Geschwister je Familie aufweisen (vgl. Kapitel 5.1.3).

2.2.1.5 Räumliche Nähe und weitere beeinflussende Faktoren

Weitere Faktoren, wie die räumliche Nähe zum Geschwister, die Höhe des Familieneinkommens oder die berufliche Ausbildung wirken sich auf die Qualität der Geschwisterbeziehung im Erwachsenenalter aus.

Nach Campbell, Connidis und Davies (1999) gehören räumlich nahe Geschwister eher zum sozialen Netzwerk und nehmen eine dominantere Rolle darin ein, sind eher Vertraute und geben Hilfe, als wenn sie weiter entfernt wohnen. Die Wahrscheinlichkeit, dass Geschwister Vertraute sind und emotionale Hilfe geben, erhöht sich außerdem, wenn das nächste Kind des Geschwisters weiter entfernt wohnt. Räumliche Nähe hat auch nach White und Riedmann (1992) einen positiven Effekt auf die Geschwisterbeziehung. Dieser fällt umso größer aus, je näher die Geschwister zueinander wohnen. Wohnen die Geschwister innerhalb eines 300 Meilen (482,7 Kilometer) Radius, ist signifikant mehr Kontakt zwischen ihnen vorhanden. Analog dazu wird bei steigender räumlicher Entfernung eine Abnahme der Besuche und Telefonate der Geschwister festgestellt. Je größer die räumliche Distanz, desto unwahrscheinlicher ist es außerdem, dass die Geschwister gut miteinander auskommen, sich einander nah fühlen oder einander helfen (vgl. Spitze & Trent, 2006, S. 984ff.).

Ein positiver Zusammenhang zwischen dem Einkommen und dem Unterstützungsverhalten der Geschwister wird in der Geschwisterliteratur nachgewiesen und weiter unten dargestellt (vgl. Kapitel 2.2.2.4).

Milevsky et al. (2005) sehen bei jungen Erwachsenen außerdem einen Zusammenhang zwischen dem Einkommen der Geschwister und der Beziehungsqualität:

> Participants with more problems paying for things that they really needed reported less communication between siblings and more specific sibling conflict than those with less problems paying for things that they really needed. (ebenda, S. 132)

Ebenfalls nachgewiesen wurde ein Absinken der wahrgenommenen Nähe und emotionalen Wärme zwischen den Geschwistern, wenn ein Arbeitsverhältnis außer Haus im Vergleich zu Geschwistern, die nicht arbeiteten, vorlag (vgl. ebenda, S. 132).

Die verschiedenen Erhebungen und Befunde zu äußeren beeinflussenden Faktoren dieser Familienbindung verdeutlichen sehr anschaulich, wie komplex das Bedingungsfeld ist und dass Untersuchungen entsprechend sehr vorsichtig vorgehen müssen, wenn Ursache-, Wirkungszusammenhänge erfasst werden sollen.

2.2.2 Innere Bedingungen und Funktionen der Geschwisterbeziehung

Die Geschwisterbeziehung ist an erster Stelle durch ihre frühe Bindung, das gemeinsame Aufwachsen und die daraus resultierende besondere Intimität gekennzeichnet. Ihre lebenslange Dauer, die mit der Geburt des Geschwisterkindes beginnt, ist einzigartig und mit keiner anderen Familienbeziehung zu vergleichen. Dieses Kapitel stellt nun die Faktoren, die die **Inneren Bedingungen** der Geschwisterbeziehung, ihre gefühlsmäßige Ebene widerspiegeln, dar.

Der erste Teil befasst sich mit Theorien, die die Grundlagen dieser frühen Bindung und typische Beziehungsmuster zwischen Geschwistern abbilden. Die besondere Bedeutung der geschwisterlichen Hilfe und ihre positive Valenz für die Beziehung werden im Anschluss erörtert. Der abschließende Teil thematisiert Emotionen mit negativer Valenz und ihre Wirkung auf die Beziehung.

2.2.2.1 Bindung und Familienbeziehungen

Die frühe Bindung der Geschwister, das wesentliche Merkmal ihrer Beziehung, wird von Bedford (1995) und Cicirelli (1995) aufgegriffen, indem sie einen Zusammenhang zwischen der Geschwisterbindung und der Bindungstheorie von Bowlby (1975) herstellen. Die Art und Weise, in der ein Mensch sich später an einen Partner bindet und Vertrauen zu ihm aufbaut, ist auf die Bindungserfahrungen mit den ersten Bezugspersonen zurückzuführen. Bindung wird nach Bowlby (1975) als ein starkes gefühlsmäßiges Band zu einem bestimmten Menschen definiert, welches ein besonderes Gefühl von Sicherheit vermittelt. Diese Anbindung und Nähe des Kleinkindes an die erste Bezugsperson, zumeist die Mutter, wird besonders in Krisensituationen gesucht, um ein Gefühl der Sicherheit wieder herzustellen. Sie ist jedoch nicht auf die Mutter beschränkt. Ein Kind kann mehrere, wenn auch nicht sehr viele Bindungspersonen haben. Zu diesen Personen können unterschiedliche Bindungsqualitäten bestehen.

Entsprechend weist Stewart (1983) nach, dass ältere Geschwister für ihre jüngeren Geschwister die Rolle einer "subsidiary attachment figure" (S. 198) einnehmen. Dieses Verhalten zeigte sich jedoch weniger ausgeprägt, wenn die Geschwister das gleiche Geschlecht hatten. Gass, Jenkins und Dunn (2007) bestätigen aufgrund ihrer Ergebnisse zu schwierigen Lebensereignissen, dass Geschwister genauso wie Eltern Sicherheit in Stresssituationen vermitteln können:

> After having experienced stressful life events, children who had affectionate relationships with their siblings were less likely to experience a change in internalizing when compared to those children without affectionate sibling relationships. (...) Perhaps siblings, like parents, also have the potential to provide security and comfort to children when they are experiencing stress. (ebenda, S. 172)

In diesem Zusammenhang sind auch die Resultate von Milevsky und Levitt (2005) zu interpretieren, nach denen die Unterstützung von Geschwistern junge Heranwachsende vor umweltbedingten Risiken schützen kann. Nach dieser Studie üben unterstützende Schwestern in Familien mit hohen Risikofaktoren eine besondere Schutzfunktion vor negativen Auswirkungen aus. Dagegen beeinflussen unterstützende Brüder eher das Selbstwertgefühl und die akademischen Leistungen der Geschwister positiv. Auch Bank und Kahn (1991) gehen von einer kompensierenden Funktion der Geschwister aus: So kann eine wenig emotional unterstützende Eltern-Kind-Beziehung dazu führen, dass die Geschwisterbindung sich verstärkt und sie sich gegenseitig beistehen.

Im Gegensatz dazu konnten Teti und Ablard (1989) nachweisen, dass unsicher gebundene Geschwister in der Laborsituation eine geringere Fürsorge und höhere Feindseligkeit aufweisen als andere. Sie folgern daher, dass unsicher gebundene Kinder ihre Erfahrungen mit den ersten Bezugspersonen auf die Interaktion mit den Geschwistern übertragen.

Die **lebenslange Wirksamkeit der ersten Bindungserfahrung** wird von Grau (2003) auf den Lebenspartner übertragen und kann ebenso für die Geschwister in Abhängigkeit von den frühen Erfahrungen angenommen werden.

> Thus the nature of the sibling relationship in adulthood may be influenced by the nature of the child's initial relationship with her mother, or even her earlier relationship with a sibling. (Stewart, Verbrugge & Beilfuss, 1998, S. 70)

Auch die Typologie der Geschwisterbeziehung nach Gold (1989b), in der sie zwischen einem intimen (eng, vertraut), angenehm-sympathischen, loyalen (treu), apathischen und einem feindlichem Beziehungstyp unterscheidet, kann als eine Umsetzung des bindungstheoretischen Ansatzes gesehen werden (vgl. ebenda, S. 48; Kapitel 2.2.2.2). Ebenso weisen die Ergebnisse von Milgram und Ross (1982) nach, dass Geschwister aufgrund des frühen Zusammenlebens in der Kindheit zeitlebens ein familiäres Zusammengehörigkeitsgefühl empfinden, welches im Alter wieder an Bedeutung gewinnt, in diese Richtung:

> The most powerful contributor of feelings of closeness between individual siblings was the framework of the family in which the sibling grew up. The sense of belonging to the family, and of being close to particular siblings, was, for most subjects, permanently affected by experiences shared in childhood. (ebenda, S. 228)

Zusammenfassend zeigen die dargestellten Ergebnisse sehr deutlich, dass eine besondere Bindung zwischen Geschwistern aufgrund ihrer frühen gemeinsamen Geschichte entstehen kann und dass ihre Wirkung nicht auf die Kindheit beschränkt ist. Entsprechend können die verschiedenen Beziehungsmuster, die im folgenden Kapitel beschrieben werden, auch aus diesem Bindungsverhalten resultieren.

2.2.2.2 Typische Beziehungsmuster zwischen Geschwistern

Vielfach werden Gemeinsamkeiten der Geschwisterbeziehung zum Gegenstand der Forschung, und oftmals ist es ein Anliegen, Beziehungsformen herauszubilden, die die gefundenen Bindungsstrukturen und Ausprägungen erklären. Besonders plausibel erscheinen die psychoanalytisch orientierte Einstufung der Geschwisterbeziehung von Bank und Kahn (1991) und die von Gold (1989b) beschriebenen Beziehungsmuster, die sie auch als Typologie bezeichnet. Ihre Ergebnisse können durch die Befunde von Stewart, Kozak, Tingley, Goddard, Blake und Cassel (2001) ergänzt werden.

Die verschiedenen theoretischen Ansätze werden nachfolgend vorgestellt und in Tabelle 1 (Bank & Kahn, 1991, S.86) abgebildet. Sie unterscheiden zwischen:

- einer **engen Identifikation**, mit viel Ähnlichkeit und wenig Unterschieden,
- einer **teilweisen Identifikation,** bei der sowohl Nähe als auch Differenz bestehen und

- einer **distanzierten bzw. geringen Identifikation**, in der große Unterschiede empfunden werden.

Tabelle 1: Identifikationsmuster nach Bank und Kahn

	Identifikationsgrad	Identifikationsprozess	Beziehungstyp	
MANGELNDES SELBST	Eng	Zwillingsbildung	Symbiotisch	„Wir sind gleich. Es gibt keinen Unterschied.“
		Verschmelzen	Verschwommen	„Ich weiß nicht genau, wer ich bin. Vielleicht kann ich du sein.“
		Idealisierung	Heldenverehrung	„Ich bewundere dich so sehr, daß ich sein möchte wie du.“
	Teilweise	Loyale Akzeptanz	Gegenseitig abhängig	„Wir sind uns in vieler Hinsicht ähnlich. Wir werden uns immer brauchen und füreinander sorgen, trotz aller Verschiedenheiten.“
VITALITÄT		Konstruktive Dialektik	Dynamisch unabhängig	„Wir sind uns ähnlich, wir sind aber auch verschieden. Das ist eine Herausforderung und gibt uns beiden die Gelegenheit, zu wachsen.“
		Destruktive Dialektik	Feindselig abhängig	„Wir sind in vieler Hinsicht sehr verschieden. Wir mögen uns nicht besonders, aber irgendwie brauchen wir uns.“
ENTFREMDUNG	Gering	Polarisierte Ablehnung	Starr differenziert	„Du bist ganz anders als ich. Ich will nicht von dir abhängig sein und nie so werden wie du.“
		De-Identifizierung	Verleugnet	„Wir sind absolut verschieden. Ich brauche dich nicht, ich mag dich nicht und es ist mir egal, ob ich dich je wieder sehe oder nicht.“

Die oben vorgenommene Einteilung nach Identifikationsgraden zwischen den Geschwistern ist auch in der Einteilung von Gold (1989b) zu finden, die sie anhand einer Studie mit über 65-Jährigen entwickelt hat. Wenngleich sie andere Schwerpunkte setzt und zwischen folgenden fünf typischen Beziehungsmustern unterscheidet:

(1) Die intime “intimate“ (S. 42)**, enge Geschwisterbeziehung**: Es besteht eine ungewöhnlich große psychologische Nähe zwischen den Geschwistern. Eine starke Zuneigung, Empathie, Schutz, gegenseitige Selbstoffenbarung, Hilfe und Unterstützung werden gezeigt. Die Geschwisterbeziehung gehört zu den wichtigsten Beziehungen im Leben.

(2) **Die "congenial"** (S. 43) **sympathisch-angenehme Beziehung**: Zwischen den Geschwistern besteht eine gute Freundschaft, sie bezeichnen sich jedoch nicht als beste Freunde. Nähe und Vertrautheit sind vorhanden, ebenso wie Hilfe und Unterstützung auf Anfrage gegeben wird. Beides ist aber weniger durchgängig als beim erstgenannten Beziehungstyp. Die Beziehungen innerhalb der Kernfamilie werden höher eingeschätzt. Negative Gefühle können auftreten, sind aber selten und von geringer Dauer.

(3) Die **loyale Geschwisterbindung**: Diese Beziehung wird in erster Linie durch die Familienzusammengehörigkeit, geteilte Familiengeschichte und normative Erwartungen bestimmt. Sie unterstützen sich gegenseitig in Krisenzeiten, was aber aufgrund der geringen emotionalen Nähe selten der Fall ist. Sie haben in der Regel wenig Kontakt und treffen sich beispielsweise auf Familienfesten oder Beerdigungen. Negative Gefühle und Missbilligung können häufiger auftreten. Dennoch wird an der Beziehung festgehalten.

(4) **Die "apathetic"** (S. 45) **apathisch-teilnahmslose Beziehung**: Diese Geschwisterbeziehung ist in erster Linie durch Gleichgültigkeit und eine scheinbar fehlende Bindung gekennzeichnet. Es besteht kein Verantwortungs- oder Solidaritätsgefühl, und es wird keine gegenseitige Hilfe gegeben oder erfragt. Der Kontakt ist auch bei räumlicher Nähe minimal. Es besteht keine Feindschaft oder Rivalität. Die Geschwister haben kein Interesse aneinander. In der Regel bestand noch nie eine engere Bindung zwischen ihnen.

(5) **Die feindselige Geschwisterbindung**: Hier bestimmen Ärger, Neid und Feindschaft die Beziehung der Geschwister. Sie sind stark negativ aufeinander bezogen und es wird keine Chance gesehen, jemals eine positive Beziehung aufzubauen. Die Geschwister vermeiden einander zu treffen, geben einander auf Anfrage keine Hilfe und wenden viel Energie für die negative Beschäftigung miteinander auf. Oftmals spielt elterliche Bevorzugung eine wichtige Rolle.

Nach Stewart et al. (1998) sind die hier genannten Beziehungsmuster in ihrer Ausprägung nicht über die Zeit konstant, sondern werden durch verschiedene Faktoren, wie Lebensereignisse und Umfeldbedingungen beeinflusst. Stewart et al. (2001) haben basierend auf den Ergebnissen von Gold (1989b) und Murphy (1992), die jeweils die entgegengesetzten Lebensabschnitte des späten Erwachsenenalters und der Kindheit betrachten, versucht, eine allgemeingültige Kategorisierung der Geschwisterbeziehung über die Lebensspanne zu entwickeln. So weisen sie anhand von zwei Studien (mit 18- bis 86-Jährigen und mit 18- bis 65-Jährigen) fünf verschiedene Beziehungsmuster nach: eine unterstützende "supportive" (S. 319), eine "longing" (S. 319, sehnsüchtig, Vergangenes vermissend), eine konkurrierende "competitive" (S. 319), eine apathische und eine feindselige Gruppe.

Den deutlichsten Unterschied zu den Beziehungsmustern von Gold (1989b) stellt die konkurrierende Gruppe dar.

> Members of the Competitive group described their relationship as one exhibiting the highest degree of Conflict of any other group. Coincident with this Conflict they also reported a high degree of Warmth. Competitive siblings tended to live in the same house and to see each other daily. Instrumental support, admiration, and contact were especially characteristic of this group. (Stewart et al., 2001, S. 319)

Die Autoren kommen zu dem Ergebnis, dass sich die Geschwisterbeziehung in Abhängigkeit von den jeweiligen Entwicklungsphasen verändert. Demnach besteht die Neigung, dass Jugendliche eher eine konkurrierende Beziehung beschreiben. Mit dem Alter tendiert die Geschwisterbeziehung dagegen zu einer zunehmenden Wärme, mehr positiven Aspekten und weniger Konflikten. Das heißt, die Wahrscheinlichkeit der Zugehörigkeit zu den stärker positiv ausgerichteten Gruppen der unterstützenden oder "longing" Gruppen erhöht sich im Alter (vgl. ebenda, S. 318ff.).

Da sich die vorliegende Erhebung mit der Schwesternbeziehung im späten Erwachsenenalter beschäftigt, interessiert an erster Stelle, inwieweit die Ergebnisse mit den Beziehungsmustern nach Gold (1989b) übereinstimmen, die sich mit dem gleichen Lebensalter befasst hat (vgl. Kapitel 6.1).

Die Inhalte der verschiedenen Gruppierungsmodelle fließen in die Kategorienbildung zur Analyse der Schwesternbeziehungen ein. Eine vorzeitige Festlegung auf einzelne Beziehungsmuster wird jedoch im Vorfeld bewusst vermieden.

2.2.2.3 Unterschiede zwischen Geschwistern und ihre Ursache

Unterschiede zwischen den Geschwistern und deren Verursachung werden in verschiedenen Studien untersucht. Sie stellen ein interessantes Forschungsfeld dar. So erscheinen die Verschiedenheiten bei erster Betrachtung zunächst paradox: könnte man doch aufgrund des gleichen familiären Umfelds davon ausgehen, dass Geschwister einander ähnlicher sind als andere Personen. Genau das Gegenteil scheinen die Theorien zu den „nicht-geteilten", unterschiedlichen Umwelten, in denen Kinder einer Familie aufwachsen, zu belegen. Sie zeigen, dass die Geschwister zwar das gleiche Elterhaus haben, jedoch allein bereits aufgrund zeitlicher Veränderungen unterschiedliche Bedingungen vorfinden. So wird beispielsweise das erste Kind noch in der Ausbildungszeit der Eltern, das zweite jedoch in einer gesicherten beruflichen Phase geboren (vgl. Boll et al., 2001, 2004; Boyle et al., 2004; Dunn & Plomin, 1996; Feinberg, McHale, Crouter & Cumsille, 2003; Hetherington, Reiss & Plomin, 1994; Milgram & Ross, 1982). In diesem Zusammenhang sind auch die bereits erwähnten Studien zum ungleichen Elternverhalten (vgl. Kapitel 2.2.1.1) von Bedeutung.

Dunn und McGuire (1994) erklären die „nicht-geteilte Umwelt" der Geschwister und ihre Auswirkungen mit dem unterschiedlichen Elternverhalten zu den einzelnen Kindern, der unterschiedlichen Wahrnehmung der eigenen Beziehung durch die Geschwister, den anderen Erfahrungen mit Gleichaltrigen und Lehrern und den ungleich erlebten kritischen Lebensereignissen. Und auch Teti und Ablard (1989) bringen ihre Ergebnisse zum unterschiedlichen Bindungsverhalten von Geschwistern einer Familie mit einem unterschiedlichen Elternverhalten in Verbindung:

> Thus, there is some evidence that a substantial number of siblings in a given sample may experience differences in the quality of maternal care, which in turn may lead to differences in the children's quality of attachment to mother and to individual differences in developmental outcomes among children in the same family. (ebenda, S. 1526)

Entsprechend konnten Dunn und Plomin (1996) nachweisen, dass ein identisches häusliches Umfeld Kinder in ihrer Persönlichkeit eher unterschiedlicher macht und dass es nicht als Grundlage für Gemeinsamkeiten zwischen den Geschwistern angesehen werden kann. Des Weiteren wurde festgestellt, dass zwischen Kindern, die große Unterschiede im Temperament aufwiesen, häufiger Konflikte und mehr Rivalität auftreten.

Schachter (1982) liefert ein sehr plausibel erscheinendes und vielfach aufgegriffenes Theorem zur Erklärung der geschwisterlichen Unterschiede: Er begründet Verschiedenheiten innerhalb der Geschwisterdyade mit deren Identifikationsprozessen. Demnach versuchen Geschwister, die verstärkt ihre Unterschiedlichkeit betonen, Rivalität aus dem Weg zu gehen bzw. sich dagegen zu verteidigen "rivalry-defense" (S. 129). Er bezeichnet dieses Vorgehen als Deidentifikation der Geschwister und sieht sie in engem Zusammenhang mit der "split-parent identification" (S. 140). Hierbei identifizieren sich die Geschwister jeweils mit dem anderen Elternteil und können dadurch gegenseitigen Vergleichen, Konkurrenz oder einem schlechteren Abschneiden im Wettkampf um das gleiche Ziel, aus dem Weg gehen. Die Deidentifikation der Geschwister findet sich häufiger in kleinen Geschwistergruppen von zwei als von drei Kindern und zwischen gleichgeschlechtlichen Geschwistern. In größeren Geschwistergruppen sind sie eher unter dem ersten Geschwisterpaar als zwischen dem zweitem und drittem Geschwister zu finden. Identifikationen finden, wenn notwendig, eher mit Personen statt, die anders sind als man selbst. Vergleiche werden dann als weniger belastend erlebt. Eine Identifikation erfolgt außerdem eher mit einer älteren Person, da hier die Aussicht auf zukünftige Erfolge besteht.

Beide Ansätze tragen zur Erklärung von geschwisterlichen Unterschieden bei und verdeutlichen abermals die zahlreichen Wechselwirkungen dieser Beziehung. Diese können sich, wie am Beispiel der geschwisterlichen Unterschiede gezeigt, überraschend und unerwartet auswirken.

2.2.2.4 Hilfe unter Geschwistern

Der gegenseitigen emotionalen und instrumentellen Hilfe und Unterstützung unter Geschwistern wird durchweg ein hoher Stellenwert eingeräumt; so nimmt sie eine grundlegende Funktion innerhalb ihrer Bindung ein und scheint auch normativ verankert zu sein (vgl. Kapitel 2.1).

Die verschiedenen Aspekte geschwisterlicher Hilfe werden anschließend dargestellt und gliedern sich in folgende Abschnitte: Der erste Abschnitt befasst sich mit der Hilfe als einem Teil geschwisterlicher Entwicklungsaufgaben. Die besondere Bedeutung des Geschlechts stellt der zweite Abschnitt heraus. Als Nächstes werden der Familienstand, Einkommen und weitere beeinflussende Faktoren aufgezeigt. Der abschließende Abschnitt thematisiert, welche Schwierigkeiten hinsichtlich der gegenseitigen Hilfe entstehen können.

Grundsätzlich variiert die Hilfe, die Geschwister einander geben, sehr stark. Sie kann beispielsweise die Sorge und das Aufpassen auf ein Geschwister in der Kindheit sowie finanzielle Unterstützung und Hilfe bei der Versorgung der Kinder im Erwachsenenalter und emotionale Unterstützung und Pflege im Alter umfassen. Ihr besonderer Stellenwert wird vielfach bestätigt: Beispielsweise betont Cicirelli (1995), dass die Hilfe unter Geschwistern während des gesamten Lebenslaufs bedeutsam ist und bringt sie mit den Entwicklungsaufgaben, die Goetting (1986) für die Geschwister entwickelt hat, in Verbindung (vgl. Kapitel 2.3.1):

- In der Kindheit gehören dazu Kameradschaft, emotionale Unterstützung, Aufpassen, Hilfe und direkte Unterstützung.
- Im frühen und mittleren Erwachsenenalter umfassen sie Kameradschaft, emotionalen Beistand, Hilfe und Unterstützung auch instrumenteller Art. Die Grundhaltung wird als passiv beschrieben und Hilfe eher auf Nachfrage gegeben. Die wesentliche Aufgabe der Geschwister in diesem Altersabschnitt stellt die Versorgung der alten Eltern dar.
- Emotionaler Beistand, gemeinsame Rückbesinnung und Gemeinschaft aber auch direkte Hilfe werden auch bei möglicherweise abnehmender Kontakthäufigkeit im Alter wieder bedeutsam.

Es wird davon ausgegangen, dass Geschwister einander über den gesamten Lebenslauf in unterschiedlichster Form Unterstützung geben.

> Over separations of time and distance, as they come to share fewer and fewer of life's circumstances, brothers and sisters persist in caring for one another and remaining on call as a source of aid. Their common heritage binds them in a truly unique relationship. (ebenda, S. 712)

Vielfältige Untersuchungen belegen das Unterstützungsverhalten erwachsener Geschwister: So stellen White und Riedmann (1992) die generelle Hilfsfunktion von erwachsenen Geschwistern heraus: 26 Prozent der befragten Geschwister berichten, Hilfe erhalten zu haben und 37 Prozent gaben an, welche gegeben zu haben. Unter jungen Erwachsenen gaben nach Milevsky et al. (2005) sogar mehr als 50 Prozent der Befragten an, dass ihre Geschwister ihnen sofort helfen werden, wenn sie danach fragen.

Wenig überraschend wird nach Riggio (2000) besonders dann ein hohes Maß an Hilfe gegeben, wenn eine positive Einstellung zu den Geschwistern vorliegt. Und auch White und Riedmann (1992) bestätigen, dass Kontakt und Zuneigung eine hohe Korrelation mit der Bereitschaft, ein Geschwister im Notfall um Hilfe zu fragen, aufweisen.

Bezogen auf soziale Unterstützung im Alter stellen Wilson et al. (1994) jedoch fest, dass Ehepartner, gefolgt von Kindern am meisten Hilfe und Geschwister dagegen nur wenig Unterstützung geben.

Dennoch ist zusammenfassend eine große, wenn auch variierende Bedeutung geschwisterlicher Hilfe in den verschiedenen Lebensphasen hervorzuheben. Das Unterstützungsverhalten wird jedoch auch durch weitere Faktoren beeinflusst, von denen die Wesentlichen nachfolgend beschrieben werden:

(1) Hilfe und das Geschlecht der Geschwister

Ein Zusammenhang zwischen dem Geschlecht und der Hilfeleistung unter Familienmitgliedern wird vielfach in der Geschwisterforschung nachgewiesen.

Hierbei nehmen Frauen eine besondere Stellung ein (vgl. Gold, 1989a, S. 26ff.; Coward, Horne & Dwyer, 1992, S. 19ff.)

> Women as sisters remain distinctive in the familial exchange network in several ways. Even controlling for such factors as age and family income, sisters as providers of care give more help overall, give a wider range of help, and are more willing than brothers to do practical tasks such as laundry, cleaning, making meals, helping out when a sibling is sick, and tending to the other's children. (Eriksen & Gerstel, 2002, S. 852).

Nach White und Riedmann (1992) berichten Geschwister mit einer Schwester von mehr Kontakt, Zuneigung und Hilfe. Frauen ohne Schwestern werden, bezogen auf die wahrgenommene Unterstützung dagegen als benachteiligt beschrieben: "Social support among siblings was higher for those with living sisters and for those without adult children“ (ebenda, S. 85).

Spitze und Trent (2006) bestätigen, dass sich die Form der geleisteten Geschwisterhilfe je nach Geschlecht des Befragten und der Zusammensetzung der Geschwisterdyade unterscheidet. Dabei ist das Ratgeben die häufigste Form der geschwisterlichen Hilfe und sowohl das Ratgeben als auch Annehmen sowie die Unterstützung bei der Kinderversorgung zeigt sich am stärksten unter reinen Schwesterpaaren. Lediglich bei Reparaturen wird mehr Unterstützung durch Männer gegeben.

Auch Cicirelli (1992) betont die unterschiedlichen Hilfsfunktionen der Geschlechter und differenziert das versorgende Verhalten von Geschwistern, das er um die Unterstützung der hilfsbedürftigen Eltern erweitert, im mittleren und hohen Erwachsenenalter folgendermaßen:

- Schwestern lassen sowohl den eigenen Eltern als auch den alternden Geschwistern mehr Hilfe zukommen,
- bezogen auf die Versorgung der Eltern wird die Belastung unter Schwestern gleichmäßiger verteilt als unter Brüdern,
- Brüder und Schwestern erfüllen versorgende Aufgaben für die Geschwister und Eltern entsprechend der jeweiligen traditionellen Geschlechtsrollen.

Coward et al. (1992) stellen außerdem fest, dass nicht verheiratete ältere Geschwister beiderlei Geschlechts durch ihre Schwestern am stärksten unterstützt werden.

Dagegen kommen Milevsky und Levitt (2005) zu einem überraschenden geschlechtspezifischen Ergebnis bezogen auf geschwisterliche Hilfe, welches der oben genanten besonderen Rolle von Frauen widerspricht. Demnach haben Brüder und nicht Schwestern einen positiven Effekt auf verschiedene psychologische (z.B. Selbstwert) und akademische (z.B. Schulleistung) Faktoren. Diese Ergebnisse beziehen sich jedoch im Gegensatz zu den bisher genannten Studien auf das frühe Jugendalter.

Verschiedene Einflüsse bewirken nach Horwitz, Tessler, Fisher und Gamache (1992), ob Geschwister die Pflege ihrer stark geistig erkrankten Geschwister übernehmen, bzw. in die Hilfe involviert sind. Die Wahrscheinlichkeit, dass Hilfe geleistet wird, ist größer, wenn eine stärkere Bedürftigkeit des kranken Geschwisters, eine positive Geschwisterbeziehung und wenige andere Verpflichtungen wie Beruf und Kinder vorliegen. Interessanterweise wurde in dieser Studie nur ein geringer Zusammenhang zwischen der erbrachten Hilfe und dem Geschlecht der Geschwister gefunden. Zwar wurden 61 Prozent der Schwestern im Gegensatz zu 38 Prozent der Brüder als Vertraute genannt, diese erbrachten jedoch nicht mehr Hilfe als die Brüder. Generell wurde festgestellt, dass die normative Verpflichtung der Geschwister, einander zu helfen geringer ist, als die der Eltern zu ihrem kranken Kind.

Betrachtet man die Gesamtheit der Ergebnisse, ist jedoch eine besondere Funktion der Frauen im Rahmen der Geschwisterhilfe festzuhalten.

(2) Geschwisterhilfe, Familienstand und Familieneinkommen

Der Familienstand und das Einkommen des Hilfegebenden und der Familienstand des Hilfeempfangenden stehen im Zusammenhang mit dem Ausmaß der geschwisterlichen Hilfe.

Nach Campbell et al. (1999) spielen Geschwister im Hilfsnetzwerk eine besondere Rolle. Diese gilt im Besonderen für allein stehende Frauen und Männer sowie verwitwete Frauen. Sie verstärkt sich noch, wenn eine Kinderlosigkeit vorliegt und ist am stärksten vorhanden bei kinderlosen Frauen. "(..) `Childless individuals' develop especially supportive sibling ties, not as substitution or compensation for lost ties but based on a lifetime of negotiating unique ties with their siblings" (ebenda, S. 144).

Dagegen sind geschiedene und verheiratete Männer weniger in dieses Netzwerk eingebunden. Die Autoren weisen jedoch daraufhin, dass der Familienstand lediglich vorhersagt, wie dominant die Geschwisterbindung innerhalb des Netzwerks ist und dass weniger eine Mitgliedschaft innerhalb des Netzwerks angezeigt wird.

Eriksen und Gerstel (2002) kommen bezogen auf den Familienstand des Hilfeempfangenden erwachsenen Geschwisters zu dem überraschenden Ergebnis, dass unverheiratete Geschwister mit Kindern weniger Hilfe durch ihre Geschwister erhalten als andere. Dagegen beeinflusst ein übereinstimmender Familienstand, das gleiche Geschlecht sowie eine ähnliche Anzahl eigener Kinder die gegenseitige geleistete Hilfe der Geschwister nicht. Lediglich eine Wechselwirkung zwischen der geleisteten geschwisterlichen Hilfe und steigendem Familieneinkommen wurde aufgezeigt: "Family income increased the total amount of help, the particular amounts of help, and help to individual siblings" (ebenda, S. 852). Und auch White und Riedmann (1992) bestätigen, dass die Höhe des Einkommens und die bessere Ausbildung des Befragten die Wahrscheinlichkeit, ein Geschwister um Hilfe zu fragen oder Hilfe und Rat zu erhalten (vgl. Spitze & Trent, 2006, S. 986) erhöht.

Festzuhalten ist demnach neben geschlechtspezifischen Faktoren ein Einfluss des Familienstands und des Einkommens auf die geschwisterliche Hilfe.

(3) Geschwisterhilfe und weitere beeinflussende Faktoren

Zusätzlich wurde festgestellt, dass sich die Wahrscheinlichkeit gegenseitiger Hilfe bei Geschwistern mit wenigstens einem lebenden Elternteil, mit einem Ehepartner oder mit erwachsenen Kindern verringert. Des Weiteren wirken sich eine räumliche Nähe und die Zahl der lebenden Geschwister positiv auf die geleistete Geschwisterhilfe aus (vgl. Spitze & Trent, 2006, S. 986). Und auch Campbell et al. (1999) bestätigen, dass die räumliche Nähe der Geschwister ihre Funktion im Hilfsnetzwerk beeinflusst.

(4) Schwierigkeiten gegenseitiger Geschwisterhilfe

Die Notwendigkeit, unter Geschwistern, Hilfe zu geben und Hilfe anzunehmen, kann sich schwierig gestalten, besonders dann, wenn keine Reziprozität, d.h. keine Wechselseitigkeit der Hilfe zwischen den Geschwistern möglich ist. Nach Avioli (1989) stellt eine ausgeglichene Reziprozität eine normative Grundeigenschaft dieser Beziehung dar. So wird eine einseitige Unterstützung eines Geschwisters, die dessen Unabhängigkeit beschneidet, vom Hilfe empfangenden Geschwister negativ erlebt und kann bei fehlender Reziprozität Konflikte zwischen den Geschwistern bewirken. Dagegen ist eine Steigerung der Lebensqualität durch soziale Unterstützung seitens der Geschwister möglich, wenn diese wechselseitig bzw. reziprok erfolgt und freiwillig gegeben wird: "In those instances when similarity and value consensus accompanies the voluntary and reciprocal exchange of supports, this contact is likely to result in the sibling's enhanced well-being" (Avioli, 1989, S. 57). Nach Engler (1991) beeinflusst die Grundeinstellung des Hilfesuchenden entscheidend, wie die Hilfe empfunden wird:

> We assume that persons seeking help who have a high fear of social evaluation direct their attention toward the evaluative aspect of help-giving and at the same time fear a negative value judgement. (…) Consistent with this assumption is the feeling of being especially indebted and being obligated to reestablish the social balance through an act of reciprocation. Correspondingly, the personal need for help is experienced as being negative. (ebenda, S. 140)

Die verschiedenen und zahlreichen Befunde zur geschwisterlichen Hilfe verdeutlichen ihre besondere Funktion für die Geschwisterbeziehung und bestätigen den normativen Charakter, der in besonderem Maße für Frauen zu bestehen scheint. Es ist davon auszugehen, dass gerade unter Schwestern eine große Erwartung gegenseitiger Hilfe besteht. Entsprechend kann ihr Vorhandensein oder Fehlen wichtige Informationen über die Beziehungsqualität geben.

In welchem Ausmaß die Schwestern einander Hilfe geben und wie sie diese erleben, aber auch, ob sie eine normative Verpflichtung zur Hilfe sehen, wird in dieser Arbeit im Rahmen der Interviews erfragt.

2.2.2.5 Hilfe und Versorgung der alternden Eltern

Als wichtige gemeinsame Entwicklungsaufgabe der Geschwister, die einen normativen Charakter hat, ist die bereits erwähnte Versorgung der alternden Eltern anzusehen. Gelingt es den Geschwistern, diese Aufgabe zu bewältigen, kann das zu einer Bestätigung ihrer Bindung oder sogar einer Intensivierung der Beziehung führen. Erleben die Geschwister dagegen, dass die erbrachte Hilfe bzw. die Belastung ungleich verteilt ist, mögen ernsthafte Konflikte entstehen. Ein ungleiches Elternverhalten in der Vergangenheit, das Aufleben alter Geschwisterkonflikte, auch solcher die nicht in Zusammenhang mit der Versorgungsaufgabe stehen, erschweren gegebenenfalls die gemeinsame Bewältigung.

Nach Cicirelli (1992/1995) bewerteten in einer Studie mit 50 Töchtern 63 Prozent der Töchter die Verteilung der Belastung hinsichtlich der elterlichen Versorgung als fair, während 37 Prozent sie als unfair einstuften. Dabei erfolgte die Bewertung des Verhaltens nicht aufgrund der tatsächlich erbrachten gleichen Hilfsleistung, sondern weiterer Faktoren, wie räumliche Nähe, andere Verpflichtungen, die Bereitschaft zu helfen, geschlechtsspezifische Normen und die Vergangenheit der Familienbeziehungen wurden berücksichtigt. Nur wenn kein Verständnis für die fehlende Unterstützung vorhanden war (in 22 Prozent der Fälle) wirkte sich das negativ auf die Geschwisterbeziehung aus (vgl. Cicirelli, 1995, S. 132f.). Wie bereits oben beschrieben, bestehen geschlechtsbedingte Unterschiede bei der Versorgung der alternden Eltern in der Form, dass Schwestern diese gleichmäßiger unter sich aufteilen. Sie lassen den alternden Eltern außerdem generell mehr Vorsorge zukommen als Brüder und tragen einen Großteil der Belastung.

Übereinstimmend mit diesem Ergebnis stellen Gans und Silverstein (2006) fest, dass Frauen über den gesamten Lebenslauf eine stärkere normative Verpflichtung, den Eltern zu helfen, benennen als Männer. Diese Einschätzung stand in einem positiven Zusammenhang mit der tatsächlich geleisteten Hilfe. Bezogen auf eine weitere eigene Studie stellt Cicirelli (1995) außerdem fest, dass alle Töchter, die ausschließlich Schwestern hatten, von einer Annäherung an die Schwester oder einer gleich bleibenden Beziehung berichteten. Alle Töchter, die aufgrund der Versorgung der Eltern von einer Verschlechterung der Geschwisterbeziehung berichteten, hatten mindestens einen Bruder.

Ein Motiv, die alternden Eltern zu versorgen, wird in der Bindungstheorie vermutet; das heißt, es wird ein Zusammenhang zwischen der frühen Bindung der Kinder an ihre Eltern und dem späteren Versorgungs- bzw. Unterstützungsverhalten für die alternden Eltern gesehen (vgl. Cicirelli, 1991, S. 41ff.).

> In adulthood, when the existence of the attachment figure is threatened by the parent's illness, deprivation, or other vicissitude, the adult child will attempt to provide help and care to maintain the survival of the parent and preserve the concomitant emotional bond. (ebenda, S. 49)

Ein Einfluss weiterer Motive auf das Unterstützungsverhalten wird jedoch angenommen:

> Probably the best conclusion at the present time is that adult children's help to elderly parents is universally motivated by attachment and simultaneously influenced by cultural conditioning regarding a sense of equity and/or obligation. (ebenda, S. 51f.)

Ähnlich der Ergebnisse zur geschwisterlichen Hilfe zeigen die ausgewählten Forschungsbefunde, dass auch bei der Versorgung der Eltern eine normative Verpflichtung der Kinder besteht. Es ist anzunehmen, dass eine Bewältigung dieser Aufgabe eine Annäherung und ihr Nichtgelingen eine Entfremdung bzw. Konflikte zwischen den Geschwistern bewirken. Verstärkend kann sich eine höhere Erwartung der Eltern an die Töchter auswirken, die vermutlich dazu führt, dass auch die Schwestern gegenseitig eine stärkere Verpflichtung wahrnehmen und damit eher Konflikte auftreten, wenn diese nicht gemeinsam erfüllt werden.

Wie die Schwestern in dieser Studie die Versorgung der alternden Eltern bewältigen, erscheint daher besonders interessant und wird im Rahmen der Interviews erfragt.

2.2.2.6 Konflikte und Rivalität unter Geschwistern

Dieser Abschnitt befasst sich mit den geschwisterlichen Konflikten, ihrer Rivalität und Aggressionen und bezieht sich daher schwerpunktmäßig auf die inter- und weniger auf die intrapersonale Ebene.

In einem ersten Schritt werden geschwisterliche Konflikte, beispielsweise ihre Auslöser und Inhalte dargestellt. Der zweite Schritt befasst sich mit der Rivalität unter Geschwistern, der ein großes Konfliktpotenzial zugrunde liegt.

Schon bei der ersten Betrachtung erscheint die Geschwisterbeziehung widersprüchlich. Auf der einen Seite zeigt sich ein Bild von Nähe und Intimität, d.h. einer tiefen Verbundenheit. Auf der anderen Seite bestehen Konflikte, Konkurrenz, Neid und Rivalität. Dieses gleichzeitige Vorhandensein positiver und negativer Emotionen im Sinne einer tiefen gefühlsmäßigen Ambivalenz wird häufig in der Geschwisterliteratur thematisiert und als ein wesentliches Merkmal von Geschwisterbeziehungen angesehen.

(1) Konflikte

Geschwisterkonflikte stellen einen wesentlichen Aspekt der verschiedenen Untersuchungen bzw. Ausführungen zur Geschwisterbeziehung dar. Sie können zwischen den Extremen von Verletzung, Demütigung und lebenslanger Spannung einerseits und zwischen konstruktiv erlebten Konflikten andererseits schwanken. Körperlich als auch verbal aggressive bis gewalttätige Verhaltensweisen sind möglich. Mit zunehmendem Alter kommt es, beginnend in der Kindheit, zu einer Abnahme körperlicher Aggressivität (vgl. Bedford, 1989b, S. 6ff.; Cicirelli, 1995, S. 151ff.; Furman & Buhrmester, 1985, S. 448ff.; Kasten, 1993, S. 8ff.; Wright, 2001, S. 9).

Aufgrund der Nähe und Intimität zwischen Geschwistern nehmen Beziehungskonflikte und ihre zugrunde liegende Tiefenstruktur einen besonderen Stellenwert ein. So ist davon auszugehen, dass Konflikte zwischen Personen, die sich persönlich nahe stehen, häufig auf die Beziehungsebene konzentriert sind und Gefühle, wie z.B. Eifersucht, Kränkung, das Erleben von Ungerechtigkeit, auslösen.

Die gefühlsmäßige Ebene zwischen den Geschwistern, d.h. die Qualität ihrer Beziehung im Sinne einer großen Nähe und Verbundenheit oder viel Distanz, ist als Kriterium dafür anzusehen, ob die Geschwister Konflikte konstruktiv oder destruktiv bewerten. Nach Bank und Kahn (1991) bringen die extremen Formen der Geschwisterbeziehung (vgl. Kapitel 2.2.2.2), im Sinne einer engen Identifikation mit viel Ähnlichkeit und wenig Unterschieden und einer distanzierten bzw. geringen Identifikation, in der große Unterschiede empfunden werden, Nachteile für die Geschwister mit sich:

> Völlige Verschmelzung mit dem Bruder und der Schwester einerseits bis hin zum Verlust des Selbst und völlige Vermeidung mit dem Ergebnis lebenslanger Fremd-

heit sind die zwei extremsten Lösungen für das Dilemma der Bindung an das Übergangsobjekt. (ebenda, S. 40)

Dabei werden absolute Verschmelzung bis hin zum Verlust einer eigenen Persönlichkeit und totale Vermeidung in Form einer völligen Fremdheit als extreme Pole der Identifikation gesehen, die beide die Persönlichkeitsentwicklung aufgrund ihrer starren Grenzen behindern.

Geringe Altersabstände und das gleiche Geschlecht begünstigen, wie bereits angesprochen, eine enge Beziehung und starke Identifikation, führen aber auch zu einer Zunahme der geschwisterlichen Konflikte (vgl. Kapitel 2.2.1.3). Generell wird davon ausgegangen, dass enge Beziehungen zwischen Geschwistern durch eine große Verbundenheit einerseits und eine erhöhte Konflikthäufigkeit andererseits gekennzeichnet sind. Die erhöhte Konkurrenz kann durch Abgrenzungsprozesse, die Entwicklung eigener Interessen etc. im Sinne der bereits beschriebenen De-Identifikation entspannt werden. Demnach sind Rivalitätsprozesse auch als Suche nach einer eigenen Identität zu verstehen und können entsprechend positiv bewertet werden. (vgl. Bank & Kahn, 1991, S. 27ff.; Bedford, 1989b, S. 211ff.).

Grundsätzlich stellen verschiedenste Gründe den Anlass, Auslöser und Inhalt von Konflikten dar. Dabei gelten auch für die Geschwisterbeziehung übergreifende Konfliktauslöser, wie unvereinbare Ziele (z.B. Interessen, Bindungen), Beeinträchtigung und Bedrohung, wenn beispielsweise eine Unvereinbarkeit der Ziele als Bedrohung erlebt wird (vgl. Montada & Kals, 2001, S72ff.). Argyle und Furnham (1983) betonen im Zusammenhang mit Konflikten außerdem den hohen Kritikfaktor, den Geschwister aufeinander ausüben.

Bezogen auf die Struktur der Konflikte ist besonders der Einfluss Dritter, hier der Eltern bzw. engsten Bezugspersonen zu betonen. Sie können in der Kindheit eine Art Vorbildfunktion für den Umgang mit Konflikten darstellen, eine Vermittlerrolle bei kindlichen Konflikten einnehmen.

Folgende typische Inhalte bilden nach Meyer (1997) und Montada und Kals (2001) den Gegenstand von Konflikten: Sach-, Glaubensinhalte (z.B. religiöse Überzeugung), Wertüberzeugungen, Eigeninteressen, Ansprüche (z.B. um materielle Güter), Normen und die Beziehung selbst, d.h. Störungen auf der Beziehungsebene. Diese Inhalte sind auch auf Geschwister übertragbar.

Eine Varianz in der Konflikthäufigkeit kann nach Dunn und Plomin (1996) eher durch Unterschiede in der Persönlichkeit der Kinder erklärt werden, als durch die individuelle Persönlichkeit der Geschwister. Demnach treten in Familien, in denen die Kinder große Unterschiede im Temperament aufweisen, häufiger Konflikte auf. Aggressive Auseinandersetzungen bieten besonders in Geschwisterbeziehungen die Möglichkeit zur Erprobung im Sinne eines Moratoriums, da ein Abbruch der Beziehung nicht befürchtet werden muss. Der hohe Kritik-Faktor zwischen erwachsenen Geschwistern kann ebenfalls in diese Richtung interpretiert werden.

Negative und einfache starre Rollenzuschreibungen, die innerhalb der Familie vorgenommen werden, z.B. die Intelligente, Schöne, Sportliche, Dumme, bewirken möglicherweise eine Verstärkung konfliktreicher Verhaltensweisen. Negative Emotionen werden ausgelöst, wenn z.B. ein Kind die vorgegebene Rolle ablehnt, sich benachteiligt fühlt, eine flexible Entwicklung eigener Interessen behindert oder Rivalitätsgefühle ausgelöst werden.

(2) Rivalität, Konkurrenz, Eifersucht und Neid

Gefühle, wie Rivalität und Konkurrenz, Eifersucht und Neid werden ebenfalls häufig in der Geschwisterliteratur thematisiert. Sie stehen in engem Zusammenhang, sind nicht immer klar zu trennen, können ineinander übergehen und sind ihrer Valenz nach dem negativen Gefühlsbereich zuzuordnen. Nach Argyle und Furnham (1983) bilden Rivalitätsgefühle die Grundlage für Geschwisterkonflikte.

Die bereits erwähnte Entthronung durch das jüngere Geschwisterkind mag hierfür ein erster Auslöser sein und wird auch als Wurzel der Rivalität zwischen Geschwistern beschrieben (vgl. Kasten, 2004, S. 9). So kann die Geburt eines Geschwisters zu Gefühlen von Neid, Wut und Hass führen und – im Extremfall (wenn ein pathologisches Umfeld besteht) – mit den von Freud erstmals formulierten „Todeswünschen" verbunden sein (vgl. Adler, 1927, S. 178ff.; Petri, 1994, S. 115ff.).

Als eine wesentliche Ursache für die Entstehung von Geschwisterrivalität und für eine überdauernde und destruktive Konkurrenz werden die Eltern gesehen, wenn sie z.B. die Geschwister stellvertretend ihre Konflikte austragen lassen, einzelne benachteiligen oder besonderen Leistungsdruck ausüben. Rivalitäts- und Konkurrenzgefühle entstehen, da die Geschwister um die Zuneigung und Zuwendung der Eltern, die Anerkennung der Freunde und eine positive Familienrolle rivalisieren. Sie wird durch eine erlebte Ungerechtigkeit verstärkt. Ausschlaggebend ist die Furcht, schlechter abzuschneiden als die anderen, d.h. die Befürchtung, zu kurz zu kommen. Dabei geht es um die Machtverhältnisse zwischen den Geschwistern, ihren Platz in der Familie und ihr Verhältnis zu den anderen. (vgl. Bank & Kahn, 1991, S. 181ff.; Ley, 1995, S. 8f.). So weisen Milgram und Ross (1982) nach, dass ein Großteil der befragten Geschwister Erwachsene als Auslöser ihrer Rivalität ansieht. Geht der geschwisterliche Kampf von den Eltern aus, ist nach Sohni (1995) von einer gespaltenen Beziehungsstruktur auszugehen, in der die Beziehungspartner, d.h. Eltern und Kinder nicht voneinander abgegrenzt sind, so dass beide Seiten Angst vor einer Ausgrenzung haben und um den einen, vorhandenen Platz kämpfen.

Aber auch die gesellschaftlich bedingte Leistungsorientierung fördert bereits Vergleichsprozesse und Konkurrenzverhalten, welches sich daher auch, unabhängig von den Eltern, zwischen den Geschwistern entwickeln kann.

Leistung stellt das klassische Thema geschwisterlicher Rivalität dar, welches sich über die gesamte Lebensspanne zieht und in engem Zusammenhang mit gesellschaftlichen Werten zu sehen ist. Rivalisiert wird unter anderem um Intelligenz, Aussehen, soziale Kompetenz und Reife. Geschwisterrivalität kann bis ins hohe Erwachsenenalter andauern und beispielsweise bei Streitereien über das Erbe erneut aufflammen.

Eine interessante Differenzierung geschwisterlicher Rivalität nehmen Milgram und Ross (1982) vor. Sie weisen anhand ihrer Studie folgende Typen nach:

- **Einseitige Rivalität** wird als häufigste Form angesehen. Hierbei rivalisiert ein schwächeres mit einem stärkeren Geschwister.
- **Reziproke Rivalität** bezieht beide Geschwister mit ein, die ihre jeweiligen Stärken und Schwächen miteinander vergleichen.
- **Geschlechtsbezogene Rivalität** grenzt sich von den oben genannten Formen ab und wird oftmals von Frauen geäußert, die größere Privilegien bei ihren Brüdern wahrnehmen.

> Particularly in larger families, this type of rivalry may be an individual/group or group/group phenomenon, with a woman or group of women expressing feelings of rivalry toward a group of brothers or a generalized brother. When both father and mother support this stereotype, feelings of conflict, frustration, helplessness, and rebellion can become directed toward the whole family. (Milgram & Ross, 1982, S. 239)

Rivalität kann sich jedoch auch konstruktiv auswirken und die Geschwister durch gegenseitige Vergleiche – im Sinne einer konstruktiven Konkurrenz – zu größerer Leistung motivieren. Entscheidend ist hierbei, dass sich kein Geschwister benachteiligt fühlt und dass sich die Vergleiche in Bereichen abspielen, die für die Beteiligten kontrollierbar sind.

Generell wird jedoch häufiger von einer destruktiven als von einer konstruktiven Rivalität berichtet. Werden einzelne Kinder beispielsweise bezogen auf ihre Intelligenz oder ihr Geschlecht ständig abgewertet, einem Bereich, den sie nicht kontrollieren können, entwickelt sich ihre Rivalität destruktiv (vgl. ebenda, S. 233).
Zwischen den Geschwistern besteht in der Regel eine Übereinstimmung, Rivalität nicht anzusprechen. Sie zugeben hieße, eine Bedrohung zuzugeben. Ein unterlegenes Geschwister könnte sich dadurch in eine schlechtere Position bringen und sich noch verletzbarer machen.

Grundsätzlich ist aufgrund einer geschwisterlichen Loyalität und Familienverbundenheit eine Zurückhaltung zu vermuten, negative Beziehungsaspekte (nicht nur Rivalität) gegenüber Außenstehenden zu erwähnen. Je nachdem, wie gravierend ein Verhalten oder Ereignis erlebt wird, umso ausgeprägter ist die zu erwartende Befangenheit.

2.2.2.7 Exkurs: Missbrauch und Gewalt unter Geschwistern

Eine besonders schwerwiegende Form geschwisterlicher Gewalt stellt der Missbrauch oder die Misshandlung unter Geschwistern dar. Dieser ist von Geschwisterkonflikten abzugrenzen. Eine Unterscheidung kann jedoch im Übergangsbereich von normativen entwicklunsgbedingten Verhaltensweisen zwischen Geschwistern und dem Übergang zum Missbrauch schwierig sein.

Kiselica und Morrill-Richards (2007) definieren Geschwisterkonflikte, als beidseitige Streitigkeit um familiäre Ressourcen, z.B. Aufmerksamkeit der Eltern. Sie grenzen diese von Misshandlung ab, da hier **ein** Geschwister die Rolle des Aggressors gegenüber einem anderen Geschwister einnimmt. Hierbei wird von drei Formen geschwisterlichen Missbrauchs, psychisch, sexuell und physisch ausgegangen.

Finkelhor, Turner und Ormrod (2006) betonen die negativen Auswirkungen von geschwisterlicher Gewalt auf das Opfer und kritisieren eine öffentliche Haltung, die diese verkennt und Gewalt unter Kinder als normatives Verhalten einstuft und beispielsweise als Rauferei abtut. Nach ihrer Studie sind 49 Prozent der untersuchten zwei- bis neun-jährigen Opfer chronischer geschwisterlicher Gewalt. Das heißt, sie sind wiederholten Angriffen ausgesetzt; unter den 10- bis 17-Jährigen sind 28 Prozent betroffen. Chronische Gewalt bewirkte bei den jüngeren Geschwistern die höchste Ausprägung traumatischer Symptome verglichen zu Peers und älteren Geschwistern. Überraschenderweise wurde im Rahmen dieser Studie kein Zusammenhang zwischen chronischer Gewalt unter älteren (10 bis 17 Jahre) Geschwistern und einem Anstieg traumatischer Symptome festgestellt. Zusammenfassend lassen sich die Ergebnisse zu geschwisterlicher Gewalt wie folgt darstellen:

> Compared to peer violence, it entailed fewer injuries, the use of fewer objects that could cause injuries and fewer multiple assailants. But sibling violence was much more likely than peer violence to occur as a chronic condition. Nearly half of the children under 10 hit by a sibling in the previous year experienced 5 or more such episodes during that year. (Finkelhor et al., 2006, S. 1415)

Die Autoren fordern entsprechend eine Neubewertung von Gewalt unter Kindern und eine größere Aufmerksamkeit der Öffentlichkeit und öffentlicher Einrichtungen gegenüber diesen Phänomenen. So lassen die bisherigen Studien zu diesem Thema eine hohe Dunkelziffer befürchten.

Es ist davon auszugehen, dass Übergriffe in der Regel vom älteren Geschwister ausgehen (vgl. Cicirelli, 1995; S. 169ff.; Kasten, 2001, S. 113).

Missbrauch und Gewalt unter Geschwistern stellen ein extremes Phänomen dar, welches hier, ungeachtet seiner gravierenden Konesequenzen für die betroffenen Personen, nur kurz angerissen wird (für weitergehende Informationen siehe zum Beispiel Wiehe, 1998; Caffaro, 1998; Klees, 2008). Es wird vermutet, dass der Aufbau der vorliegenden Erhebung wenig geeignet ist, entsprechende Inhalte im Rahmen der Interviews in Erfahrung zu bringen.

2.3 Längsschnittliche Betrachtung

Vielfach erfolgt in der Fachliteratur eine längsschnittliche Herangehensweise an die Geschwisterbeziehung; ihr Wandel in den verschiedenen Lebensphasen wird betrachtet. Im Rahmen der vorliegenden Studie wird die Besonderheit und Komplexität dieser Bindung, die eine der längsten Beziehungen im Leben eines Menschen darstellt, durch die retrospektive Erfragung des gesamten Lebenslaufs der teilnehmenden Geschwister erfasst.

> The fact that the sibling relationship is one of extraordinary longevity means that it is important to study this relationship not only in early childhood, but through all the life stages across the life span. (Cicirelli, 1995, S. 7)

Zugrunde gelegt wird die These, dass sich Beziehungen prozesshaft entwickeln und in ihrer Struktur beständige Form und ständige Bewegung vereinen (vgl. Sohni, 1995, S. 30).

> Das Leben verläuft in drei großen Zyklen: Auf Kindheit, Jugend und Adoleszenz folgen das frühe und mittlere Erwachsenenalter, das durch das höhere Alter abgeschlossen wird. Zeitlich den drei Zyklen des Lebens entsprechend durchläuft auch die Geschwisterbeziehung bei aller Differenzierung von Zwischenstufen drei Phasen: die frühe Phase der Intimität, die mittlere Phase der Distanz und die späte Phase der Wiederannäherung. (Petri, 1994, S. 101)

Nachfolgend werden zunächst die Entwicklungsaufgaben der Geschwister über den gesamten Lebenslauf dargestellt. Anschließend erfolgt ein Überblick über den Verlauf der Geschwisterbeziehung in den verschiedenen Lebensphasen.

2.3.1 Entwicklungsaufgaben für Geschwister nach Goetting (1986)

Ausgehend von einer lebenslangen Beziehung zwischen Geschwistern entwickelte Goetting (1986) basierend auf der Theorie der Entwicklungsaufgaben von Havighurst Aufgaben, die Geschwister im Laufe ihres Lebens gemeinsam zu bewältigen haben:

In der **Kindheit** umfassen sie "companionship" (S. 711) und emotionale Unterstützung, durch die Eltern delegiertes Aufpassen, sowie Hilfe und direkte Unterstützung, z.B. in materieller Form oder durch Bildung von Koalitionen. Das Achtgeben auf ein jüngeres Geschwister wird hierbei besonders an die älteste Tochter delegiert.

Im **frühen und mittleren Erwachsenenalter** gehören wiederum Gemeinschaft und Kameradschaft sowie emotionaler Beistand, Hilfe und direkte Unterstützung zu den Geschwisterfunktionen. Hierzu kann beispielsweise materielle Hilfe, Unterstützung bei Krankheit, Aufpassen auf die Kinder zählen. Es besteht, bezogen auf den emotionalen Beistand, eine eher passive Haltung, die darauf beschränkt ist, wie der andere klarkommt, da generell von einer Abnahme der Beziehungsintensität in diesem Altersabschnitt ausgegangen wird. Einen wesentlichen Aspekt stellt die Zusammenarbeit bei der Versorgung der alten Eltern und der Regelung des elterlichen Erbes dar.

Im **Alter** gewinnen emotionaler Beistand und Gemeinschaft wieder an Bedeutung, auch wenn die Kontakthäufigkeit abnehmen kann. Geschwister werden als Ausgleich für Verluste von anderen Vertrauten angesehen. Weitere Funktionen werden in der geteilten Erinnerung bzw. Klärung gemeinsamer Erfahrungen, der Lösung früherer Rivalität und wiederum in Hilfe und direkten Dienstleistungen gesehen. Letztere können auch hier Bereiche wie finanzielle Unterstützung, Hilfe im Krankheitsfall und bei Haushaltsangelegenheiten umfassen.

2.3.2 Kindheit

In der frühen Kindheit werden die Grundlagen für die Geschwisterbeziehung gelegt. Die Geburt eines Geschwisters wirkt sich nach Petri (1994) positiv aus: So identifiziert sich das ältere Kind zunächst mit dem Säugling, da es zum ersten Mal mit einem weniger entwickelten Menschen in Kontakt kommt. Die anfängliche Identifizierung fördert in der weiteren Entwicklung die Abgrenzung und Separation des Kindes, indem es im nächsten Schritt lernt, sich seiner Unterschiedlichkeit und Verschiedenheit bewusst zu werden. Das ältere Kind ist in der Identifikation mit dem Säugling zwischen regressiven Wünschen und der Bedrohung seiner eigenen Entwicklung konfrontiert und muss sich hier einen eigenen Weg suchen. Aggressive Reaktionen können daher auch in der Abwehr dieser Identifikation begründet sein und nicht nur, wie oftmals behauptet, auf Rivalität beruhen (vgl. Ley, 1995, S95f.).

Nach Schütze (1986) durchlaufen die familiären Veränderungsprozesse ein Drei-Phasenmodell: In der ersten Phase (bis 9 Monate) versuchen die Eltern, eine Beziehung zwischen den Kindern anzubahnen. In der zweiten Phase (9-18 Monate) stehen die Fortbewegung des jüngeren und die Behauptung des älteren Kindes, d.h. die Regelung der Ansprüche beider Kinder im Vordergrund. In der dritten Phase, die mit dem zweiten Lebensjahr abschließt, wird die Geschwisterbeziehung zunehmend unabhängiger vom Einfluss der Eltern. Konflikte nehmen ab bzw. werden untereinander geregelt. Im weiteren Verlauf vertieft sich die Geschwisterbeziehung und wird unabhängiger vom elterlichen Einfluss. Positives Sozialverhalten tritt in dieser Phase vermehrt bei den älteren Geschwistern auf, aber auch die Jüngeren verhalten sich ab dem dritten Lebensjahr weniger aggressiv. Im Laufe des Vorschulalters werden die jüngeren Kinder verstärkt als Spielpartner akzeptiert.

Mit zunehmendem Alter ist jedoch ein leichter Anstieg der handgreiflichen Auseinandersetzungen zu verzeichnen, die häufiger von den Jüngeren initiiert werden.

Möglicherweise wird verstärkt gegen die Vormachtstellung der Älteren protestiert. Bereits Dunn und Kendrick (1983) weisen nach, dass ein Zusammenhang zwischen elterlichen Interventionen und dem Ausmaß von Geschwisterstreitigkeiten in der frühen Kindheit (das Alter des jüngeren Kindes lag bei 8 und 14 Monaten) vorliegt, wenngleich diese Effekte stärker für Jungen zutrafen. Kasten (2001), Ley (1995) und Schütze (1986) gehen entsprechend davon aus, dass zu viele Interventionen seitens der Eltern zu einem Anstieg der Konflikthäufigkeit führen, da die Kinder keine eigenen Lösungsmöglichkeiten entwickeln können.

In der mittleren Kindheit und Adoleszenz gewinnt die geschwisterliche Ambivalenz an Bedeutung. Die Rivalität zwischen den Geschwistern und die wechselseitige Bedeutung von Ähnlichkeit und Unterschieden werden vermehrt angesprochen.

> In der Kindheit hat die Betonung von Unterschieden zwischen Geschwistern eine wichtige entwicklungsfördernde Funktion. Unterschiede verhelfen dazu, die eigene Identität zu entwickeln und die Konkurrenz erträglich zu halten, weil jedes einen Bereich hat, wo es konkurrenzlos ist. (Ley, 1995, S. 100)

Eine zentrale Rolle spielen auch hier die Bildung einer eigenen Identität, Prozesse der Identifikation und der bereits beschriebenen De-Identifikation nach Schachter (1982, vgl. Kapitel 2.2.2.3). Es kommt zu einer stärkeren Differenzierung der Geschwister bei einem gleichzeitigen Anwachsen ihrer Kompetenzen.

Nach einer Studie von Raffaelli (1992) mit Kindern zu Beginn der Adoleszenz werden Konflikte und Streitigkeiten von diesen als normal bzw. alltäglich angesehen und bereitwillig genannt. Sie erfüllen verschiedene Funktionen, dienen unter anderem der Untermauerung der Familie und der Beziehungsregeln und des Schaffens von interpersonellen Bindungen. Hierbei spielt Rivalität eine geringere Rolle als erwartet, stattdessen sind Individuations- und Differenzierungsprozesse von Bedeutung.

Feinberg et al. (2003) weisen in ihrer Studie mit jugendlichen Geschwistern nach, dass die Entwicklung von Unterschieden zwischen den Geschwistern eine positive Auswirkung auf die Beziehungsqualität haben kann:

> Increasing differences between siblings over time in parent-child warmth were linked to trajectories of increasing warmth and decreasing conflict in the sibling relationship as reported by firstborns, and increasing warmth in the sibling relationship as reported by secondborns. (ebenda, 2003, S. 1261)

Im Gegensatz dazu gehen Dunn und Plomin (1996) davon aus, je größer die Wesensunterschiede, zum Beispiel das Temperament sind, desto mehr Rivalität tritt zwischen den Geschwistern auf.

Nach Bank und Kahn (1991), Kasten (2001) und Lüscher (1997) ist der Altersabschnitt der mittleren Kindheit und Adoleszenz nicht besonders konfliktreich. So können zwar phasenweise Konflikte auftreten, die genannten Abgrenzungsprozesse sprechen jedoch dafür, dass diese nicht überdauernd sind. Die Geschwisterbeziehung kann daher als relativ gleich bleibend und wenig intensiv bezeichnet werden. Mit zunehmenden Alter und Fortschreiten der Adoleszenz, gewinnen im Jugendalter (13 bis 18 Jahre) Ablösungs- und Identitätsfindungsprozesse weiter an Bedeutung. Der Aufbau von außerfamilialen Beziehungen wie Freundschaften und von intimen Beziehungen werden wichtiger. Entsprechend werden die Geschwisterbeziehungen im Laufe des Jugendalters vermehrt zurückgestellt.

Cicirelli (1995) verweist auf eine eigene Studie, nach der die Wahrnehmung positiver Eigenschaften der Geschwisterbeziehung in der Adoleszenz abnimmt. Besonders ausgeprägt war dieses Verhalten bei Schwesternpaaren. Dagegen stieg die Wahrnehmung negativer Beziehungsmerkmale wie Streit, Konkurrenz und Rivalität in der Adoleszenz an und legte sich wieder im Erwachsenenalter. Ähnliche Befunde wurden von Scharf, Shulman und Avigad-Spitz (2005) gefunden, nach denen Jugendliche mehr und intensivere Konflikte und weniger emotionale Wärme zu ihren Geschwistern wahrnehmen als junge Erwachsene.

Individuelle Unterschiede werden deutlicher und können bei einem Ungleichgewicht zu Konflikten führen, die sich umso extremer auswirken, je ausgeprägter die objektiven Nachteile sind (vgl. Kasten, 2001, S. 103ff., Petri, 1994, S. 140ff.). Der zunehmende außerfamiliäre Einfluss kann bestehende familiäre Unterschiede oder Ungerechtigkeiten verstärken, wenn z.B. ein attraktiveres oder intelligenteres Kind auch außerhalb der Familie mehr Zuwendung erhält (vgl. Papastefanou, 1992, S. 157ff.; Ley, 1995107f.; Lüscher, 1997, S. 56ff.; Petri, 1994,S. 148ff.).

Allgemein lässt sich festhalten, dass mit zunehmendem Alter eine stärkere Abgrenzung der Geschwister anzunehmen ist. Hinsichtlich der Konflikthäufigkeit liegen jedoch unterschiedliche Befunde vor, die zum einen eine Abnahme, zum anderen sogar einen Anstieg geschwisterlicher Konflikte belegen.

2.3.3 Erwachsenenalter

Mit dem Auszug aus dem Elternhaus haben die Geschwister erstmals die Wahl, ihre Beziehung fortzuführen oder ruhen zu lassen. Die Betonung der Unterschiede zwischen den Geschwistern, die der Wahrung der eigenen Identität dienen sollte, verliert im Erwachsenenalter zunehmend an Bedeutung. Ähnlichkeiten und Übereinstimmungen können stattdessen verstärkt wahrgenommen bzw. gesucht werden und es kommt zu einer Wiederannäherung. Entsprechend bestätigen White und Riedmann (1992) in ihrer Studie, dass die Hälfte der befragten erwachsenen Geschwister mindestens monatlich Kontakt zu ihren Geschwistern haben und dass zwei Drittel der Befragten wenigstens eines ihrer Geschwister als engsten Freund bezeichnen.

Zunächst erfolgt **im frühen Erwachsenenalter** (20 bis 30 Jahre) in der Regel die Ablösung von der Familie. Auszug, Berufsausbildung und Familienbildung stellen entscheidende Prozesse dar, die zu einer zeitweiligen Distanzierung und weniger

Kontakt der Geschwister führen. Dadurch kommt es nach Pulakos (1989) zu einer Abnahme der Konflikte, Rivalität und Konkurrenz zwischen den Geschwistern. Ihnen wird eine geringere Bedeutung und weniger Nähe als engen Freunden zugeschrieben.

Dagegen kommen Stocker et al. (1997) anhand einer Befragung von jungen Erwachsenen zu dem Ergebnis, dass emotionale Nähe sowie Konflikte und Rivalität weiterhin von Bedeutung sind. Demnach lässt sich dieser Altersabschnitt durch die Dimensionen „Wärme und Zuwendung", aber auch durch „Konflikt" und „Rivalität um die elterliche Zuwendung" charakterisieren. Wobei der festgestellte Zusammenhang zwischen Konflikt und Rivalität geringer war als in der Kindheit. Auffallend waren hierbei die Ergebnisse zur Übereinstimmung der Geschwisterwahrnehmung. Die Wahrnehmung der Geschwister war ähnlich bezogen auf Konflikte und emotionale Wärme, jedoch nicht in Bezug auf Rivalität. Die Kontakthäufigkeit korrelierte positiv mit der Dimension emotionaler Wärme und negativ mit Rivalität. Dagegen wurde kein Zusammenhang zwischen der geographischen Nähe der Geschwister und den Beziehungscharakteristika festgestellt (vgl. ebenda, 210ff.). In einer Studie zu sozialen Vergleichen zwischen Geschwistern im frühen Erwachsenenalter bestätigen Ferring, Boll und Neumann (2002) dagegen, dass die Geschwister in ihren Vergleichen deutlich mehr Unterschiede als Ähnlichkeit ausdrückten, was als eine Bestätigung der oben genannten zeitweiligen Distanzierung zu werten ist.

Ein Zusammenhang mit dem Konstrukt der De-Identifikation wird angenommen. Bezogen auf die als bedeutsamer bewerteten positiven Eigenschaften wurden mehr Abwärts- als Aufwärtsvergleiche angestellt, also eher die eigene Überlegenheit benannt. Ein Zusammenhang zwischen mehr Aufwärtsvergleichen und einem geringen Selbstwertgefühl der Probanden wurde festgestellt. Die Autoren nehmen aufgrund dieser Ergebnisse eine selbstwertdienliche Nutzung der sozialen Vergleiche an.

Im mittleren Erwachsenenalter, wenn z.B. Beruf, Familie und Kinder im Vordergrund stehen, verringern sich die geschwisterlichen Kontakte und damit auch ihre Nähe zueinander, und eine größere Distanz zu den Geschwistern entsteht. Verschiedene Faktoren, beispielsweise räumliche Nähe, Kinderlosigkeit und lediger Familienstand in Verbindung mit weiblichem Geschlecht erhöhen dagegen die Wahrscheinlichkeit für eine größere Nähe und Einschätzung des Geschwisters als Freund (vgl. Connidis, 1989, 81ff.; Kasten, 1998, S. 154; Milgram & Ross, 1982, S. 233ff.). Analog dazu wird die Zahl der Geschwisterkontakte durch einen Ehepartner, durch eigene Kinder aber auch höhere Arbeitszeiten und räumliche Distanz verringert; Telefonanrufe bleiben jedoch davon unberührt (vgl. Spitze & Trent, 2006, S. 984).

Im Laufe des Erwachsenenalters können erneut Konflikte aufgrund äußerer Bedingungen auftreten, wenn z.B. ein Geschwister beruflich und familiär deutlich hinter den Erfolgen des anderen zurückbleibt oder sogar an den Anforderungen (z.B. der

Berufsausbildung) scheitert. Gesellschaftliche Benachteiligungen werden jedoch nach Petri (1994) als weniger gravierend eingestuft, können jedoch dann zu Konflikten führen, wenn sie latente familiäre Benachteiligung verstärken. Dabei entstehen nach Kasten (2001) häufig einseitige Rivalitätsgefühle auf Seiten der schwächeren oder unterlegenen Geschwister. Ebenso können geschlechtsbedingte Konflikte aufkommen, wenn Schwestern aufgrund wandelnder Einstellungen ihre Position gegenüber den Brüdern im Rückblick als benachteiligt erleben. Generell gilt nach Connidis (1989) auch in dieser Lebensphase, dass Konflikte zwischen gleichgeschlechtlichen und altersnahen Geschwistern häufiger auftreten.

Im mittleren bis **späten Erwachsenenalter**, wenn die eigenen Kinder das Haus verlassen und der Ruhestand bevorsteht, stellt die Versorgung und Betreuung der Eltern eine wesentliche Aufgabe der Geschwister dar und kann bei Abstimmungsschwierigkeiten, z.B. über die jeweilige Beteiligung, Konflikte hervorrufen. Ein kooperatives Verhalten räumlich naher Geschwister wirkt sich dagegen positiv aus (vgl. Kapitel 2.2.2.5).

Streitereien über das Erbe können z.B. Ausdruck des Wunsches sein, die vermisste elterliche Gerechtigkeit wenigstens nach dem Tod der Eltern herzustellen. Eine fortdauernde, destruktive Rivalität wird – im Laufe des gesamten Erwachsenenalters – an erster Stelle auf das Elternverhalten zurückgeführt und dadurch stabilisiert, dass eine Tendenz zur Verleugnung bzw. Nichterwähnung des Themas zwischen den Geschwistern besteht (vgl. Milgram und Ross, 1982, S. 233ff., Kapitel 2.2.2.6).

Zusammenfassend ist dieser Lebensabschnitt, ebenso wie das mittlere Erwachsenenalter, als tendenziell wenig intensiv und gefühlsnah also mit wenigen Kontakten zu beschreiben.

Im **höheren Erwachsenenalter (ab 65 Jahren)** besteht bei den Geschwistern die Tendenz, sich wieder aneinander anzunähern. Gold (1989a) verweist in diesem Zusammenhang auf eine Generationen-Solidarität (generational solidarity): Sie umfasst die Zugehörigkeit zur gleichen Generation, eine erhöhte Fähigkeit für Empathie und ein Bewusstsein für die Wichtigkeit geteilter Erfahrungen. Diese Solidarität entwickelt sich über den Lebenslauf und gewinnt im Alter an Bedeutung. Die engste Bindung stellt sie bei Schwesternbeziehungen fest. Die größere Nähe kann wiederum zu einem Ansteigen bzw. erneuten Aufbrechen von Rivalitätsgefühlen und Konflikten führen.

Connidis (1989) hat sich mit der Frage beschäftigt, inwieweit Geschwister im Alter einander als Freunde einstufen. Überraschenderweise konnte sie keine engere Bindung im Sinne einer engen Freundschaft oder gegenseitigen Anvertrauens zwischen Schwestern verglichen mit Brüdern feststellen. Dagegen wurde ein Zusammenhang zwischen dem Familienstand (ledig), der Kinderlosigkeit und einer größeren emotionalen Nähe deutlich. Diese Bedingungen waren öfter in Schwesterndyaden gegeben. Ein häufigerer persönlicher Kontakt zwischen Schwestern war vorhanden. Untersuchungen von Campbell et al. (1999) zu sozialen Netzwerken weisen in eine ähnliche Richtung und belegen den Einfluss des Familienstands, des Elternstatus', Geschlechts und der räumlichen Nähe auf die Geschwisterbeziehung. Dabei geben sich Geschwister eher emotionale und instrumentelle Unterstützung und sind einander Vertrauenspersonen. Seltener finden sich Geschwister, die Freundschaft "companionship" (ebenda, S. 143) füreinander empfinden.

Avioli (1989), Cicirelli (1992), Eriksen und Gerstel (2002) thematisieren die gegenseitige emotionale Unterstützung und Hilfe von Geschwistern im späten Erwachsenenalter. Eine unausgeglichene Reziprozität kann sich negativ auf den Hilfeempfänger und damit konflikthaft auf die Beziehung auswirken. Eine reziproke Unterstützung mag dagegen eine Steigerung der Lebensqualität bewirken (vgl. Kapitel 2.2.2.4). Spitze und Trent (2006) weisen darauf hin, dass mit steigendem Alter die Wahrscheinlichkeit abnimmt, dass sich Geschwister in irgendeiner Art unterstützen oder helfen.

Den Geschwistern wird im späten Alter eine hohe emotionale Bedeutung zugeschrieben, wenngleich es eher zu einer Abnahme der Kontakte kommt. Dies kann aber auch auf körperliche Gebrechen und die dadurch bedingte Immobilität zurückgeführt werden (vgl. Avioli, 1989, S. 49ff.; Bedford, 1989a, S. 41ff.; Connidis, 1989, S. 91ff., Spitze & Trent, 2006, S. 984). So kommen Stewart et al. (2001) zu dem Ergebnis, dass sich die Geschwisterbeziehung mit steigendem Alter emotional wärmer, positiver und weniger konflikthaft entwickelt. Weitere beeinflussende Faktoren sind, wie bereits angesprochen wurde, die räumliche Nähe, das soziale Netzwerk, der Gesundheitszustand und Familienstand der Geschwister.

Alleinstehende und verwitwete Geschwister erhalten mit größerer Wahrscheinlichkeit mehr Unterstützung (vgl. Kapitel 2.2.1). Bei allein stehenden Frauen und verheirateten Frauen mit einem räumlich nahen Geschwister, sind diese oftmals ein dominantes Mitglied des sozialen Netzwerks. Das heißt, sie werden als enge Freunde verstanden. Kinderlose Geschwister entwickeln eher intensiv unterstützende Geschwisterbindungen, die auf einer einzigartigen lebenslangen Verbindung beruhen. Generell ist ein Unterstützungspotential, das sich die Geschwister im Alter geben können, vorhanden. Dieses kann aufgrund von sinkenden Geburtenzahlen und der damit fehlenden, unterstützenden Kinder in Zukunft entscheidend an Bedeutung gewinnen (vgl. Avioli, 1989, S. 49ff.; Campbell et al., 1999, S. 143ff.; Connidis, 1989, S. 91ff.).

Frühere Konkurrenz und Rivalität lassen oftmals mit zunehmendem Alter nach und eine neue Art der Nähe kann entstehen. Mit ansteigender Lebenserwartung und der wachsenden Zahl alter Menschen schließen sich Geschwister oftmals wieder aneinander an, besonders in Zeiten, in denen die Kinder erwachsen werden und der Verlust nahe stehender Menschen erfahren wird (vgl. Schulman, 1999, S. 523; Bedford, 1989a, S. 33ff.).

Die vorangegangene Darstellung der verschiedenen Lebensphasen macht deutlich, dass sich die Beziehungen der Geschwister im Laufe des Lebens verändern. Unterschiedliche Tendenzen beispielsweise hinsichtlich der Konflikthäufigkeit in der Adoleszenz können eine Spiegelung der verschiedenen vorhandenen Beziehungsformen sein. Die Veränderungen sind in Zusammenhang mit den jeweiligen Entwicklungsaufgaben und der Nähe oder Distanz, die zwischen den Geschwistern besteht, zu sehen.

Nachdem im ersten Teil der Arbeit ausführlich die Forschungsergebnisse und Gedanken zur Geschwisterbeziehung aufgezeigt wurden, beschäftigt sich das folgende Kapitel mit dem geschlechtsspezifischen Altern.

3 Geschlechtsspezifisches Altern

Die anschließenden Kapitel gehen der Frage nach, was Altern für Frauen in dieser Gesellschaft bedeutet und wie es sich auswirkt. Diese Betrachtungen bieten die Möglichkeit, das Wissen um altersbedingte (geschlechtsspezifische) Veränderungen im Allgemeinen zu vertiefen und damit wiederum das Verständnis für die Geschwisterbeziehung im späten Erwachsenenalter zu erhöhen.

Dieses Kapitel gliedert sich in folgende Teile: Abschnitt 3.1 beginnt mit einer Darstellung bestehender Rollen- und Altersstereotype. Anschließend werden in Abschnitt 3.2 geschlechtsspezifische Unterschiede, beispielsweise Lebenserwartung und Erwerbstätigkeit abgebildet. Abschnitt 3.3 skizziert den Zusammenhang zwischen Alter, Persönlichkeit und Lebensqualität. Der letzte Abschnitt 3.4 thematisiert weitere Familienbeziehungen und Netzwerke im Alter.

Wird das Alter und Altern dargestellt, so erfolgt dieses vielfach allgemein und geschlechtsneutral; dabei kann nach neueren Erkenntnissen die Geschlechtszugehörigkeit nicht unbeachtet bleiben. Vielmehr ist davon auszugehen, dass Altersprozesse und Altsein sich für Frauen und Männer unterschiedlich auswirken, ihre Erwartungen, ihr Umfeld und ihre Lebensformen davon beeinflusst werden.

> Bestimmte charakteristische Merkmalskonstellationen und Konzentrationen biographischer Entwicklungslinien münden im Alter in unterschiedliche Lebenslagen, Lebensstile und Befindlichkeiten; und dabei spielt die Geschlechtszugehörigkeit eine zentrale Rolle. (Niederfranke, 1999, S. 7)

Nach Backes (2005) wird im deutschen Sprachraum, im Gegensatz zum internationalen Vergleich, erst in jüngster Zeit auf die Unterschiede eines geschlechtsspezifischen Alterns eingegangen. Beispielsweise wurden weibliche Altersprozesse in der Gerontologie vernachlässigt und stattdessen Lebensereignisse, wie der Übergang in den Ruhestand nur aus männlicher Sicht erforscht. Das Ausscheiden von Frauen aus dem Erwerbsleben rückte dagegen nicht in den Fokus: Aufgrund des Fortbestehens ihrer sozialen Rolle mit Schwerpunkt in der Familie sah man hierfür keinen Anlass.

Eine geschlechtsspezifische Betrachtung der Altersprozesse wurde stattdessen lediglich im Hinblick auf demographische Faktoren, wie die höhere Lebenserwartung von Frauen und steigende Kosten aufgrund der größeren Zahl weiblicher Hochbetagter gesehen (vgl. ebenda, S. 31ff.).

Zunehmend rückt jedoch die soziale Unterschiedlichkeit der Geschlechter in den Blickpunkt der Forschung, so hat sich im englischsprachigen Raum bereits ab den 1990er Jahren eine Differenzierung in die Begriffe „gender" für das sozial konstruierte Geschlecht und „sex" für das biologische Geschlecht durchgesetzt (vgl. Hatch, 2000, S. 9f.). Ersteres beinhaltet geschlechts- und rollenspezifisches Verhalten, welches nicht von Geburt an vorhanden ist, sondern erst erlernt wird.

Zusammenfassend hält Backes (2005) fest:

> Im Lebenslauf angelegte Geschlechterverhältnisse setzen sich – entgegen der These von der Angleichung der Geschlechter und einer oberflächlichen Interpretation einer These der Feminisierung des Alters – bis ins Alter hinein fort. Geschlecht wird auch im Lebensverlauf „gemacht", ebenso wie Alter(n). Und: Im hohen Alter erfahren die im Lebenslauf angelegten Geschlechterverhältnisse und die damit einhergehende Hierarchie der Lebenslagechancen eine Zuspitzung. Die *hierarchische Komplementarität der geschlechtsspezifischen Vergesellschaftungsweisen* zeigt sich hier verstärkt in widersprüchlicher Form. Diese drückt sich beispielsweise darin aus, dass alte Frauen einmal als „Alterslast, ein anderes Mal als „Altersressource" betrachtet werden. (S. 37)

Möglicherweise ist hier eine Ursache für die von Milgram und Ross (1982) beschriebene geschlechtsspezifische Rivalität von Frauen zu sehen (vgl. Kapitel 2.2.2.6): wenn Frauen aufgrund eines zunehmenden Bewusstseins geschlechtsspezifischer Unterschiede und auch Chancen rückblickend eine Benachteiligung gegenüber ihren Brüdern erleben.

3.1 Altersstereotype und Rollen

Unterschiedliche Altersstereotype und Rollenbilder können ausgemacht werden und beeinflussen das Bild, das gemeinhin zum Alter und Altwerden besteht. Filipp und Mayer (2005) beschreiben weit verbreitete, **allgemeine Alterstereotype**, die beide Geschlechter betreffen und überwiegend negativ ausgerichtet sind:

- Verbindung von Alter mit Gebrechlichkeit, mit Krankheit, körperlichem und geistigem Abbau;
- Vergrößerung der Unterschiede zwischen dem reellen und dem empfundenen Alter: D.h. mit zunehmendem Alter erfolgt eine verstärkte Unterschätzung des eigenen Alters;
- Infragestellung der Fähigkeit zur Übernahme gewichtiger beruflicher und gesellschaftlicher Aufgaben bzw. Rollen durch ältere Menschen;
- Befürchtung jüngerer Menschen vor einer Demenzerkrankung im Alter.

Schwarzer und Knoll (2001) ergänzen hierzu, dass ältere Personen mit fortschreitendem Lebensalter verstärkt rigide und unerwünschte Persönlichkeitszüge herausbilden.

Aber auch positive Zuschreibungen werden durch Filipp und Mayer (2005) aufgezeigt: „Weisheit und Lebenserfahrung, aber auch Zuverlässigkeit, moralische Integrität, Verlässlichkeit, Prinzipientreue und Freundlichkeit. (...) ein vergleichsweise hohes Maß an Unabhängigkeit" (S. 27).

Zusammenfassend lässt sich feststellen, dass Altersstereotype unterschiedlich ausfallen und sich verändern je nachdem, welches Alter der Befragte hat, ob das eigene Altern oder das Altern anderer erfragt wird und in welchem Gesamtkontext gefragt wird (vgl. ebenda, S. 25ff.; Braun, 1992, S. 27f.).

Auch wenn positive Altersbilder bestehen, ist ein Überwiegen der negativen Alterszuschreibungen festzuhalten. Braun (1992) betont in diesem Zusammenhang, dass die Feststellung negativer Aspekte des Alterns nicht generell abzulehnen ist, da diese ja tatsächlich vorhanden sind. Vielmehr sind Altersbilder dann problematisch, wenn die vielfältigen bestehenden Lebensmöglichkeiten alter Menschen unberücksichtigt bleiben, wenn eine Biographie nicht nach den üblichen gesellschaftlichen Erfolgsmaßstäben zu messen ist.

Neben allgemeinen Altersbildern liegen geschlechtsspezifische Stereotypien im Alter vor:

- Es werden Männern andere Aktivitäten zugestanden.
- Der Alterungsprozess bei Männern wird weniger negativ gesehen. Was in der gebräuchlichen Aussage mündet, dass Männer reifer, Frauen dagegen nur älter werden. Als Ursache werden für Frauen geltende *„jugendbezogene Attraktivitätsnormen“* (Niederfranke, 1991, S. 8) und gegensätzliche Zuschreibungen wie eine weibliche Emotionalität und männliche Rationalität gesehen.

Es ist außerdem davon auszugehen, dass geschlechtstypische Zuordnungen auch im Alter fortbestehen, nach denen beispielsweise Frauen die Familierolle übertragen wird und entsprechend im Alter die Zuständigkeit für die Enkel. Männer erfahren dagegen eine beruflich orientierte Zuschreibung. Daraus resultiert die Erwartung, dass nur Männer Schwierigkeiten mit der Berufsaufgabe haben. Bei Frauen werden dagegen körperliche Veränderungen, wie der Beginn der Menopause oder der Auszug der Kinder, das so genannte „empty nest“ als kritische Lebensereignisse im Alter angesehen. In das Rollenbild der fürsorglichen Familienfrau passt entsprechend auch die Zuständigkeit für die Versorgung der alternden Eltern mit dem dort gefundenen größeren Anteil von Frauen (vgl. Niederfranke, 1999, S. 20ff.; Kapitel 2.2.2.5).

Ellerbrock (2003) beklagt bezogen auf das Bild älterer Frauen in der Gesellschaft, dass eine altersfeindliche und diskriminierende Haltung alten Menschen und besonders Frauen gegenüber besteht: „Leider sind diese viel zu oft unverhohlen statt subtil, denn bei alten Frauen fallen die sonst moderierenden Faktoren wie sexuelle Attraktivität, Schönheit und aktive Mutterrolle weg“ (ebenda, S. 9).

Entsprechend wirft Niederfranke (1999) die Frage auf, ob „die Tatsache, als Frau alt zu werden, zu einer doppelten Belastung“ (S. 7) wird. Und auch Fillip und Mayer (2005), die sich auf Simone de Beauvoir und ihre These des *„double standard of aging“* beziehen, weisen darauf hin, dass weibliche Altersanzeichen negativer eingestuft werden als männliche.

Backes (2005) kommt sogar zu dem Ergebnis, dass das Alter „für Frauen eine doppelt sozial gefährdende Lebensphase" (S. 36) darstellt und dass sie eher als in anderen Lebensphasen und häufiger als Männer von schwierigen sozialen Lebenssituationen betroffen sind. Dieses Risiko ist jedoch individuell sehr unterschiedlich und potenziert sich, wenn benachteiligende Faktoren, wie beispielsweise ein geringes Einkommen oder Scheidung hinzukommen.

Bezogen auf diese Erhebung ist zu vermuten, dass sich unterschiedliche Rollenbilder innerhalb der Schwesternpaare auf die Beziehung auswirken. Differenzen können sich verstärken, wenn beispielsweise eine familienorientierte Hausfrau und eine allein stehende, (ehemals) berufstätige Schwester zu einer Dyade gehören.

3.2 Geschlechtsspezifische (soziodemographische) Unterschiede

Werden die geschlechtsspezifischen Unterschiede betrachtet, so sind besonders die unterschiedliche Lebenserwartung, der Familienstand, das höhere weibliche Armutsrisiko aber auch Erwerbstätigkeit und Ruhestand von Interesse.

Die Unterschiede in den Lebensläufen sind nach Niederfranke (1999) innerhalb der Geschlechter größer als zwischen ihnen. So ist besonders bei den weiblichen Biographien eine große Differenziertheit und Vielfalt vorhanden.

> Die spezifische Alter(n)sproblematik von Frauen hat eine quantitative und eine qualitative Seite. Frauen sind im Alter häufiger und stärker von Armut und psychosozialen Notlagen betroffen als Männer. Und diese Probleme erfahren vor dem Hintergrund der „weiblichen" Lebens- und Arbeitsverläufe eine besondere Ausprägung. Die geschlechtshierarchische Arbeitsteilung, die mit ihr einhergehenden Normen, Werte und Lebensweisen, entsprechende Verhaltensweisen und Selbstbilder führen zu geschlechtstypischen Formen des Alter(n)s und zu entsprechenden Alter(n)sproblemen. Dies gilt im Hinblick auf objektive Lebenslagendimensionen, wie Einkommen und Wohnsituation, aber auch hinsichtlich stärker subjektiver Dimensionen wie Zufriedenheit und Lebensstil. Alter(n) von Frauen ist sehr viel widersprüchlicher und ambivalenter als das von Männern. (Backes, 2001, S. 21)

Aufgrund der großen Lebenslaufunterschiede bei Frauen kann nach Backes (2005) kaum noch von einer Normalbiographie gesprochen werden. Dagegen weisen die Lebensläufe der Männer weniger Variationen auf.

Bedenkt man die Kriegserlebnisse, beispielsweise die Bombardierung der Städte, Verlust von Angehörigen und Flucht, können die Biographien der teilnehmenden Frauen dieser Erhebung noch stärker variieren, als ohnehin schon aufgezeigt.

3.2.1 Höhere Lebenserwartung von Frauen

Vielfach diskutiert und statistisch nachgewiesen ist die unterschiedliche Lebenserwartung von Frauen und Männern: „Frauen leben jeweils länger, insofern steigt mit dem Alter der Frauenanteil an der älteren und alten Bevölkerung" (Backes, 2001, S. 45). Biologische und soziokulturelle Faktoren sowie unterschiedliche Lebensläufe werden von Niederfranke (1999) als Gründe angeführt, warum Frauen eine höhere Lebenserwartung haben als Männer. Demnach überleben bereits im Mutterleib mehr weibliche als männliche Embryonen. Und generell wird Jungen eine höhere Anfälligkeit für Krankheiten nachgesagt. Aber auch die höhere Risikobereitschaft von Männern führt beispielsweise zu mehr Unfällen mit tödlichem Ausgang.

Wird die die durchschnittlich höhere Lebenserwartung der Frauen betrachtet, so verbleibt einer 60-jährigen Frau im Jahr 2003 eine Lebenserwartung von 24,25 Jahren, einem 60-jährigen Mann dagegen im Durchschnitt nur eine Lebenserwartung von 20,27 Jahren. Daraus resultiert dann auch die Tatsache, dass der Verlust des Ehepartners, die Verwitwung vermehrt in weiblichen Lebensläufen auftritt[2]. Bei der Betrachtung der geschlechtsspezifischen Lebenserwartung rückt auch das unterschiedliche Krankheits- und Gesundheitsverhalten in den Fokus. Demnach suchen Frauen z.B. häufiger als Männer einen Arzt auf (vgl. Ellerbrock„ 2004, S. 3). Überraschenderweise sind Frauen

> (...) sowohl nach objektiven Kriterien als auch nach ihrer subjektiven Einschätzung häufiger krank. Diese Krankheiten verlaufen jedoch selten tödlich. Außerdem reagieren Frauen im mittleren und höheren Erwachsenenalter sensibler auf Beschwerden als gleichaltrige Männer und zeigen zudem ein weniger riskantes Gesundheitsverhalten. (Niederfranke, 1999, S. 19)

Nach Wilkening und Köster (2000) haben Frauen eher funktionell beeinträchtigende Erkrankungen, während Männer häufiger Krankheiten, wie Herzinfarkte erleiden, die lebensbedrohlich sein können.

Auch wenn die Darstellungen des Alters und die Vorstellungen hierzu immer noch stark von Defiziten bestimmt sind: Alter ist nicht gleichbedeutend mit Krankheit und Pflegebedürftigkeit. So weist Lehr (2004) daraufhin, dass selbst bei den Hochaltrigen ab 85 Jahren noch 70 Prozent ihren Alltag bewältigen. „Die durchschnittliche Lebenserwartung hat sich fast verdoppelt. Wir werden älter als unsere Eltern und sind dabei erheblich gesünder" (Lehr, 2007, S. 45). Mögliche Gründe sind in medizinischen Fortschritten aber auch in einem gesünderen Lebensstil der Betroffnen zu sehen. Lehr (2004) definiert dabei Gesundheit nicht nur als ein Fehlen von Krankheit, sondern räumt auch der Einschätzung des subjektiven

---

2 (vgl. © GeroStat – Deutsches Zentrum für Altersfragen, Berlin; Alterssurvey 1996, Welle 1: Forschungsgruppe Altern und Lebenslauf (FALL), Freie Universität Berlin; Alterssurvey 2002, Welle 2: Deutsches Zentrum für Altersfragen, Berlin)

Gesundheitszustands und der Bewältigung bestehender Krankheiten einen besonderen Stellenwert ein.

Bezogen auf die veränderte Lebenserwartung sind verschiedene Effekte festzustellen, beispielsweise eine Zunahme der gemeinsamen Lebenszeit der Generationen aufgrund der hohen Lebenserwartung oder Kontakte zu mehreren Generationen (Großeltern, Urgroßeltern und Enkeln). Außerdem können veränderte Familienstrukturen wie Scheidung und Wiederheirat zu einer Erweiterung der verwandtschaftlichen Beziehungen führen.

Letztgenannte Effekte sind jedoch für den in dieser Studie angesprochenen Personenkreis zu vernachlässigen, da eine Zunahme erst mit den jüngeren Jahrgängen zu erwarten ist.

3.2.2 Haushaltsstruktur, Familienstand und Armutsrisiko

Nachfolgend werden Entwicklungen bezüglich der Haushaltstrukturen und des Familienstands im Alter, sowie Risiken einer Altersarmut erörtert.

Allgemein ist von einer Singularisierung im Alter, einer Zunahme von Einpersonenhaushalten auszugehen. Beispielsweise bemerkt Tesch-Römer (2006b) bezogen auf die Haushaltsstruktur, dass in der Gruppe der 55- bis 69-Jährigen das Zusammenwohnen mit dem Ehepartner noch die häufigste Wohnform darstellt. Die Altersgruppe von 70 bis 85 Jahren erfährt dagegen häufig den Verlust des Ehepartners, so dass Einzelhaushalte deutlich zunehmen. Betroffen sind hiervon, wie bereits beschrieben, in erster Linie Frauen. So leben 2002 bereits in der Altersgruppe von 55 bis 69 Jahren 80,5 Prozent der Männer in einer Partnerschaft aber nur 73,3 Prozent der Frauen. Diese Differenz steigt in der Altersgruppe der 70- bis 85-Jährigen deutlich an, so dass bei den Männern 74,6 Prozent und bei den Frauen nur noch 36,7 Prozent mit dem Partner zusammenleben[3]. Neben der unterschiedlichen Lebenserwartung ist ein weiterer Grund für die höhere Rate allein stehender älterer Frauen in der **unterschiedlichen Wiederverheiratungsrate** zu sehen, die bei Männern höher ist. Frauen über 60 Jahre binden sich im Gegensatz zu Männern selten ein zweites Mal. Der fünfte Altenbericht stellt hierzu fest:

> Die Mehrzahl der Männer ist gegenwärtig verheiratet, und zwar auch in der höchsten Altersgruppe der über 80-Jährigen (in diesem Alter sind etwa zwei Drittel aller Männer verheiratet). Der Anteil von ledigen und geschiedenen Männern ist relativ klein. Die Situation für Frauen stellt sich grundlegend anders dar: Mit dem Alter steigt der Anteil der verwitweten Frauen erheblich an (bei den 288 über 80-jährigen Frauen sind fast drei Viertel aller Frauen verwitwet). Der Anteil der ledi-

---

3 vgl. © GeroStat – Deutsches Zentrum für Altersfragen, Berlin; Alterssurvey 1996, Welle 1: Forschungsgruppe Altern und Lebenslauf (FALL), Freie Universität Berlin; Alterssurvey 2002, Welle 2: Deutsches Zentrum für Altersfragen, Berlin

> gen und geschiedenen Frauen ist – im Vergleich mit den Männern – etwas höher. (Bundesministerium für Familie, Senioren, Frauen und Jugend, BMFSFJ, 2005, S. 287f.)

Demzufolge profitieren Männer häufiger vom Hilfspotential ihrer Ehepartnerin, zumal der Ehepartner in der Unterstützungshierarchie nach Höpflinger (2003) an erster Stelle steht.

Auch wenn das Einzelwohnen bisher deutlich häufiger bei Frauen vorliegt, ist aufgrund sich wandelnder Lebensbedingungen, z.B. einem Anstieg der Scheidungen, in Zukunft auch eine stärkere Veränderung männlicher Biographien zu erwarten. Zurzeit wechseln Männer nach dem Verlust der Ehefrau häufiger in den Haushalt der Kinder oder ins Heim. Die leicht erhöhte Mortalitätsrate verwitweter Männer, die Fooken (1999) feststellt, kann entsprechend interpretiert werden. Aufgrund gestiegener Lebenserwartungen und einer kohortenspezifischen Ehefreundlichkeit liegt zurzeit jedoch ein höherer Anteil älterer Ehepaar vor als in den Jahren zuvor (vgl. Höpflinger, 2003, S. 1ff.).

Eine besondere Situation stellen Kinderlosigkeit und lediger Familienstand bei älteren Menschen dar, welche bei der Gruppe der heute 70-Jährigen und Älteren jedoch eher selten anzutreffen ist. Fooken (1999) verweist auf eigene Befunde, nach denen besonders ledige und kinderlose Frauen lebenslang eine größere Selbstständigkeit erfahren und daher eher in der Lage sind, im Alter ein zufriedenstellendes und selbstbestimmtes Leben zu führen.

> Abgesehen von möglichen Kontakten zur Herkunftsfamilie kommt es bei den Singles meist zu einer relativen `Entbindung´ aus familialen Zusammenhängen, was in der Regel im Lebenslauf durch tragfähige außerfamiliale Beziehungsnetze ausgeglichen wird. (ebenda, S. 216)

Eine eigene Gruppe stellen die allein stehenden älteren Frauen und Mütter dar, dort ist von einem sehr hohen Armuts- und Sozialhilferisiko auszugehen (vgl. Ellerbrock, 2004, S. 3). So kommt der fünfte Altenbericht zu folgendem Ergebnis:

> Entsprechend spiegelt sich in individuellen Lebensläufen und den auf diesen gründenden, aktuellen Handlungsspielräumen zum Teil eine Kumulation von Vorteilen, zum Teil auch eine Kumulation von Nachteilen wider. Als ein Beispiel sei hier das vor allem unter älteren Frauen immer noch bestehende Problem der Armut genannt, das in vielen Fällen ein Ergebnis des Zusammenwirkens zahlreicher Benachteiligungen darstellt, wie z.B. geringeren Bildungschancen infolge von sozialer Herkunft und Geschlechtszugehörigkeit, geringen Berufschancen infolge von niedrigem Bildungsabschluss und lückenhafter Erwerbsbiografie auf Grund fehlender Vereinbarkeit von Familie und Beruf. Das Armutsrisiko nach Ehescheidung ist für Frauen deutlich größer als für Männer, in Deutschland findet sich gegenwärtig unter den geschiedenen Frauen die höchste Armutsquote. Eine ähnliche geschlechtsspezifische Benachteiligung ist für die finanzielle Situation nach Verwitwung festzustellen, eine Verschlechterung ist hier lediglich für Frauen fest-

zustellen, für Männer gilt demgegenüber, dass die finanzielle Situation nach Verwitwung eher besser als schlechter ist. (BMFSFJ, 2005, S. 29f.)

Die Ausführungen verdeutlichen die extremen Unterschiede und Risiken, die in weiblichen Biographien und daher auch innerhalb der Schwesterndyaden auftreten können. Beispielsweise mag eine frühe Verwitwung nur einer Schwester eine deutliche Schlechterstellung bewirken und bereits im Vorfeld vorhandene Vergleiche oder Neid intensivieren, andererseits können Schicksalsschläge eine größere Annäherung bereits zuvor verbundener Geschwister bewirken. Auch eine Konstellation, in der eine allein erziehende Frau zeitlebens auf Unterstützung ihrer gut verdienenden Schwester angewiesen ist, kann aufgrund einer fehlenden Reziprozität die Beziehung belasten.

3.2.3 Erwerbstätigkeit und Ruhestand

Der folgende Abschnitt befasst sich mit der Erwerbstätigkeit und dem Übergang in den Ruhestand als einem entscheidenden Abschnitt im späten Erwachsenenalter. Dieser erscheint von besonderem Interesse, da die Mehrheit der Teilnehmerinnen sich zum Zeitpunkt der Befragung bereits in dieser Lebensphase befand.

Studien zur Erwerbstätigkeit und dem Übergang in den Ruhestand konzentrierten sich lange Zeit auf Männer und den Rollen- bzw. Identitätsverlust, den sie dabei erfahren. Dabei ist gerade die Erwerbstätigkeit von Frauen im höheren Alter nach Lehr (2007) geschlechtsspezifisch zu betrachten. Sie geht davon aus, dass die Berufsbiographie von Frauen ihre berufliche Situation im fünften und sechsten Lebensjahrzehnt bestimmt. Einfluss auf den Verlauf der weiblichen Berufstätigkeit nehmen demnach unter anderem:

- die frühe Berufsbindung (durchgehende Erwerbstätigkeit, d.h. Beständigkeit und Eingewöhnung zu Beginn der Berufstätigkeit),
- eine mütterliche Erwerbstätigkeit (diese war lange Zeit allein aufgrund der gesellschaftlichen Rollenerwartung für die älteren Jahrgänge kaum zu gewährleisten und auch heute noch bestehen entsprechende Erwartungen).

Die unterschiedliche Erwerbsbiographie der Geschlechter wirkt sich auch auf die durchschnittlichen Rentenzahlungen aus, so dass Frauen in der Regel niedrigere Bezüge und wie bereits angesprochen, ein größeres Armutsrisiko im Alter zu erwarten haben. Auslöser hierfür sind beispielsweise eine kürzere Erwerbstätigkeit wegen der Kindererziehung oder/und die niedrigeren Gehälter, die Frauen im Vergleich zu Männern oftmals erhalten. Bezogen auf das Alter und den Status beim Übergang in den Ruhestand ist festzustellen, dass Frauen und Männer unterschiedlich in den Ruhestand wechseln. So erfolgt nach den Pressetexten des Bundesministeriums für Familie, Senioren, Frauen und Jugend zum Alterssurvey der Wechsel in den Ruhestand bei Frauen zehn Jahre früher als bei Männern. Hierbei wirkt sich jedoch die hohe Zahl an Frauen, die nach der Familiengründung ihre Erwerbstätigkeit aufgegeben haben, senkend auf den Gesamtdurchschnitt aus.

> Frauen sind seltener als Männer bis zum Beginn der Altersrente erwerbstätig. In den Jahrgängen 1933-37 wechselten deutlich weniger Frauen (58%) als Männer (68%) direkt von der Erwerbstätigkeit in den Ruhestand. Der Anteil von Frauen und Männern, die aus der Arbeitslosigkeit bzw. aus dem Vorruhestand in die Rente gingen, war dagegen bei den 1933-37 Geborenen mit jeweils 19 Prozent gleich hoch. Von den Frauen dieser Jahrgänge waren immerhin noch 17 Prozent vor ihrem Rentenbezug als Hausfrau tätig – eine Kategorie, die für Männer keine Rolle spielt. (…) Ein Vergleich aller Jahrgänge im Alterssurvey zeigt, wie sich der Übergang in den Ruhestand im Zeitverlauf verändert hat. Obwohl Frauen immer noch seltener als Männer direkt aus einer Erwerbstätigkeit in den Ruhestand gehen, ist der Abstand zwischen den Geschlechtern mit der Zeit geringer geworden. (Deutsches Zentrum für Altersfragen, DZA, 2005, S. 4)

Die fehlende Betrachtung von Berufsausgliederungsprozessen bei Frauen kann auf folgende Faktoren zurückgeführt werden: Frauen wurde lange Zeit in erster Linie die Familien- und Mutterrolle zugeschrieben und ihre Erwerbstätigkeit nur aufgrund von finanzieller Bedürftigkeit gesehen (vgl. Lapota, 1995, S. 114ff.). Mit dem Eintritt in den Ruhestand erfuhren die Frauen nach dieser Sichtweise keinen Rollenverlust, da sie ihre Aufgaben innerhalb der Familie mit der Verrentung wieder aufnehmen konnten. Ein weiterer Grund, die Anpassung der Frauen an den Ruhestand zu vernachlässigen, mag aber auch in der relativ geringen Zahl weiblicher Berufstätiger liegen.

> (…) hier wirkt sich eine bestimmte Rollentheorie verhängnisvoll aus, nach deren Auffassung die „eigentliche" Rolle der Frau die der Hausfrau und Mutter ist. Eine tiefere Bindung an den Beruf scheint man der Frau von vornherein abzusprechen. Da die Frau immer nur vorübergehend die Rolle der Berufstätigkeit annehme, gebe sie dann diese gerne auf und sei glücklich, zu ihrer „eigentlichen" Rolle zurückzukehren. (…) Beide Auffassungen – sowohl die einer generellen Krisensituation für den Mann, wie auch die eines geradezu konfliktlosen Ausscheidens aus dem Berufsleben für die Frau – bedürfen aufgrund der empirischen Forschung einer Korrektur, zumindest aber einer weit differenzierteren Betrachtungsweise als bisher allgemein üblich. (Lehr, 2007, S. 243f.)

Aufgrund steigender Zahlen weiblicher Erwerbstätigkeit bestimmen Berufsausgliederungsprozesse auch zunehmend weibliche Lebensläufe und stellen hier ein zu bewältigendes, kritisches Lebensereignis dar. Niederfranke (1999) unterscheidet zwischen vier verschiedenen weiblichen Lebensentwürfen, die entscheidend bestimmen, wie die Berufsausgliederungsphase bewältigt wird:

- **traditionell orientierte Familienfrauen**: Es besteht eine ausschließliche Orientierung an der Familie und dem Ehemann, ungeachtet, ob eine eigene Erwerbstätigkeit ausgeübt wird. Die zunächst positiven Erwartungen an die nachberufliche Zeit, wieder ganz für die Familie da sein zu können, werden durch eine wachsende Unzufriedenheit aufgrund fehlender beruflicher Inhalte und außerfamiliärer Kontakte abgelöst. Letztere erweisen sich besonders im Falle eines Partnerverlusts als negativ für die betroffenen Frauen.

- **Quasi-orientierte Familienfrauen**: Es besteht eine Familienorientierung, die jedoch aufgrund äußerer Umstände (z.B. Kriegsgeschehen, Tod des Partners, lediger Familienstand) nicht ausgelebt werden konnte und mit dem Ruhestand ungeachtet der zumeist durchgehenden Erwerbstätigkeit wieder bedeutsam wird. Eine Zuwendung zum weiteren Familienkreis bringt jedoch selten die gewünschte Nähe. „So leiden sie in der nachberuflichen Lebensphase an einem `nichtgelebten´ Leben“ (ebenda, S. 29).
- **Sozial integrierte Frauen**: sind zumeist ledig. Sie identifizieren sich sowohl über den Beruf als auch über außerfamiliäre Kontakte und Aktivitäten. Im Gegensatz zu den quasi-familienorientierten Frauen konnte hier die Krise, die weibliche Aufgabe der Familiengründung nicht erfüllt zu haben, bereits im mittleren Lebensalter überwunden werden. Der Übergang in den Ruhestand ist zunächst durch einen Verlust der beruflichen Inhalte bestimmt. Dann überwiegt jedoch ein Streben „nach persönlicher Kontrolle und Unabhängigkeit“ (ebenda, S. 29), wie es zeitlebens gelebt wurde.
- **Karitativ orientierte Frauen**: Hier „bedeutet die Berufsaufgabe keinen massiven Einschnitt, da ihr Identitätsleben durch das Dasein für andere Menschen geprägt ist“ (ebenda, S. 29).

Auch wenn in männlichen Biographien keine entsprechende Gruppierung vorgenommen werden konnte, wurde auch bei ihnen deutlich, dass eine außerfamiliäre Orientierung und Kontakte den Übergang in den Ruhestand erleichtern und ihr Fehlen sich problematisch für die Betroffenen auswirken kann (vgl. ebenda, S: 25ff.).

Wiederum bezogen auf die teilnehmenden Schwestern sind Auswirkungen unterschiedlicher Biographien auf die Geschwisterbeziehung möglich. Beispielsweise ist eine Distanzierung der Schwestern vorstellbar, wenn die Lebensentwürfe stark variieren, z.B. eine traditionell orientierte Familienfrau und eine ledige, selbstständige Frau (zuvor beruflich engagiert) einem Paar angehören. Übereinstimmungen in den Biographien vermögen hingegen eine stärkere Annäherung zu bewirken.

Neben dem Übergang in den Ruhestand ist von Interesse, welche **Formen des Engagements und der Teilhabe im Alter** (zumeist mit dem Ausscheiden aus dem Erwerbsleben) bestehen. Aufgaben wie ein Ehrenamt oder Enkelkinderbetreuung werden nach (Kohli & Künemund, 2003) überwiegend von jungen Alten bis 69 Jahre ausgeführt. Dennoch üben auch noch mindestens 27 Prozent der 70- bis 85-Jährigen wenigstens eine der folgenden Tätigkeiten, wie Enkelkinderbetreuung, Pflege oder Ehrenamt aus. Materielle Transfers werden in erster Linie von den alten Eltern an die Kinder gegeben. Geschlechtsspezifische Unterschiede zeigen sich für diesen Bereich besonders beim **Unterstützungsverhalten**, welches in verschiedenen Studien herausgestellt wird. Demnach übernehmen in erster Linie Frauen Pflegetätigkeiten und Betreuungsaufgaben (vgl. auch Kapitel 2.2.2.5):

> In rund 90% leistet eine Person aus der Familie – vor allem der Partner/die Partnerin oder ein Kind/Schwiegerkind –, aus der näheren Verwandtschaft oder Nachbarschaft die nötige Pflegetätigkeit. Drei Viertel der Fälle wird von Frauen betreut. (Backes, 2001, S. 75)

Entsprechend stellen Kohli und Künemund (2003) fest,

- dass eine deutlich größere Zahl pflegender Frauen vorliegt. Dieser Unterschied ist in der Altersgruppe der 40- bis 54-Jährigen am größten, die mit der Versorgung der eigenen (Schwieger-) Eltern befasst ist.
- dass in der Altersgruppe der 55- bis 69-Jährigen am häufigsten Aufgaben in der Betreuung der Enkelkinder übernommen werden und diese wiederum überwiegend von Frauen ausgeführt werden.
- dass im höheren Alter der Unterstützungsbedarf des gebrechlichen Ehepartners im Vordergrund steht.

Und auch der fünfte Altenbericht bestätigt bei der Enkelbetreuung durch die Großeltern deutliche Geschlechtsunterschiede:

> Während fast die Hälfte der Großmütter angaben, gelegentlich oder regelmäßig Kinderbetreuung zu übernehmen, taten dies nur etwa 15 Prozent der Großväter. Aus einer anderen Perspektive zeigen Befunde der Zeitbudgeterhebung 2001/2002 ähnliche Befunde (Engstler et al. 2004): Von allen befragten über 60-Jährigen gaben nur 4 Prozent an, an den betreffenden Tagebuchtagen Zeit für Kinderbetreuung aufgewendet zu haben. (BMFSFJ, 2005, S. 310)

Die Einschätzungen zum größeren weiblichen Anteil an der Versorgung der alten Eltern sind jedoch nicht unumstritten. So geben Kohli und Künemund (2001) zu bedenken, dass die Zahlen ein falsches Bild bezüglich der männlichen Beteiligung an Pflegetätigkeiten widerspiegeln und stellen fest: Auch wenn Frauen häufiger die Pflege hilfebedürftiger Menschen übernehmen, sind diese Ergebnisse eher auf die Unterstützung weiterer Personen wie Verwandte, Freunde und Bekannte zurückzuführen und weniger auf die Hilfe der eigenen (Schwieger-) Eltern. Demnach unterstützen sieben Prozent der Männer im Vergleich zu acht Prozent der Frauen im Alter von 40 bis 85 Jahren die eigenen Eltern oder Schwiegereltern. Bezogen auf die Pflege des Ehepartners sollte entsprechend einbezogen werden, dass die höhere Zahl pflegender Ehefrauen auf die im Durchschnitt jüngeren Partnerinnen und die höhere weibliche Lebenserwartung zurückzuführen ist. Demzufolge wird die These der durchweg höheren Pflegetätigkeit der Frauen im Vergleich zu Männern von den Autoren als überzogen angesehen (vgl. ebenda, S. 172ff.).

Die Ausführungen verdeutlichen, dass vielfältige Aufgaben und Verpflichtungen im Alter bestehen. Im Hinblick auf die vorliegende Studie können beispielsweise Unstimmigkeiten entstehen oder verstärkt werden, wenn eine Schwester sich verstärkt in der Enkelbetreuung engagiert und daher die Erwartungen der kinderlosen Schwester an mehr gemeinsame Zeit im Ruhenstand nicht erfüllt.

3.3 Persönlichkeit, Lebensqualität und Altern

Der folgende Abschnitt zeigt Zusammenhänge zwischen Altersprozessen, der Persönlichkeit und Lebenszufriedenheit auf.

Inwieweit diese sich gegenseitig beeinflussen, stellt nun eine sehr interessante, weiterführende Frage dar, die jedoch an dieser Stelle nur kurz aufgegriffen wird. Für tiefer gehende Informationen wird zum Beispiel auf Lehr (2007), Oswald, Lehr, Sieber und Kornhuber (2006), Schumacher, Gunzelmann und Brähler (1996) und Wahl, Diehl, Kruse, Lang und Martin (2008) verwiesen.

Auch wenn gemeinhin das Altersstereotyp einer zunehmend rigider werdenden Persönlichkeit besteht, ist dennoch von einer relativ stabilen Persönlichkeitsstruktur über die Lebensspanne auszugehen. Aufgrund der eher gleich bleibenden Persönlichkeitsmerkmale ist zu vermuten, dass Abbauprozesse in einzelnen Bereichen durch Ressourcen in anderen ausgeglichen oder zumindest verringert werden (vgl. Schwarzer und Knoll, 2001, S. 44). Besonders entscheidend für die Feststellung der Lebensqualität im Alter scheint hier die subjektive Bewertung bzw. Wahrnehmung des eigenen Alterns zu sein. Entsprechend bestätigt Lehr (2000), dass das Erleben der Altersprozesse und das Verhalten weniger durch die objektive Situation, sondern viel mehr durch die eigene, individuelle Einschätzung bestimmt werden.

Eine besondere Bedeutung hat hierbei die Einstellung der Person, eine Situation verändern und beeinflussen zu können: So stellen Schwarzer und Knoll (2001) fest, dass alte Menschen ebenso zufrieden mit ihrem Leben sind wie junge, ungeachtet der vielfältigen Einschränkungen und Verluste beispielsweise in körperlichen und sozialen Bereichen, die sie mit zunehmendem Alter erfahren. Bedeutsam für die eigene Lebenszufriedenheit ist hierbei die individuelle Belastung (z.B. Gesundheitszustand) und eine internale Kontrollüberzeugung, das heißt die Einschätzung, selbst Einfluss auf Ereignisse ausüben zu können.

Vergleichbar betonen auch Tesch-Römer und Wurm (2006) die generell hohe Lebenszufriedenheit älterer Menschen, die sie als „Zufriedenheitsparadox" (S. 14) bezeichnen und die bei Frauen etwas höher liegt als bei Männern. Eine positivere Einschätzung der eigenen Lebensqualität wurde von Befragten geäußert, die sich in einer Partnerschaft befanden und auch Personen, die in den Ruhestand gewechselt waren (vgl. ebenda, S. 14f.; DZA, 2005, S. 1ff.).

Forstmeier, Uhlendorff und Maercker (2005) bestätigen mit ihrem Überblick zur Ressourcendiagnostik im Alter ebenfalls den positiven Einfluss internaler Überzeugungen beispielsweise auf die Gesundheit und die Befindlichkeit. Und auch Schumacher et al. (1996) fassen in ihrem Überblick zur Lebenszufriedenheit im Alter zusammen, dass ein Zusammenhang zwischen Persönlichkeitsvariablen, wie der Kontrollüberzeugung, Gesundheitseinschätzung, Grundstimmung und dem Ausmaß der Lebenszufriedenheit besteht.

Schwarzer und Knoll (2001) nehmen jedoch eine Zunahme der sozial-externalen Kontrolle (durch äußere Einflüsse, fremdbestimmt) im Alter wahr, die allerdings nicht grundsätzlich negativ zu werten ist. Auch wenn gerade Hochaltrige zunehmend Hilfe annehmen und Kontrolle abgeben müssen, „werden Ressourcen frei, die anderweitig und möglicherweise produktiver genutzt werden können" (ebenda, S. 52).

Bestätigt wird dies von Tesch-Römer und Wurm (2006), die feststellen, dass sich belastende Ereignisse im Alter nicht analog auf die Lebenszufriedenheit niederschlagen, da positive Erlebnisse in anderen Bereichen ausgleichend wirken oder/und eine Anpassung an negative Lebensumstände erfolgt. „Die bis ins Alter bestehende hohe Zufriedenheit verdeutlicht jedoch gleichzeitig, dass Altern und Altsein nicht nur als Belastung erlebt wird, sondern mit hoher Lebensqualität einhergeht" (ebenda, S. 15).

Betrachtet man die Ergebnisse zur Persönlichkeit und Lebensqualität im Alter zusammenfassend, sind besonders die positiven Wechselwirkungen einer selbstwirksamen Kontrollüberzeugung, Lebenszufriedenheit, Grundstimmung und Gesundheit hervorzuheben.

3.4 Familienbeziehung und Netzwerke im Alter

Die Entwicklung der Familienbeziehungen und des sozialen Netzwerks und ihre Unterstützungsfunktion werden in diesem Kapitel thematisiert (bezogen auf Geschwister, vgl. Kapitel 2.2.1.1, 2.2.2.4 und 2.3.3).

Dem Netzwerk sind neben den Geschwistern der engere und erweiterte Familienkreis, wie Neffen und Tanten, sowie Freunde und Personen mit weniger engen Bindungen, wie Nachbarn und Bekannte zuzuordnen (vgl. Fooken, 1999). Nach Kohli und Künemund (2001) sind Familienangehörige im Alter sowohl die wichtigsten Ansprechpartner als auch die häufigsten Interaktionspartner, was sie mit folgenden Zahlen belegen:

- 70 Prozent der 40- bis 85-Jährigen haben Familienangehörige von wenigstens zwei weiteren Generationen. Hierbei ändert sich jedoch die Zusammensetzung: Überwiegen bei den Jüngeren noch die Eltern und Großeltern, so haben die Älteren in erster Linie Kinder und Enkel.
- Eigene Großeltern stellen hierbei schon bei den 40- bis 44-Jährigen eine Ausnahme dar.

- 95 Prozent der 40- bis 44-Jährigen haben noch eigene Eltern oder Schwiegereltern, dagegen liegt der Anteil in der Altersgruppe der 70- bis 74-Jährigen nur noch bei fünf Prozent.
- Gegenläufig wächst der Enkelkinderanteil von zwei Prozent bei den Jüngeren auf 73 Prozent bei den Älteren an.
- 80 Prozent sowohl der Älteren als auch der Jüngeren der genannten Altersgruppe haben eigene Kinder.
- Durchgehend besteht ein hoher Anteil an Geschwistern, der auch bei den Ältesten (hier 85 Jahre) noch bei 80 Prozent liegt.
- Im Rahmen der Partnerschaften kommt es wegen der bereits angesprochenen Gründe (vgl. auch Kapitel 3.2.2) zu einem Rückgang, so dass bei den Ältesten nur 45 Prozent einen Partner haben.
- Nur zwei Prozent der Altersgruppe der 70- bis 85-Jährigen haben keinerlei Familienangehörige (vgl. ebenda, S. 209ff.).

Bereits erwähnt wurde die Bedeutung des **Ehepartners** für Unterstützungsleistung und die bei Frauen häufiger vorliegende Verwitwung im Alter. Schumacher et al. (1996) stellen bezogen auf die Lebenszufriedenheit im Alter fest, dass Frauen im Durchschnitt unzufriedener mit ihrer Partnerschaft und Sexualität sind als Männer. Tendenziell zufriedener sind sie dagegen mit ihrer sozialen Eingebundenheit.

Bezüglich der **Freundschaftsbeziehungen** ist festzuhalten, dass ungefähr 75 Prozent der 40- bis 54-Jährigen Freunde haben, „aber nur rund die Hälfte der 70- [bis] 85-Jährigen" (Kohli & Künemund, 2001, S. 162). Hierbei nannten Frauen der älteren Altersgruppe häufiger Freunde als das bei den Männern der Fall war; bezogen auf das Netzwerk, seine Bedeutung und Unterstützungsfunktion erwähnten sie sogar durchgängig mehr Freunde (vgl. ebenda, S. 155ff.). Nach Fooken (1999) stellen Freunde ein Zeichen für relatives Wohlergehen dar. Dabei verfügen besonders ehemals berufstätige Frauen über größere soziale Netzwerke; diese Tendenz verstärkt sich noch bei allein stehenden Frauen.

Höpflinger (2003) stellt dagegen zur Freundschaftsbeziehungen überraschend fest:

> Die Zahl naher Freunde erwies sich vom Vorhandensein eines Partners bzw. einer Partnerin oder von den Generationenbeziehungen (Kinder, Enkelkinder) als unabhängig. Es zeigte sich einzig ein leicht positiver Zusammenhang zwischen der Zahl guter verwandtschaftlicher Beziehungen und der Zahl naher Freunde. (S. 17)

Ferner wurde ein negativer Zusammenhang zwischen einem geringeren Bildungsstatus, einem ansteigenden Alter und der Zahl der Freunde erfasst. Zusammenfassend macht Höpflinger (2003) deutlich, dass der Freundeskreis als eigenständiges Netzwerk zu sehen ist, welches keine kompensatorischen Zusammenhänge zwischen Freundes- und Familienbeziehungen erkennen lässt. So bewirkt auch das Fehlen eines Partners, einer Partnerin nicht, dass mehr freundschaftliche Hilfeleistungen erfolgen. Vielmehr scheinen hier emotionale Unterstützungsformen und weniger praktische Hilfe zu überwiegen (vgl. ebenda. S. 16f.). Im Gegensatz dazu scheinen Geschwister sehr wohl auch eine kompensatorische Funktion zu haben, indem ledige ältere Geschwister mehr Kontakt und Unterstützung erfahren (vgl. Kapitel 2.2.2.4).

Hilfeleistungen werden allgemein innerhalb des Netzwerks – ausgenommen der eigenen Kinder – zu Freunden, Nachbarn und Bekannten eher durch die jüngeren Altersgruppen geleistet und hierbei etwas häufiger von Männern als von Frauen (vgl. Kohli & Künemund, 2001, S. 165). Auch wenn instrumentelle Unterstützung stärker von den Kindern an die Eltern geht, kann nicht von einem Ungleichgewicht ausgegangen werden. Da, wie bereits erwähnt, monetäre Hilfe in erster Linie von den (alten) Eltern an ihre erwachsenen Kinder fließt (vgl. Kapitel 2.2.2.5). Von einem Verlust der Reziprozitätsnorm, der Gegenseitigkeit zwischen den Generationen, kann daher keinesfalls gesprochen werden.

In der Nähe lebende Kinder werden im Alter als eine Art Sicherheit für Unterstützung und soziale Integration angesehen. Jedoch muss auch bei einer bestehenden Kinderlosigkeit nicht von Einsamkeit und Isolation ausgegangen werden, da diese in der Regel durch andere soziale Beziehungen, beispielsweise Geschwister ausgeglichen wird (vgl. Fooken, 1999, S. 228f., Kapitel 2.2.2.4).

Nachbarschaftskontakte können nach Höpflinger (2003) ebenfalls Hilfsfunktionen übernehmen. Sie weisen jedoch beim Ausmaß der zu leistenden Hilfe und aufgrund vorhandener „Intimitätsschranken" (S. 17) Grenzen auf. Außerdem hat eine steigende Mobilität auch unter den Älteren zu einer Erweiterung der Beziehungen und einem Nachlassen der Kontakte in der Nachbarschaft geführt.
Generell ist bezogen auf Unterstützungsleistungen festzuhalten:

> (...), dass alte Menschen stark an Reziprozität interessiert sind. Soweit es ihnen möglich ist, sollte Unterstützung auf Gegenseitigkeit beruhen. (...) Gemeint ist damit, dass ältere Menschen im Rahmen ihrer Möglichkeiten bevorzugt solche Personen als Interaktionspartner auswählen, bei denen sie emotionale Reziprozität, eine Gleichwertigkeit des Gebens und Nehmens und Empfangens von Anteilnahme, verspüren. (Fooken, 1999, S. 235)

Diese Ergebnisse unterstützen die bereits beschriebenen Befunde von Avioli (1989), wonach eine fehlende geschwisterliche Reziprozität Konflikte hervorrufen kann (vgl. Kapitel 2.2.2.4).

Bezogen auf die Wertschätzung der Familienbeziehung kommt der 5. Altenbericht zu folgendem eher positiven Ergebnis:

> In den letzten Jahren ist die Wertschätzung der Familie im Urteil der Teilnehmerinnen und Teilnehmer am Alterssurvey gestiegen: Im Jahr 2002 schätzten nahezu 80 Prozent der 40- bis 69-Jährigen und sogar etwas mehr als 80 Prozent der 70- bis 85-Jährigen ihre Familienbeziehungen als sehr gut oder gut ein (Hoff, 2004a). Dabei berichten Frauen generell positiver über Familienbeziehungen; 2002 haben 82 Prozent der Frauen angegeben, dass sie sehr gute oder gute Beziehungen

> zur Familie haben, gegenüber 78 Prozent der Männer. Die Häufigkeit von Konflikten innerhalb von familialen Generationen ist dementsprechend relativ gering: Während etwa 25 Prozent aller Befragten des Alterssurveys angeben, dass es eine Person gebe, mit der sie in Konflikt stehen, geben nur etwa 10 Prozent an, dass es sich dabei um einen intergenerationalen Familienkonflikt handele (Szydlik, 2001). (S. 303)

Dennoch warnt Fooken (1991), dass immerhin 25 Prozent der älteren Menschen nicht ausreichend eingebunden sind und das Risiko einer Vereinsamung besteht. Die Ausführungen dieses Kapitels verdeutlichen die vorhandenen geschlechtsspezifischen Unterschiede, Risiken und Entwicklungen und eine sehr große Variation weiblicher Lebensläufe.

An dieser Stelle sei abschließend nochmals auf das positive Bild sozialer Beziehungen im Alter und die hohe Lebenszufriedenheit alter Menschen hingewiesen, die im deutlichen Gegensatz zu den genannten überwiegend negativen Alterstereotypien stehen. So wurde aufgezeigt, dass sich Altersprozesse vielfach nicht negativ auswirken, auch wenn körperliche Abbauprozesse und Krankheiten sich im Alter verstärken.

Alle hier angeführten Bedingungen sind wiederum auf die Geschwister und Teilnehmerinnen dieser Studie zu übertragen, was jeweils beispielhaft im Anschluss an die Abschnitte dargestellt wurde.

4 Exkurs: Kriegskindheit und ihre Auswirkungen

In diesem Kapitel werden Belastungen und Auswirkungen dargestellt, die der Zweite Weltkrieg mit Bombardierungen, Flucht, Vertreibung und späteren Schuldgefühlen für die Generation der Kinder mit sich brachte. Auslöser für diesen Exkurs waren die zahlreichen Äußerungen verschiedener Teilnehmerinnen zu ihren Erfahrungen im Zweiten Weltkrieg, die ihre Kindheit (und vereinzelt das junge Erwachsenenalter) prägten und damit auch die Schwesternbeziehung beeinflusst haben.

Zunächst möchte ich darauf hinweisen, dass die vorliegende Studie ausschließlich auf Interviewaussagen von Frauen beruht, die – so weit es mir bekannt ist – nicht den von den Nationalsozialisten verfolgten Gruppen angehörten. Eine Beteiligung der Väter oder Eltern am Nationalsozialismus wurde aufgrund des Themenschwerpunkts der Arbeit nicht in den Interviews erfragt. Entsprechend wurde sie auch nur sehr vereinzelt von den Teilnehmerinnen erwähnt. Darüber hinaus mögen Schuldgefühle und Verdrängung aber auch Unkenntnis über die Tätigkeit der Eltern ein Nichterwähnen beeinflusst haben (vgl. Bar-On, 2004, S. 15ff).

„Kriegskinder", gemeint sind hier die Menschen, die den Zweiten Weltkrieg als Kinder oder Jugendliche erlebten, stellen die überwiegende Zahl der Teilnehmerinnen der vorliegenden Studie dar: Frauen der Jahrgänge 1920 bis 1945. Eine kleinere Gruppe älterer Schwestern erlebte den Kriegsbeginn bereits als junge Erwachsene. Im Rahmen der hier durchgeführten Untersuchung der Schwesternbeziehungen erwähnten einige Frauen ihre Kriegserlebnisse bei Nachfragen zur Beziehung in der Kindheit. Anderen hingegen fiel es offensichtlich sehr schwer, sich an diese Zeit zu erinnern oder davon zu berichten. Nachfragen zur Kindheit wurden von den Betroffenen vereinzelt sehr kurz abgehandelt oder lösten starke Gefühlsregungen aus. Vereinzelt kam es zu Absagen der Interviewteilnahme, da die Frauen nicht über die belastende Vergangenheit sprechen wollten.

Betrachtet man die Zahlen des statistischen Bundesamtes (2005) für 2003, sind mehr als 20 Millionen Menschen der Gesamtbevölkerung der Bundesrepublik Deutschland älter als 60 Jahre und haben damit den Zweiten Weltkrieg erlebt. Davon wurden aufgerundet 5,7 Millionen Menschen 1938 bis 1943, knapp 4,8 Millionen Menschen 1933 bis 1938 und 3,5 Millionen Menschen 1928 bis 1933 geboren.

> Die historische Erfahrung des 2. Weltkrieges spielt eine zentrale Rolle in der Erinnerungskultur aller daran beteiligten bzw. davon betroffenen Länder. Mehr als in vorangegangenen Kriegen waren im Verlauf der 10 Kriegs- und Nachkriegsjahre (1939-1949) große Teile der zivilen Bevölkerung auf direkte oder indirekte Weise von diesem welthistorischen Ereignis betroffen. Sei es, dass sie unfreiwillig in kriegerische Handlungen verwickelt wurden; zu Opfern von Kriegs- und Verfolgungsterror – von der Bombardierung von Städten bis hin zum verordneten Genozid – gemacht wurden; dass sie evakuiert, ausgesiedelt, deportiert oder ver-

schleppt wurden; sei es schließlich, dass sie, bei Kriegsende, Versorgungskrisen auszuhalten und die Restitution von Wirtschaft, Kommunen und Familien zu tragen hatten. Im Vergleich zu diesen lang anhaltenden, sich sequentiell wiederholenden Verwicklungen der Zivilbevölkerung in die Geschehnisse des 2. Weltkrieges erscheinen deren vielfältige Kriegserfahrungen in der offiziellen Erinnerungskultur bislang ausgesprochen unterrepräsentiert. (Kulturwissenschaftliches Institut, 2005)

In der Regel werden unter der Generation der Kriegskinder die Jahrgänge 1930 bis 1945 zusammengefasst. Mit Ausnahme der älteren Jahrgänge erlebten sie den Krieg überwiegend als Kinder und waren nur selten aktiv am Kriegsgeschehen beteiligt (vgl. Statistisches Bundesamt, 2005, S.44). Veranschaulichend bedeutet das für die 1930 Geborenen, dass sie bei Kriegsbeginn 1939 neun Jahre alt und bei Kriegsende 1945 fünfzehn Jahre alt waren. Die jüngsten Jahrgänge der Kriegskinder dagegen erlebten den Krieg als Säugling und waren möglicherweise schon im Mutterleib Mangelsituationen und Bedrohungen ausgesetzt. Die Bedeutsamkeit des Altersunterschieds kann sich auch für die Kinder einer Familie zeigen (vgl. Brähler, Decker & Radebold, 2003, S.51; Heinl, 2003, S.59ff.). Wenn das ältere Geschwisterkind zum Beispiel anfangs noch eine ungestörte Kindheit erlebt, den Vater kennen lernt, das jüngere aber keine Erinnerung an ihn hat und als erstes den Krieg erfährt. Auch die Lebensgeschichten und Erfahrungen der „Kriegskinder" untereinander variieren sehr stark, wenn sie beispielsweise in einer ländlichen, wenig vom Krieg betroffenen Gegend oder in einer bombardierten Großstadt aufwuchsen, der Vater im Krieg fiel, in Gefangenschaft geriet oder einen Beruf ausübte, der als unabkömmlich eingestuft wurde.

Heinl (2003) geht davon aus, dass sogar bei Kindern, die nach Kriegsende geboren wurden, Nachwirkungen des Krieges und Nachkriegstraumatisierungen entstehen können, ausgelöst zum Beispiel durch die extreme Mangelsituation oder das Zusammenleben mit traumatisierten Eltern.

Die psychischen Auswirkungen, die die Kriegserlebnisse der damaligen Kinder (und Erwachsenen) bis heute auf die Betroffenen haben, sind erst in den letzten Jahren zunehmend ins Interesse der Öffentlichkeit gerückt und äußern sich in vermehrten Veröffentlichungen von Erfahrungsberichten Betroffener oder theoretischer Auseinandersetzungen (vgl. Bode, 2005; Burgdorff & Habbe, 2004; Heinl, 2003; Hirsch, 2003; Lorenz, 2003; Parsons, 2005; Radebold, 2003 und 2004). „Zu diesen Langzeitfolgen gehören in jeden Fall psychogene Beeinträchtigungen, Angstzustände, diffuse funktionelle Beschwerden, Bindungs- und Identitätsstörungen und eingeschränkte Lebensqualität" (Radebold, 2003, S. 99).

Auch die Schuldfrage wird von einzelnen Teilnehmerinnen thematisiert, wenn sie von der Rolle des Vaters oder der Einstellung der Eltern zum Kriegsgeschehen sprechen. Eine unterschiedliche Haltung der Schwestern zum Elternverhalten und eine abweichende politische Einstellung der Geschwister kann innerhalb der Paare die Beziehung belasten.

Wenn die teilnehmenden Frauen über den Krieg sprachen, sprechen wollten, wurde beispielsweise von extremen Situationen während der Bombenangriffe, der Verlust des Vaters, der Kinderlandverschickung oder Ängsten vor Soldaten berichtet.

4.1 Bombenkrieg

Der Bombenkrieg stellte eine neue Methode der Kriegführung dar. Zielte er anfangs noch auf Rüstungsbetriebe und die Unterbrechung des Nachschubs, war zunehmend auch die Zivilbevölkerung betroffen und sogar ausgesprochenes Ziel der Angriffe. Als erste richtete die deutsche Luftwaffe zu Beginn des Zweiten Weltkriegs ihre Bombardierungen systematisch gegen die Zivilbevölkerung in polnischen, niederländischen und vor allem englischen Städten und löste damit Vergeltungsschläge der Briten und später auch Amerikaner aus.

Ab 1941 wurden auch von der britischen Royal Air Force groß angelegte Flächenbombardements auf deutsche Städte und gegen Wohngebiete durchgeführt. Zum Beispiel war das Ruhrgebiet vielfach Ziel der Angriffe:

> März bis Juli 1943 (...). Schwere Angriffe gegen das Revier mit großen Verlusten auf beiden Seiten. Hauptziele: Dortmund, Duisburg, Düsseldorf, Gelsenkirchen und Essen. Allein auf Essen zielen sechs Großangriffe mit Bomberflotten zwischen 300 und 700 Maschinen (Schwarz, 2004, S. 74).

Mit diesen Angriffen sollte die Bevölkerung zur Aufgabe und zum Aufstand gegen das Nazi Regime gebracht werden. Die Technik der Bomben wurde im Laufe der Kriegsjahre perfektioniert, so dass ihre Wirkung für die betroffenen Städte, zum Beispiel in Hamburg und Lübeck und ihre Einwohner oftmals umso dramatischer waren:

> Über den in Brand gesteckten Stadtteilen bildet sich eine gigantische Heißluftsäule, die orkanartige Stürme produziert und Tausende Tonnen Sauerstoff ansaugt. Die Menschen, gleich ob sie sich im Keller verbergen oder ins Freie fliehen, krepieren an Hitzeschlag oder Überdruck, Verbrennungen oder Kohlenmonoxidvergiftung (Bölsche, 2004, S. 32).

Es kann davon ausgegangen werden, dass die Hälfte der deutschen Zivilbevölkerung von den Bombardierungen betroffen waren: „Brand und Sprengbomben fielen auf nahezu jede Stadt mit über 50 000 Einwohnern, dazu auf 850 kleinere Orte" (ebenda, S. 19). Nach Schwarz (2004) wird die Zahl der Toten des Bombenkriegs in Deutschland auf insgesamt 450 000 bis 600 000 geschätzt.

Besonders in den Großstädten bestimmten Alarm, Aufsuchen der Bunker, Schlafen in Straßenkleidung auf Abruf mit gepackten Koffern zeitweise das alltägliche Leben. Zerstörung und Tod, entstellte Leichen, Brand und dazugehörende Gerüche, einstürzende Häuser und Verlust des Wohnraums, Lebensbedrohung und Miterleben von Verschüttung gehörte zu den Erfahrungen in dieser Zeit (vgl. Ermann, 2003, S. 4).

4.2 Kinderlandverschickung

Die erweiterte Kinderlandverschickung sollte – so zumindest die offizielle, propagandistische Version der Nationalsozialisten – die Kriegsauswirkungen für die Kinder der Großstädte verringern. Neben diesem vordergründigen Ziel wollte die Reichsjugendführung unter Baldur von Schirach vor allem einen erzieherischen Einfluss auf die evakuierten Kinder nehmen, den eigenen Machtstatus und den Einfluss der Hitlerjugend erhöhen (vgl. Kock, 1997, S. 339).

Hierfür wurden zahlreiche Kinder besonders im Westen Deutschlands bis Kriegsende aus den Städten in ländliche Gegenden geschickt bzw. evakuiert und über längere Zeit von ihren Familien getrennt (vgl. Ermann, 2003, S. 4; Lorenz, 2005, S. 57ff.; Parsons, 2005, S. ff.). Diese Maßnahme stand nach Kock (1997) allen deutschen Kindern bis zu einem Alter von 14 Jahren offen. Kinder mit akuten Krankheiten, zum Teil mit Behinderungen und jüdische Kinder waren jedoch ausgeschlossen. Nach Stegelmann (2004) wurden ca. 850 000 10- bis 14-Jährige während des Krieges in so genannten KLV-Lagern untergebracht.

> (...) für etwa die gleiche Zahl von Kindern zwischen sechs und zehn Jahren wurde eine Pflegefamilie gefunden und ungefähr eine halbe Million Kinder unter sechs Jahren wurden mit ihren Müttern verschickt – das sind *insgesamt über zwei Millionen von der Reichsdienststelle KLV verschickte Kinder.* (Kock, 1997, S. 142f.)

Es wurde zunächst versucht, die Kinder im Alter von sechs bis zehn Jahren bei Pflegefamilien unterzubringen und nur die älteren Kinder in Lagern. Die Kinderlandverschickung ermöglichte, wie oben angesprochen, eine größere nationalsozialistische bzw. erziehungspolitische Einflussnahme auf die Kinder, da sie der Erziehung durch ihre Eltern entzogen waren. Anfangs wurden die Kinder laut Parsons (2005) noch klassenweise mit ihren Lehrern verschickt. Jedoch kam es auch vermehrt dazu, dass die Kinder aus ihren Klassenverbänden und ohne Bekannte Mitschüler und Lehrer untergebracht wurden (vgl. Kock, 1997, S. 89ff.). Viele Familien versuchten auch, die Kinder zu Verwandten oder Bekannten auf dem Land zu bringen. Mit zunehmender Bombardierung wurde das Vorgehen unstrukturierter, bis zu seinem völligen Zusammenbruch 1944.

Parsons (2005) benennt folgende Symptome der Kriegskinder, die von ihren Eltern getrennt wurden:

> Die Unfähigkeit vieler, längerfristige persönliche Bindungen einzugehen, inhärente psychosomatische Beschwerden sowie das schlichte Unvermögen, Freunden und Verwandten „auf Wiedersehen“ zu sagen, sind lediglich einige Beispiele dafür (S. 12).

4.3 Flucht und Vertreibung

Die schwierigen Umstände von Flucht und Vertreibung werden deutlich, wenn die Geschehnisse um den Untergang der Gutsloff oder Bilder und Berichte von den Flüchtlingstrecks unter Frostbedingungen oft ohne Transportmöglichkeiten, Erlebnisse von Gewalt, Tod, Hunger, Erschöpfung, Bedrohung und Kälte geschildert werden (vgl. Augstein, 2002).

> Allein in Europa mussten zwischen 1939 und 1947 schließlich nahezu 50 Millionen Menschen unter Zwang ihre Heimat verlassen. Nur jeder Vierte davon war Deutscher (Noack, 2002, S. 9).

Es wird von 14 Millionen deutschen Flüchtlingen ausgegangen, die zwischen 1944 und 1947 aus ihrer Heimat vertrieben wurden bzw. flüchteten. Wie viele davon durch Flucht und Vertreibung umkamen ist unklar. Die Schätzungen liegen zwischen 120000 und 2 Millionen Menschen, wobei die Obergrenze voraussichtlich zu hoch angesetzt ist (vgl. Noack, 2002, S. 6ff.; Darnstädt & Wiegrefe 2002, S. 12ff.). Erschwert wurde die Flüchtlingsbewegung noch bis in die ersten Monate 1945 durch das Zurückhalten von Evakuierungsplänen und dem Vorrang militärischer Aktionen bzw. Bewegungen. Auch die fehlenden oder unzureichenden Transportmöglichkeiten wirkten sich dramatisch auf die Zahl der Opfer unter der Zivilbevölkerung aus: Sei es, dass die extrem kalten Temperaturen die Menschen bedrohten oder die Front sie einholte (vgl. Schwendemann, 2002, S. 44).

Für die Flüchtlinge, die ihr Ziel erreichten, stellten sich neue Schwierigkeiten: sie waren oftmals in überfüllten Massenquartieren untergebracht, mussten sich an eine fremde Umgebung anpassen und den Verlust des bekannten Umfeldes verarbeiten. Hinzu kam, dass sie in der Nachkriegszeit in der neuen Umgebung oftmals gemieden wurden oder doch zumindest nicht willkommen waren, von den Einheimischen möglicherweise als Belastung und Konkurrenz um karge Vorräte, Wohnraum oder Arbeitsplätze gesehen wurden (vgl. Heinl, 2003, S. 69f.; Spranger, 2000, S. 9; Jerouschek, 2003, S. 45ff.).

> Für Flüchtlingskinder was [war] die neue Umgebung eine Situation, in der sie weder mit den Menschen, noch mit der Sprache, noch mit den Gewohnheiten und vielleicht nicht einmal mit der religiösen Konfession vertraut waren. Flüchtlingskind zu sein, galt in der norddeutschen Kleinstadt als Makel (Ermann 2003, S. 6).

Ein typisches Verhaltensmuster der zweiten Flüchtlingsgeneration wird von Jerouschek (2003) beschrieben, das sich im Bestreben nach Anpassung, dem Wunsch nicht aufzufallen gekoppelt mit Leistungsambitionen ausdrückt.

Bereits diese kurzen Darstellungen zeigen, welchen enormen Belastungen viele Menschen im Zweiten Weltkrieg ausgesetzt waren. Nach neuern Erkenntnissen können sich diese Erfahrungen traumatisierend auswirken.

4.4 Traumatisierende Kriegsauswirkungen

Folgende schädigende und traumatisierende Kriegsauswirkungen werden von Brähler et al. (2003) genannt:

> - Erleben ständiger Bombenangriffe (Verlust von Wohnung bzw. Haus);
> - Evakuierung/Kinderlandverschickung mit häufig lang anhaltender von der Mutter und den vorhandenen Geschwistern,
> - lang anhaltender oder dauernder (gefallen, vermisst, später aufgrund von Verletzungen/Erkrankungen verstorben) Verlust des Vaters, somit Halbwaise (oder in geringerem Umfang Vollwaise auf Grund des Verlustes beider Elternteile);
> - lang anhaltende ungünstige Lebensumstände (Hunger und Unterernährung, Verarmung/Armut, nicht behandelbare Erkrankungen etc.) und
> - Vertreibung (Flucht, Verlust der Lebensgrundlage und Existenz mit nach folgendem Flüchtlingsstatus). (ebenda, S. 51)

Ergänzend hierzu sind

- Miterleben von Gewalt, Verletzung und Tod anderer,
- Vergewaltigung und Missbrauch,
- Zusammenleben mit traumatisierten Eltern und
- eigene Verletzungen, Bedrohung

zu nennen (vgl. Reddemann & Dehner-Rau, 2004, S. 18).

„Auf 1,4 Millionen schätzen Historiker die Zahl der Frauen, die damals vergewaltigt worden sind" (Darnstädt & Wiegrefe, 2002, S. 14).

Es ist davon auszugehen, dass auch die Kinder oftmals Zeuge und auch Opfer dieser Gewalttaten waren (vgl. Heinl, 2003, S. 67f.).

Frey und Schmitt (2003) kommen mit ihrer Auswertung der Interdisziplinären Längsschnittsstudie des Erwachsenenalters (ILSE) zu Kindheitsbelastungen der Jahrgänge 1930-1932 und psychischen Auswirkungen im Erwachsenenalter zu folgendem Ergebnis:

> So berichtet knapp ein Fünftel der Personen vom Tod des Vaters, ein Viertel von Armut, ein Drittel von Flucht, Vertreibung oder Übersiedlung, zwei Drittel von einer zeitweiligen Trennung von einem Elternteil. Von Bombardierungen oder Kämpfen ist sogar nur jeder zehnte verschont geblieben. (S. 34)

Fast alle Probanden dieser Jahrgänge benannten demnach mindestens eine Kindheitsbelastung und „mehr als 42% berichteten von vier und mehr belastenden Kindheitsereignissen" (ebenda, S. 36). Nur 0,8 Prozent der Probanden erwähnten keine belastenden Kindheitserlebnisse. Heinl (2003) verwendet in diesem Zusammenhang den Begriff der **Polytraumatisierungen**, da Kriegstraumatisierungen sich oftmals nicht auf ein Trauma beschränken. Häufig treten psychologische (z.B. Trennung; Verlust) und körperliche Beeinträchtigungen (z.B. Hunger, Kälte) gemeinsam auf.

Erschwerend kommt bei der Traumaverarbeitung hinzu, dass Deutschland das Tätervolk war. So wurde in einer Expertendebatte zu den Parallelen des Bombenkriegs gegen die Deutschen und den Irakkrieg betont, dass man sich als Täter nur schwer mit Trauma und Traumafolgen auseinandersetzen kann (Burgdorff, Stern, Reddemann & Schröder, 2004, S. 141ff.).

> Die private Stummheit des Leidens wiederholte sich über Jahre im öffentlichen Schweigen: Die psychischen Langzeitfolgen von Krieg, Flucht und Vertreibung wurden einfach nicht zur Kenntnis genommen. Eine Hauptursache sehen die (wenigen) Fachleute darin, dass das erdrückende Bewusstsein deutscher Verantwortung für die Nazi-Gräuel und Völkermord lange Zeit die Beschäftigung mit den deutschen Opfern und ihren seelischen Spätschäden verhindert habe. (Traub, 2004, S. 235)

Es ist anzunehmen, dass eine nationalsozialistische Überzeugung der Eltern, die Kriegsteilnahme des Vaters oder die eigene unkritische Haltung zum politischen Geschehen Schuldgefühle auch bei den Kriegskindern auslöst.

Traub (2004) betont außerdem, dass die Kinder oftmals durch materielle Probleme, das Ersetzen abwesender Elternteile und die Übernahme von Verantwortung für jüngere Geschwister gezwungen waren, „allzu früh erwachsen zu werden und möglichst unauffällig in den ihnen aufgebürdeten Rollen zu funktionieren" (236).

Dieses Verhalten wird auch für die vorliegende Erhebung vermutet. Zusätzlich wird eine größere Familiensolidarität aufgrund der gemeinsam erlebten, belastenden Ereignisse und eines größeren Angewiesenseins auf die Familie angenommen.

4.5 Posttraumatisches Belastungssyndrom

Je nachdem, in welchem Ausmaß und Lebensalter traumatische Erfahrungen gemacht werden, können sie einen massiven und überdauernden Einfluss auf den jeweiligen Menschen haben, psychische Erkrankungen auslösen und Einfluss auf die Beziehung zu anderen Menschen haben (vgl. Bode, 2005, S. 191; Driesch, Schneider, Heuft, Kruse & Nehen, 2003, S. 17 ff.; Reddemann & Dehner-Rau, 2004, S. 15ff. und S. 26f.).

> Solche existentiellen Grenzerfahrungen können lebenstragende Grundannahmen tiefgreifend erschüttern, die Bewältigungskraft kurz- oder auch langfristig überfordern und zur Ausbildung einer *Posttraumatischen Belastungsstörung* (PTBS) führen. Dieses Syndrom ist gekennzeichnet durch wiederholtes unwillkürliches Wiedererleben der traumatischen Erfahrungen, Vermeidung situativer, emotionaler und gedanklicher Stimuli, die an das Ereignis erinnern könnten sowie Symptome eines erhöhten Erregungsniveaus (wie Schlaf-, Konzentrationsstörungen, Hypervigilanz). (Teegen & Meister, 2000, S. 113)

Das heißt, es ist davon auszugehen, dass viele Menschen, die traumatisierenden Erfahrungen im Laufe des Zweiten Weltkrieges ausgesetzt waren, auch noch heute unter deren Folgen leiden oder/und ein posttraumatisches Belastungssyndrom entwickelt haben.

Das deutsche Institut für Medizinische Dokumentation und Information (2004) definiert die posttraumatische Belastungsstörung nach der Internationalen Statistischen Klassifikation der Krankheiten und verwandter Gesundheitsprobleme (ICD-10) folgendermaßen:

> Diese entsteht als eine verzögerte oder protrahierte Reaktion auf ein belastendes Ereignis oder eine Situation kürzerer oder längerer Dauer, mit außergewöhnlicher Bedrohung oder katastrophenartigem Ausmaß, die bei fast jedem eine tiefe Verzweiflung hervorrufen würde (...). Typische Merkmale sind das wiederholte Erleben des Traumas in sich aufdrängende Erinnerungen (Nachhallerinnerungen, Flashbacks), Träumen oder Alpträumen, die vor dem Hintergrund eines andauernden Gefühls von Betäubtsein und emotionaler Stumpfheit auftreten. Ferner finden sich Gleichgültigkeit gegenüber anderen Menschen, Teilnahmslosigkeit der Umgebung gegenüber, Freudlosigkeit sowie Vermeidung von Aktivitäten und Situationen, die Erinnerrungen an das Trauma wachrufen können. Meist tritt ein Zustand von vegetativer Übererregtheit mit Vigilanzsteigerung, einer übermäßigen Schreckhaftigkeit und Schlafstörung auf. Angst und Depression sind häufig mit den genannten Symptomen und Merkmalen assoziiert und Suizidgedanken sind nicht selten. (ICD-10, F43.1)

Teegen und Meister (2000) stellten in ihrer Fragebogenuntersuchung von Personen, die bei der Flucht im Durchschnitt 15 Jahre alt waren fest, dass 63 Prozent intrusive Symptome zeigten und bei 5 Prozent eine volle posttraumatische Belastungsstörung (PTBS) und bei 25 Prozent eine partielle PTBS bestand. Mehr als ein Drittel der Befragten litt unter depressiven Stimmungen, körperlich spürbaren Angstsymptomen und Intrusionen. Dabei verweisen die Autorinnen darauf, dass nur Personen an der Studie teilnahmen, die sich auf ihre Anzeige hin meldeten. Das heißt, es wird davon ausgegangen, dass sich eher Menschen beteiligten, die sich mit ihren Belastungen auseinandersetzen und vermutlich weniger psychische Erkrankungen haben als solche, die das nicht machen. Maercker (2002), der sich mit dem höheren Lebensalter befasst, verweist auf eine spezifische Vulnerabilität für Traumata in verschiedenen Lebensphasen, die sich aus den Studien der Traumaforschung ergeben. Demnach besteht eine größere Wahrscheinlichkeit, dass ein erlebtes Trauma bei Kindern im Alter von 4 bis 18 Lebensjahren eher zu einer posttraumatischen Belastungsstörung führt als im späteren Lebensalter.

Dagegen betont Betzendahl (2004), die sich besonders mit den psychophysischen Kriegsauswirkungen auf die Kinder befasst, eine besondere Gefährdung der jüngeren, im Krieg geborenen und der bereits vorbelasteten Kinder. Erstere waren bereits als Föten Belastungen wie Lebensbedrohung, Schlafentzug der Mutter ausgesetzt. Als Folge zeigten sich bei diesen Kindern bereits bei Kriegsende oder noch in den Kriegsjahren Auffälligkeiten und eine vitale Gefährdung. Als allgemeine Auswirkungen von Fliegeralarm und späterer Bombardierung wird das Auftreten einer großen Angstbereitschaft gesehen, die Symptome wie Herz-Kreislaufstörungen, vegetative Dystonien, Bettnässen, eine allgemeine Abwehrschwäche zur Folge hat. „Ein Teil [dieser unbehandelten, traumatisierten Kinder] verstarb noch gegen Kriegsende und auch danach durch gesundheitliche Probleme: Ihre Konstitution war enorm geschwächt durch die langen Kriegsjahre" (Betzendahl, 2004, S. 25).

Das heißt, zusätzlich zu den erlebten Bedrohungen waren die Menschen durch die psychischen und physischen Belastungen, beispielsweise Unterernährung so geschwächt, dass Krankheiten zu dauerhaften Beeinträchtigungen führen konnten oder lebensbedrohlich waren. Die oben genannten Untersuchungen widersprechen der damals vorherrschenden Meinung, dass Menschen in extremen Krisensituationen ein besonderes psychisches Potential mobilisieren können, aber keine langfristigen Auswirkungen davon tragen.

Dieser Exkurs verdeutlicht, welche gravierenden und überdauernden Auswirkungen die Kriegserlebnisse für die Kriegskinder (und jungen Erwachsenen) und damit Teilnehmerinnen dieser Studie haben können. Die Betroffenheit wurde bei einzelnen Frauen sehr deutlich, denen während ihrer Aussagen die Tränen kamen und die erst nach einer kurzen Pause in der Lage waren, das Interview fortzuführen.

Zwischen den einzelnen Teilnehmerinnen und bereits den Schwestern eines Paares sind extrem unterschiedliche Erfahrungen und Belastungen möglich. Es ist zu vermuten, dass diese Erlebnisse den betroffenen Menschen und damit auch die Geschwisterbeziehung überdauernd beeinflussen.

5 Methodik

Das empirische Vorgehen setzt sich bei dieser Untersuchung im Sinne einer Triangulation sowohl aus qualitativen Methoden in Form von halbstandardisierten Interviews und qualitativer Inhaltsanalyse, als auch quantitativen Methoden, das heißt standardisierten Fragebögen, beispielsweise dem Gießen-Test zusammen, so dass das Untersuchungsfeld aus verschiedenen Perspektiven betrachtet werden kann (vgl. Flick, 2000, S. 249f.).

Um einen Einblick in die Gegenseitigkeit der Beziehung zu erhalten und auch um Nachteile retrospektiver Befragung auszugleichen, wurden beide Geschwister einer Familie befragt, wie es in der Geschwisterforschung beispielsweise von Cicirelli (1995) empfohlen wird. Aufgrund der Teilnahme von Schwesternpaaren ergeben sich drei Analyseebenen: Einzelpersonen, Dyaden und die Gesamtstichprobe (z.B. Arksey & Knight, 1999; Auhagen, 1989; Mayring, 1996, 2000).

Die empirische Vorgehensweise in dieser Studie lässt sich in vier Phasen gliedern: die Vorbereitung, Untersuchung und Datenaufbereitung und -auswertung. In der Vorbereitungsphase wurde anhand der Literatur und unter Berücksichtigung der Fragestellung ein halbstandardisierter Interviewleitfaden entwickelt. Eine Erprobung und Überarbeitung des Leitfadens durch Gespräche sowohl mit einzelnen Geschwistern als auch mehreren Schwestern einer Familie, sowie die Einbeziehung von Expertenurteilen führte zur endgültigen Fassung des Leitfadens. Für diese Voruntersuchung wurden zehn Frauen aus verschiedenen Familien zu ihrer Geschwisterbeziehung befragt. Ein Selbstbewertungsbogen zur Schwesternbeziehung wurde entsprechend entwickelt und später ergänzend hinzugenommen. Auf der Grundlage der ersten Einzelinterviews und der Literaturstudie entstand ein Kategorienschema zur Codierung der halbfreien Antworten, welches mit Hilfe von Expertenurteilen überprüft und durch Ankerbeispiele belegt wurde (vgl. Mayring, 2000, S. 2ff.).

In der Untersuchungsphase berichteten die Teilnehmerinnen im Rahmen der Interviews von ihrer Schwesternbeziehung. Im Anschluss an diese Gespräche erhielten sie außerdem Fragebögen, die nachträglich ausgefüllt und zurückgesandt werden sollten.

Die Interviews wurden in der Phase der Datenaufbereitung zunächst transkribiert und anschließend inhaltsanalytisch sowohl bezogen auf ihre positive oder negative Valenz als auch auf ihre zeitliche Zuordnung im Lebenslauf codiert. Im Anschluss an die Interviewauswertung standen insgesamt 12.157 Codierungen zur näheren Analyse zur Verfügung. Den Schwerpunkt der Auswertungsphase stellte die Überprüfung der Daten im Hinblick auf die bestehenden Fragestellungen. Die Daten, die auf die Kategorien mit negativer und positiver Valenz entfielen, wurden einer weiteren qualitativen Inhaltsanalyse unterzogen. Es folgte der Versuch einer Typenbildung, wie sie von Kelle und Kluge (1999) beschrieben wird.

5.1 Hauptuntersuchung

An der Hauptuntersuchung nahmen 94 Frauen aus 47 Schwesternpaaren teil. Ursprünglich hatten drei weitere Schwesternpaare ihre Teilnahme zugesagt. Jedoch kam ein zweites Interview, entweder aufgrund der revidierten Zusage oder privater Hindernisse der zweiten Schwester, nicht zustande, so dass diese Ergebnisse nicht in die Studie integriert werden konnten.

Den Frauen wurde im Vorfeld die Zusicherung absoluter Vertraulichkeit auch gegenüber der Schwester gegeben. Die Befragung der Teilnehmerinnen erfolgte basierend auf dem Interviewleitfaden und wurde jeweils nur mit einer Schwester durchgeführt.

Die Gespräche dauerten in der Regel zwischen anderthalb und drei Stunden und wurden digital aufgezeichnet. Das längste Interview nahm einen Zeitraum von fünf Stunden ein, das kürzeste Interview lag bei einer Stunde.

Anschließend wurden verschiedene Fragebögen mit frankierten Rückumschlägen ausgegeben (FEE, Gießen-Test, eigens entwickelter Selbstbewertungsbogen), die die Teilnehmerinnen im Nachhinein ausfüllen und an die Verfasserin schicken sollten. Nach Abschluss der Erhebungsphase lagen 94 Interviewaufnahmen vor. Die nachfolgende Tabelle veranschaulicht den Rücklauf der standardisierten Fragebögen und des eigens entwickelten Selbstbewertungsbogens. In der Mehrzahl haben beide Schwestern eines Paares die Fragebögen beantwortet, teilweise liegen jedoch nur die Antworten einer Schwester vor.

Tabelle 2: Rücklauf der Fragebögen

Rücklauf der Fragebögen Gesamtstichprobe (n=94) (Gesamtzahl der Paare 47)	Beide Schwestern eines Paares %	1 Schwester eines Paares %	Rücklauf Gesamtstichprobe %
Gießen-Test Selbstbild	87,2	6,4	93,6
Gießen-Test Fremdbild der Schwester	87,2	5,3	92,6
FEE	91,5	4,3	95,7
Selbstbewertungsbogen	61,7	7,4	69,1

Anmerkung: % (Prozent)

Es folgte die Transkription der Interviews und anschließend die inhaltsanalytische Bearbeitung mit Hilfe eines computergestützten Auswertungsprogramms (MAXqda2). Hierbei kamen Kategorien zur Anwendung, die anhand der Theoriearbeit, der Fragestellung von ersten Probeauswertungen der Einzelinterviews entwickelt und weiter überarbeitet wurden.

5.1.1 Durchführung der Untersuchung

Nachfolgend werden die verschiedenen, in dieser Erhebung angewendeten Erhebungsmethoden erläutert. Beginnend wird der Interviewleitfaden vorgestellt, gefolgt von den standardisierten Fragebögen zum Elternverhalten und der Persönlichkeit, sowie einem Selbstbewertungsbogen.

5.1.1.1 Halbstandardisierte Leitfadeninterviews

Auf der Basis der Literaturstudie und der Vorinterviews mit einzelnen Geschwistern entstand ein halbstandardisierter Interviewleitfaden. Hierbei wurden in erster Linie offene Fragen verwendet. Zu Beginn des Interviews erhielten die Teilnehmerinnen eine allgemeine Information zum Hintergrund und dem Sinn der Befragung. Die Teilnehmerinnen wurden ausdrücklich ermutigt, auch negative Empfindungen auszusprechen, indem auf die Normalität eines Vorhandenseins negativer Gefühle gegenüber Geschwistern hingewiesen wurde. So sollte einer Abwehrhaltung vorgebeugt und die Tendenz, sozial erwünscht zu antworten, verringert werden. Neutrale Einstiegsfragen zu soziodemographischen Daten bildeten den Beginn des Interviews und dienten neben der Information auch der Einführung und Eingewöhnung in die Gesprächssituation (vgl. Wittkowski, 1994, S. 29ff.).

Anschließend wurden die Interviewten nach ihrer Wahrnehmung der Geschwisterbeziehung zur teilnehmenden Schwester innerhalb der verschiedenen Lebensphasen befragt. Fragen zu den verschiedenen Zeitabschnitten bauten chronologisch aufeinander auf, beginnend mit der Kindheit über die Jugend, das junge Erwachsenenalter, die Familiengründung bis in die heutige Zeit. Der Hauptschwerpunkt lag jeweils darin, die Beziehungsqualität zu erfahren. So wurde ausdrücklich nach Ereignissen und Gefühlen mit positiver und negativer Valenz gefragt, aber auch direkte Fragen zur Bewertung der Beziehungsqualität gestellt. Abschließend erfolgte ein Resümee, indem wichtige Aspekte der Beziehung nochmals angesprochen und die Besonderheit der Geschwisterbeziehung ausdrücklich erfragt wurde.

5.1.1.2 Fragebogen zum erinnerten elterlichen Erziehungsverhalten

Ergänzend erhielten die Teilnehmerinnen einen gesonderten, standardisierten Fragebogen zum erinnerten elterlichen Erziehungsverhalten, den FEE (Schumacher, Eisemann & Brähler, 2000). Aufgrund des Einflusses, der dem Elternverhalten auf die Geschwisterbeziehung zugeschrieben wird, sollte neben der Interviewfrage nach einem ungleichen Erziehungsverhalten ein zusätzliches Instrument geschaffen werden, um erinnerte Unterschiede des Elternverhaltens innerhalb der Schwesternpaare in Erfahrung zu bringen.

Der FEE ist ein Instrumentarium zur retrospektiven Erfassung des wahrgenommenen elterlichen Erziehungsverhaltens während der Kindheit der Probanden. Er wird in der klinischen und Persönlichkeitsdiagnostik eingesetzt.

Ermittelt wird die subjektive Wahrnehmung der Befragten zum elterlichen Erziehungsverhalten. Die Frage, wie die elterliche Erziehung in der Kindheit der Befragten tatsächlich aussah, kann hiermit nicht geklärt werden.

Der Fragebogen wurde für Erwachsene ab 18 Jahren und bis ins hohe Erwachsenenalter (92 Jahre) entwickelt und normiert.

Der FEE setzt sich aus drei faktorenanalytisch konstruierten Dimensionen zusammen. Diese drei Skalen werden getrennt für den Vater und die Mutter erhoben und umfassen jeweils acht Items. Diese sollen auf einer vierstufigen Skala von „Nein, niemals“ (= 1) bis „Ja, ständig“ (= 4) beantwortet werden.

- Skala 1: „**Ablehnung und Strafe**“, zum Beispiel: „Bekamen Sie von Ihren Eltern Schläge?“
- Skala 2: „**emotionale Wärme**“, zum Beispiel: „Spürten Sie, dass Ihre Eltern Sie gern hatten?“
- Skala 3: „**Kontrolle und Überbehütung**“, zum Beispiel: „Kam es vor, dass Ihre Eltern aus Angst, Ihnen könnte etwas zustoßen, Dinge verboten, die anderen in Ihrem Alter erlaubt waren?“

Die Zuverlässigkeit der Skalen des FEE wird durch die interne Konsistenz, die bei $\alpha = .72$ bis $\alpha = .89$ liegt und die Testhalbierungs-Reliabilität bestimmt. Die Split-Half-Reabilitätskoeffizienten nehmen Werte zwischen $r = .70$ und $r = .88$ an.

Getrennte Normwerte liegen differenziert nach Geschlecht und Alter sowie Einwohnern der neuen und alten Bundesländer vor (vgl. Schumacher et al., 2000, S. 16ff.).

Die statistische Datenanalyse erfolgte mit dem Programm SPSS für Windows in der Version 13.0.

5.1.1.3 Gießen-Test

Eine vergleichende Betrachtung des Fremd- und Selbstbildes der Schwestern ermöglicht der Gießen-Test (GT) von Beckmann, Brähler und Richter (1991), der standardisierte Fragebögen für die Fremd- und Selbstwahrnehmung beinhaltet. Eine Paardiagnostik mit dem Gießen-Test (Brähler & Brähler, 1993) konnte dagegen nicht vorgenommen werden, da diese ausschließlich für heterosexuelle Paarbeziehungen normiert und vorgesehen ist.

Der Gießen-Test ist ein Persönlichkeitstest, der als Selbstbeschreibungsinstrument entwickelt wurde und überwiegend in der klinischen Diagnostik und zur Therapiekontrolle eingesetzt wird. Erfasst werden neben der eigenen Grundstimmung und

Selbstwahrnehmung die Umweltbeziehungen. Ergänzend zum Selbstbild besteht die Möglichkeit, ein Idealbild von sich selbst oder die Einschätzung einer anderen Person, ein Fremdbild vorzunehmen. Letzteres wird durch die Umformulierung der Fragen in die dritte Person erhoben. Es wird davon ausgegangen, dass eine Person, die ein Fremdbild zu einem anderen angibt, auch immer ihre Beziehung zu diesem Mensch beschreibt.

Der Test ist für das Erwachsenenalter ab 18 Jahren vorgesehen. T-Werte für die Altersgruppe der über 60-Jährigen wurden für die vorliegende Studie anhand gesonderter Normwerte, die in einer repräsentativen Erhebung 1999 (Gunzelmann, Schumacher & Brähler, 2002) erhoben wurden, berechnet.

Der Test umfasst sechs Skalen, die durch zwei Kontrollskalen ergänzt werden. Insgesamt liegen 40 bipolar bzw. gegensätzlich formulierte Items (Eigenschaftsbeschreibungen) vor, die auf einer siebenstufigen Skala eingeschätzt werden sollen (zum Beispiel Item 35: „Ich denke ich habe sehr gute 3 2 1 0 1 2 3 schlechte schauspielerische Fähigkeiten").

Die Skalen setzen sich folgendermaßen zusammen:

- Skala 1: **„soziale Resonanz"** (negativ versus positiv sozial resonant) erfragt, wie ein Proband seine Wirkung auf die Umgebung wahrnimmt, etwa ob er sich beliebt oder unbeliebt, unattraktiv oder anziehend erlebt. Zum Beispiel Item 16: „Ich schätze, es gelingt mir eher schwer/eher leicht, mich beliebt zu machen."
- Skala 2: **„Dominanz"** (dominant versus gefügig) bildet ab, welche psychosozialen Abwehrformen eine Person aufweist, etwa ob aggressive oder aggressionsgehemmtes Verhalten, Herrschaftsansprüche oder eher Unterordnungstendenzen bestehen. Zum Beispiel Item 31: „Ich glaube, ich benehme mich im Vergleich zu anderen besonders fügsam/besonders eigensinnig."
- Skala 3: **„Kontrolle"** erfasst, inwieweit eine Person unterkontrolliert oder zwanghaft bzw. überkontrolliert ist. Zum Beispiel Item 39: „Ich glaube, ich kann sehr schwer/sehr leicht ausgelassen sein."
- Skala 4 **„Grundstimmung"** erfragt, welche Grundstimmung vorliegt. Unterschieden wird zwischen den Polen einer hypomanischen und depressiven Stimmung, etwa ob die Person häufig oder wenig bedrückt, Ärger eher heraus lässt oder in sich hinein frisst. Zum Beispiel Item 29: „Ich denke, ich mache mir selten/immer Selbstvorwürfe."
- Skala 5: „**Durchlässigkeit**" (durchlässig versus retentiv) bildet das Verhalten in sozialen Beziehungen ab, etwa ob sich eine Person offen und anderen nah oder verschlossen und anderen fern beschreibt. Zum Beispiel Item 10: „Ich glaube, ich habe zu anderen Menschen eher besonders viel/besonders wenig Vertrauen."

- Skala 6: „**Soziale Potenz**“ (sozial potent versus sozial impotent) erfragt, wie eine Person sich in sozialen Beziehungen erlebt, ob sie sich etwa als hingabefähig, gesellig, deutlich konkurrierend oder entgegengesetzt als wenig hingabefähig, ungesellig, kaum konkurrierend beschreibt. Zum Beispiel Item 2: „Ich glaube, ich suche eher/ich meide eher Geselligkeit.“

Die Retest-Reliabilität der sechs Skalen lag nach sechs Wochen zwischen r = .65 und r = .76. Eine mittlere interne Stabilität der Skalen von r = .86 wurde in einer Studie an 235 neurotischen Menschen ermittelt (vgl. Beckmann et al., 1991).

Die statistische Datenanalyse erfolgte mit dem Programm SPSS für Windows in der Version 13.0.

5.1.1.4 Selbstbewertungsbogen

Der Selbstbewertungsbogen kann im Sinne einer Triangulation (vgl. Flick, 1992, S11ff.) verstanden werden: Er zeigt auf, wie die Teilnehmerinnen ihre eigene Beziehung bezogen auf Streitigkeiten, Konflikte und ihre gegenseitige Nähe bewerten und ermöglicht einen Vergleich mit den Ergebnissen der inhaltsanalytischen Analyse.

Er wurde im Laufe der Befragung hinzugezogen, um eine bessere Vergleichbarkeit der Aussagen zu erreichen. So war eine Gegenüberstellung der bis dahin sehr unterschiedlichen Antworten auf die Interviewfrage, wie die eigene Beziehung bewertet wird, nur bedingt möglich.

Die Teilnehmerinnen wurden aufgefordert, jeweils auf einer fünfstufigen Skala die Nähe zu ihrer Schwester von 1 = sehr nah bis 5 = keine/kaum Nähe und die Konfliktintensität von 1 = sehr viele Konflikte bis 5 = keine/kaum Konflikte anzugeben. Die Bewertung der Beziehung wurde jeweils getrennt für die verschiedenen Lebensphasen chronologisch erfragt, beginnend mit der Kindheit über das junge und mittlere Erwachsenenalter und abschließend die gegenwärtige Beziehung.

5.1.2 Untersuchungsplan

Damit eine Vergleichbarkeit der Ergebnisse ermöglicht und die Entwicklung der Beziehung über den Lebenslauf betrachten werden kann, erfolgte eine Beschränkung der Stichprobenauswahl bezüglich des Alters und des Geschlechts der Probandinnen. So wurden ausschließlich Frauen ab dem 55. Lebensjahr ausgewählt. Als weitere Bedingung mussten sich zwei Schwestern einer Familie zur Teilnahme bereit erklären. Der Altersabstand innerhalb der Geschwisterpaare wurde auf maximal zehn Jahre begrenzt. Weitere Beschränkungen bezüglich der Familiengröße, Geschwisterfolge bzw. -position und -zusammensetzung sowie demographischer

Variablen wurden einerseits bewusst nicht getroffen, um die Vielfalt des Untersuchungsfeldes widerzuspiegeln. Andererseits waren rein pragmatische Überlegungen, eine ausreichend große Zahl an Teilnehmerinnen zu gewinnen, mitentscheidend.

5.1.3 Merkmale der Untersuchungsteilnehmerinnen

Die soziodemographischen Merkmale der Probandinnen werden nachfolgend dargestellt. Tabelle 3 zeigt die Variationsbreite der verschiedenen Merkmale.

Tabelle 3: Soziodemographische Merkmale

Soziodemographische Merkmale der Teilnehmerinnen	**M** Mittelwert	**SD** Standard-abweichung	**Spanne**
Alter Gesamt (Teilnehmerzahl, n=94)	**66,39**	**5,76**	**27**
Alter Ältere (n=47)	68,7	5,47	22
Alter Jüngere (n=47)	64,09	5,14	24
Paar-Altersdifferenz (Paare, n=47)	**4,62**	**2,48**	**10**
Geschwisterposition (n=94)	**f Häufigkeit**	**% Prozent**	
1 Älteste	26	27,66	
2 Zweitgeborene	33	35,11	
3 Drittgeborene	19	20,21	
4 Viertgeborene	5	5,32	
5 bis 9. Geschwisterposition	11	11,7	
Geschwisterzahl der Familie (n=94)	**f**	**%**	**M=3,98**
2 Geschwister	14	14,89	
3 Geschwister	40	42,55	
4 Geschwister	12	12,77	
5 -6 Geschwister	18	19,15	
7-9 Geschwister	10	10,64	
Familienstand (n=94)	**f**	**%**	
Ledig, ohne Partner	9	9,57	
Verheiratet, mit Partner	61	64,89	
Verwitwet, ohne Partner	10	10,64	
Geschieden	14	14,89	
Ausbildung, Beruf (n=94)	**f**	**%**	
Akademiker	38	40,43	
Lehrberuf	23	24,47	
Kauffrau etc.	21	22,34	
Keine Ausbildung	12	12,77	

Kinderzahl je Teilnehmerin (n = 94)	Kinderlos f	1 Kind f	2-4 Kinder f
	19	16	59

Räumliche Entfernung je Paar (p=47) **0 bis 10 km**		**11-50 km**		**51-100 km**		**100-300 km**		**300-650km**	
f	%	f	%	f	%	f	%	f	%
22	46,8	6	12,8	3	6,38	11	23,4	5	10,6

Die **Altersspanne** der befragten Schwestern liegt zwischen 55 und 82 Jahren. Der Altersabstand innerhalb der Paare variiert zwischen einem und zehn Jahren.
Die Größe der Herkunftsfamilie reicht von einem bis zu neun Geschwistern (einschließlich der Teilnehmerin). Bezüglich der Stellung in der Geschwisterreihe gab es innerhalb der Paare keine Vorgaben, so dass aufeinander folgende als auch nicht aufeinander folgende Geschwisterpositionen vorliegen. Entsprechend sind unter den Teilnehmerinnen sowohl Erstgeborene, mittlere und jüngste Schwestern einer Geschwisterreihe vertreten. Es kommen nicht nur ausschließlich weibliche sondern auch gemischt geschlechtliche Geschwistergruppen vor. Die **räumliche Entfernung** innerhalb der Dyaden liegt zwischen keinem räumlichen Abstand bei Schwestern, die in einer Wohn- bzw. Hausgemeinschaft leben und einer Entfernung von 650 Kilometern. Die **Wohnorte** der Teilnehmerinnen verteilen sich über die alten Bundesländer. Sie sind sowohl der Stadt- als auch Landbevölkerung zuzuordnen, wobei Erstere etwas überwiegen. Etwa dreiviertel der Schwestern kommen aus dem Großraum Köln, Bonn, Düsseldorf und dem Ruhrgebiet. Einige Frauen wohnen in Süd- oder Norddeutschland. Es sind vielfältige **Berufsrichtungen** vertreten. Diese variieren beispielsweise über Hausfrauen, Friseurinnen, Krankenschwestern, Floristinnen, Kindergärtnerinnen, Kauffrauen, Lehrerinnen, Sozialpädagoginnen und Ärztinnen. Einige sind noch berufstätig, andere befinden sich im Ruhestand. Der Anteil der Akademikerinnen ist im Verhältnis zum Bevölkerungsdurchschnitt dieser Altergruppe etwas überrepräsentiert.

Die Teilnehmerinnen setzen sich sowohl aus Alleinstehenden, einmal oder mehrfach Verwitweten, Geschiedenen, Wiederverheirateten und Verheirateten mit und ohne Kinder zusammen.

5.1.3.1 Anwerbung

Für die Werbung der Teilnehmerinnen waren verschiedene Strategien und ein längerer Zeitraum notwendig, da mindestens 40 Paare gewonnen werden sollten. Zunächst erfolgten zwei Zeitungsartikel und die Anfrage, sich zu melden. Gleichzeitig wurden Flyer, Handzettel und Aushänge in den verschiedensten öffentlichen Einrichtungen ausgelegt und verteilt, z.B. in Begegnungs- und Bildungsstätten sowie Rathäusern. Auch wurden Seniorenvereine und ein Zusammenschluss berufstätiger Frauen angesprochen. Die bereits teilnehmenden Frauen wurden gefragt, ob sie ihrerseits noch potentielle Interessentinnen kennen. Ebenfalls im Sinne eines Schneeballprinzips wurden Teilnehmerinnen über den Bekanntenkreis der Autorin gewonnen.

Die Teilnahme erfolgte unentgeltlich. Als Anerkennung wurde lediglich eine Ausarbeitung über die Geschwisterbeziehung ausgehändigt.

5.1.3.2 Untersuchungsablauf

Der erste Kontakt mit den Befragten erfolgte in der Regel über ein Telefonat. Hier wurden Erstinformationen gegeben, die Bereitschaft zur Teilnahme der zweiten Schwester erfragt und ein Interviewtermin vereinbart. Das Interview fand in den meisten Fällen in der Wohnung der Befragten statt. Vereinzelt erfolgten Interviews in der Wohnung der Schwester oder einer (auch teilnehmenden) Bekannten. Auch dort nahmen nur die Interviewerin und die Befragte an dem Gespräch teil. Die durchschnittliche Interviewdauer lag bei 1,5 Stunden. Im Anschluss an das Gespräch wurden die standardisierten Tests und der Selbstbewertungsbogen erläutert und mit einem frankierten Rückumschlag ausgegeben.

Verzögerte sich der Rücklauf der Fragebögen wurde zweimal bei den Teilnehmerinnen telefonisch nachgefragt. Blieben auch diese Nachfragen ergebnislos, mussten die fehlenden Bögen als nicht ausgefüllt gewertet werden.

5.1.3.3 Transkription

Die Transkription der Interviews erfolgte nach folgenden Grundregeln:

- Keine Übernahme von Dialekt, dieser wurde ins Hochdeutsche übertragen. Lediglich feststehende Begriffe erhielten eine lautschriftliche Transkription.
- Bei deutlichen Gefühlsregungen, wie Lachen oder Weinen, resultierte ein Vermerk in Klammern.
- Sehr laute und betonte Aussagen wurden durch eine hervorgehobene Schreibweise betont.
- Füllwörter entfielen.
- Lange abschweifende Passagen, die sich nicht auf die Fragestellung bezogen, wurden nicht transkribiert. Es folgte lediglich ein Vermerk über das angeschnittene Thema.
- Eine Kennzeichnung langer Pausen und unverständlicher Worte erfolgte bei Erstgenannten durch mehrere Minuszeichen und Letztgenannten durch mehrere X.

- Ein Überschneiden der Gespräche wurde festgehalten und wenn möglich, die Aussage beider Personen transkribiert.
- Fragen der Interviewerin bekamen ein kursives Schriftbild.
- Eigennamen und Orte wurden abgekürzt, um die Anonymität der Teilnehmerinnen zu wahren (vgl. Poland, 2001, S. 629ff.; Arksey & Knight, 1999, S. 141ff.).

5.2 Inhaltsanalytische Datenauswertung

Aufgrund der halbstandardisierten und überwiegend offenen Interviewform lagen mit Beendigung der Befragung Informationen vor, die erst in auswertbare Daten transformiert werden mussten. Die Angaben der Teilnehmerinnen wurden anhand einer inhaltlichen Analyse bearbeitet (vgl. Mayring, 1993; Merten, 1983; Lamnek, 1995, S. 107ff.). Die Codierung der Aussagen erfolgte durch eine Zuordnung zu thematischen Kategorien.

Anhand der Literaturrecherche und erster Vorinterviews mit einzelnen Geschwistern, das heißt auf der Grundlage eines empirischen und theoretischen Vorgehens, erfolgte die Erstellung der Codierbegriffe, die nachfolgend als Kategorien oder Merkmale bezeichnet werden. Die Studie der transkribierten Interviews und die Erfassung der dort genannten Themen ermöglichte eine Überarbeitung und Anpassung dieses Schemas:

> Ziel inhaltlicher Strukturierungen ist es, bestimmte Themen, Inhalte, Aspekte aus dem Material herauszufiltern und zusammenzufassen. Welche Inhalte aus dem Material extrahiert werden sollen, wird durch theoriegeleitet entwickelte Kategorien und (sofern notwendig) Unterkategorien gekennzeichnet. (Mayring, 1993, S. 83)

Die Interviewaussagen wurden anschließend bearbeitet und insgesamt 17 inhaltsanalytischen Kategorien zugeordnet, welche nochmals anhand einer vierstufigen Skalierung differenziert und folgendermaßen abgestuft wurde: sehr hohe, hohe, mittlere bis niedrige Merkmalsausprägung. Diese Abstufungen bedeuten jedoch nicht gleichzeitig, dass es sich um eine positiv oder negativ gewertete Gewichtung handelt. Beispielsweise kann eine sehr große Nähe zwischen den Schwestern und eine kaum vorhandene Abgrenzung im Sinne einer großen Identifikation und Verschmelzung nach Bank und Kahn (1991) auch kritisch gesehen werden (vgl. Kapitel 2.2.2.2). Auf der anderen Seite können Konflikte positive Aspekte beinhalten und beispielsweise in der Kindheit als Übungsfeld für soziale Beziehungen dienen, da die Bindung nicht abgebrochen werden kann.

Das computergestützte Auswertungsprogramm MAX QDA2 (2004) unterstützte die Codierung der Interviews. Eine Rückkopplung im Sinne einer Erweiterung und gegebenenfalls eine Überarbeitung der Kategorien erfolgte fortlaufend. Nach Abschluss der Datenanalyse, das heißt der Kodierung aller Fälle, wurde eine Fallkontrastierung bzw. eine interpretierende Themenanalyse durchgeführt. Das heißt, die jeweiligen Kategorien wurden bezogen auf die einzelnen Fälle und hinsichtlich ihrer inhaltlichen Ausprägungen verglichen. Der analysierende Themenvergleich zielte darauf, Kontraste, Besonderheiten und Übereinstimmungen zwischen den Teilnehmerinnen hinsichtlich der Ausprägung der inhaltlichen Kategorien, zu untersuchen (vgl. Kluge & Kelle, 1999, S. 70ff.).

Nachfolgend werden die einzelnen Kategorien durch Ankerbeispiele verdeutlicht und transparent gemacht. Grundsätzlich ist eine qualitative Unterscheidung bzw. Polarisierung der Kategorien entsprechend ihrer Valenz in positiv und negativ gefärbte Aussagen möglich. Diese Einstufung ist jedoch, wie bereits angesprochen, keiner absoluten Wertung dieser Aussagen gleichzusetzen, da beispielsweise Kritik, Abgrenzungs- oder Distanzierungsprozesse auch positive Aspekte einer Beziehung beinhalten können.

Alle codierten Textstellen wurden zeitlich den verschiedenen Lebensabschnitten Kindheit und Jugend, Erwachsenenalter und junges Erwachsenenalter, Gegenwart und Zukunft zugeordnet. Dadurch konnte eine Änderung und Entwicklung der Beziehung im Lebenslauf erfasst werden.

5.2.1 Kategorien mit negativer Valenz

Hier erfolgte eine Zuordnung von Berichten, die in ihrer Grundaussage, dem Erleben der Teilnehmerinnen eine negative Bedeutung ausdrücken, beispielsweise Vergleiche, Konkurrenz oder Konflikte betreffen. Das bedeutet jedoch nicht, dass diese Aussagen nach normativen Kriterien negativ zu bewerten sind. Beispielsweise kann eine Abgrenzung von der Schwester oder das Erproben von Konflikten positive Auswirkungen haben. In jeder Kategorie werden zunächst Zitate bzw. Ankerbeispiele genannt, die eine sehr umfassende und überdauernde Ausprägung des Merkmals verdeutlichen. Diese nimmt im weiteren Verlauf der Nennung kontinuierlich ab.

5.2.1.1 Kritik

Aussagen, die das Verhalten der anderen kritisieren, etwa der Wunsch oder die Überzeugung, die Schwester sollte sich anders verhalten, die Sorge um das vermeintlich unvernünftige Verhalten, die Gesundheit der Schwester werden hier zugeordnet.

> „Ja, dieses Überhebliche, dass sie das immer, aber das kenne ich gar nicht anders. Das ist immer gewesen. Also wir sind was und bei uns ist das so und so und so und dann machen wir dies und dann machen wir jenes.“ (S4, 2).

> „(...) meine Schwester wurde absolut ordnungsfimmelig.“ (S13, 2)

„Sie ist oft sehr aufbrausend. Nicht gegenüber mir sondern auch gegenüber Leuten, die eine andere Meinung vertreten als sie. Das ist schon sehr störend.“ (S9, 2)

„Da habe ich ihr gesagt, als sie damals die Sachen mit dem Magen hatte und dem Darm, da habe ich gesagt, (…) du schimpfst zu wenig. Du frisst zu viel in dich rein. Das kann sie nicht.“ (S47, 1)

„Nein, also in dem Sinne eigentlich nicht. Ich würde mich vielleicht gerne öfter mit ihr treffen, aber da hat sie ja keine Zeit zu.“ (S5, 1)

„(…) dann habe ich gesagt, ja dann musst du strenger sein, dann musst du mal nachhaken. Du musst dich mal dazu setzen. Gerade wenn Kinder auch Schwierigkeiten in der Schule haben, muss man ja ein bisschen mehr.“ (S4, 1)

„Ja, meine Schwester hat auch so was gesagt. Ihr gebt ja viel zu wenig Geld aus. Seid nicht so knickerig und, und, und.“ (S9, 1)

5.2.1.2 Vergleich, Konkurrenz und Rivalität

Vergleiche und Konkurrenz, ein Messen mit der Schwester, Neid-, Eifersuchtsgefühle und Rivalität sowie das Gefühl, schlechter abzuschneiden, werden erfasst.

„Ich kann mich auch nicht erinnern, das fragten sie eben, an Neid oder so. Nur an dieses eine starke Eifersuchtsgefühl damals.“ (S8, 1)

„Ach, das war so eigentlich einfach Eifersucht, allgemeine Eifersucht auf alles. Weil ich dann ja auch im Mittelpunkt stand. Die Kleinen stehen ja dann im Mittelpunkt. Und wenn dann die Großeltern kamen, und nachher noch die anderen dazu, hat sie sich bestimmt an den Rand gedrängt gefühlt, denke ich mal.“ (S2, 2)

„Das war damals so die Phase mit den Kindern, wo ich mich nicht so gut, hässlich gefühlt habe, heute nicht mehr. Früher, als ich verheiratet war, habe ich meine Geschwister und deren Partner aus der Ferne beobachtet. Da kam Neid auf, die werden wirklich geliebt, haben einen Partner.“ (S47, 1)

„Sie hat mal gesagt, du hast mich dann ja links überholt. Weil mein Mann dann das Studium zu Ende gemacht hat und dann direkt auch eine gute Stelle kriegte und das Kind ja und so. Und dann haben wir auch früher ein Haus gekauft als sie. Alles lief bei mir so, wie ich das wollte, also so ein bisschen geordneter. Und sie, da war alles ein bisschen chaotisch.“ (S15, 1)

„Und ich hatte dann auch meine Freundinnen, aber dann war sie auch oft neidisch und hat dann nur gestört. Wenn wir dann schön spielten, dann hat sie gestört. Sie wollte vielleicht mitspielen, aber es war dann einfach so.“ (S15, 1)

„Ja, da würde ich sagen, da vergleicht sich meine Schwester mehr mit mir. Sie hat irgendwann mal gesagt, sie hat auch studiert und hat einen akademischen Beruf ausgeübt, sie hat mal zu mir gesagt, ich wäre auch ohne akademisches Studium weiter gekommen als sie. Ich denke schon, dass da eine gewisse Rivalität ist. Meine Schwester hat viel bessere Noten und die ist im Zweifelsfall auch viel intelligenter, aber meine Intelligenz reicht mir. Ich komme damit gut über die Runden.“ (S9, 2)

5.2.1.3 Abgrenzung und Ausgrenzung

Aussagen, die eine Ausgrenzung oder Abgrenzung, ausgehend von einer oder von beiden Schwestern verdeutlichen, werden dieser Kategorie zugewiesen. Darunter kann der Wunsch fallen, keinen engeren Kontakt zur Schwester zu haben, das Gefühl, aus dem Freundeskreis oder von Aktivitäten der Schwester ausgeschlossen zu werden oder der Versuch, die Schwester loszuwerden. Eingeschlossen werden ebenfalls Aussagen, die eine positive oder zumindest neutrale Abgrenzung zur Schwester beschreiben. Hierunter kann beispielsweise eine Akzeptanz oder Respekt vor der Andersartigkeit der Schwester fallen, das Wahrnehmen von Unterschieden, die hingenommen werden oder die Tatsache, dass die Schwestern sich gegenseitig ihren Freiraum lassen. Im Gegensatz zur Kategorie Distanz wird eine bewusste und aktive Abgrenzung zugeordnet:

> „*Könnten Sie sich vorstellen, in der Zukunft nochmals mit Ihrer Schwester zusammen zu wohnen?*“ (Interviewerin) „Nein, nein.“(S4, 2)

> „Und in diesen acht Jahren habe ich mich auf meine eigenen Füße gestellt. Dann brauchte ich meine Schwester nicht mehr.“ (S5, 2)

> „Ich bin immer damit beschäftigt gewesen, meine Beziehung zu ihr zu bearbeiten, meinen Frust zu verarbeiten, meine Beziehung zu lösen, anders zu verarbeiten und mich abzugrenzen und mich zuzuwenden oder sie einfach auch links liegen zu lassen. Sie um Hilfe zu bitten, darauf wäre ich einfach nicht gekommen.“ (S13, 2)

> „Ich fand das zwar toll, dass sie ins Ausland ging. Ich habe sie auch besucht mit meiner Freundin. Aber wir waren ganz anders drauf zu der Zeit. Also ich hatte da eher nichts mit gemeinsam. Da hat die da ja immer die asiatischen Freunde gehabt. Das fand ich ganz doof. Ich fand das ganz schrecklich.“ (S15, 2)

> „Ach ja, im Grunde genommen durch die Weite, eigentlich soll es so bleiben, wie es ist. Das wäre auch o.k. Es soll schon so bleiben, wie es ist, mehr will ich gar nicht.“ (S5, 2)

> „Wir sind uns nur, wir haben uns nie die Türe eingerannt. Jeder hatte seinen Bekanntenkreis.“ (S2, 1)

> „Bei runden Geburtstagen [erfolgen Treffen] dann so natürlich aber so nicht direkt so in dem Sinne dann auch. (…) die ist nicht so in dem engsten Kreis mit drin.“ (S4, 1)

5.2.1.4 Distanz

Der emotionale Abstand zwischen den Schwestern im Sinne einer geringen Verbindung, Desinteresse und Gleichgültigkeit werden hier aufgenommen. Auch eine räumliche Trennung, das heißt, äußere Umstände, die eine Trennung bewirken, werden zugeordnet.

> „Nein, nein, wir haben ja dann zwischendurch eine Zeit, durch die Männer, haben wir uns überhaupt nicht mehr gesehen. Das hat sich ja fast zehn Jahre hingezogen, nicht.“ (S5, 1)

„Also, der Kontakt war nie, wie ich schon sagte, dass wir uns jede Woche oder einmal im Monat sehen. Das war nie, aber so war das, das ganze Leben. Wie die Eltern noch lebten, da war dann, wenn dann jemand Geburtstag hatte, meine Mutter oder mein Vater oder so, da waren dann immer alle da (...). Wie die Eltern dann tot waren, da ist der Kontakt dann noch weniger geworden." (S4, 2)

„Es hat nicht so viel verändert. Es hat eher verändert, dass wir uns so mehr oder weniger etwas aus den Augen verloren haben. Das heißt, bis auf die Tage, wo wir mal bei den Eltern was vorhatten oder wo Festtage waren natürlich." (S4, 1)

„Ja, unwichtig auf verschiedenen Schienen lief das Ganze." (S10, 1)

„Ja, ich hatte ihn subkutan abgebrochen. Das war nicht offiziell. Das war in der Zeit, wo ich hier in Westdeutschland war. Da habe ich wenig Kontakt zu ihr gehabt, in den 60ern. Ja und in meiner Lebenspartnerphase. Ja. Ich habe ihn nicht abgebrochen. Da war immer einer. Das war, wo sie auch sagte, was tust du Mutterchen an. Das war, die beiden, die machen da ihr Ding und ich muss mich nicht so sehr darum kümmern. Eine gewisse Distanz, so." (S13, 2)

„Nein, man hatte einfach diesen Kontakt nicht so. Wir sind auch nicht zusammen in einen Tanzkurs gegangen. Da waren drei Jahre einfach viel zu der Zeit. Wir sind wirklich früher nicht viel zusammen gewesen." (S10, 1)

5.2.1.5 Konflikt

Unter diese Kategorie fallen Aussagen mit negativer Valenz, die Meinungsverschiedenheiten, Feindseligkeit, Ärger, Wut, Streit, Handgreiflichkeiten oder Auseinandersetzungen und auch unterschwellige Konflikte ausdrücken.

„Wir haben uns halt gezankt, wie die Kesselflicker. Ich weiß gar nicht mehr, worum es ging. Um Spielzeug kann es nicht gegangen sein, weil sie ja viel älter war als ich. Sie hat ja mit anderen Sachen gespielt. (...) Das waren also Nichtigkeiten, die ich heute gar nicht mehr weiß. 100.000 Sachen gibt es da, irgendso ein Mist. Ich durfte vielleicht ein anderes Kleid anziehen als sie." (S2, 2)

„*Gibt es einen von den Geschwistern mit dem mehr Konflikte auftreten*?" „Mit meiner Schwester. Da würde ich eigentlich sagen, vom Anfang bis zum Ende. Das hat etwas mit der unterschiedlichen Mentalität hauptsächlich zu tun. Wir sind ganz unterschiedlich." (S9, 2)

„Ja, dieses Oberflächliche. Ich käme doch nie auf die Idee, mir von einem fremden Konto mal eben 10 000 Mark zu leihen. Für sie war das, reg dich doch nicht so auf, und das war unkorrekt. Im Ernstfall, jeder Hausverwalter wäre geflogen und hätte ein Verfahren wegen Veruntreuung bekommen. Da geht sie sehr salopp um mit solchen Sachen. Sie ist tatsächlich oberflächlich, oberflächlicher als ich." (S9,1)

„Ja, wir sind schon öfters noch zusammen in Urlaub gefahren, aber wie am Anfang, wie am Anfang dieser Tennisclub war, da hieß es dann, komm, da musst du mitgehen. Aber wie das dann nachher immer mehr bei ihnen wurde, wie sie immer integriert wurde in diesem finanziell höheren Kreis, da hieß es dann, du kannst ja nicht mitgehen, du hast ja jetzt nicht das Geld mehr dafür. Das sind alles so Dinge, die weiß sie nicht, die werde ich ihr auch nie sagen, aber." (S5, 2)

„Und da war es so, dass ich die I. überall hin mitnehmen musste. (...) Also auch wenn ich zu Geburtstagen eingeladen wurde aus der Schule, I. musste immer mit. Und das hat mich manchmal wütend gemacht. Außerdem war I. ein Mädchen - sehr neugierig – damals jedenfalls und sie hat gepetzt. Und das hat mich natürlich auch wütend gemacht. Sie wollte immer alles wissen, (...)." (S8, 1)

„(…) Ich bin dann ein-, zweimal auch dahin gefahren. Ich bin dann wieder, B., mach es nicht wieder, das tut dir nicht gut. Es blieb dann aber auf der freundlichen Ebene alles. Und ich bin dann öfters hin zu ihnen, so einen halben Tag und habe freundlich, also. Mutter, Schwester, diese etwas vertrackte, komische Konstellation, für mich war es, na ja, du kannst doch dein Elternhaus nicht ganz abhängen. Du musst gucken irgendwie, wie du dich ohne nun einen Bruch zu machen, trotzdem dein eigenes Leben lebst (…)." (S13, 2)

5.2.1.6 Unausgeglichene Hilfe und fehlende Reziprozität

Ein unausgeglichenes oder konfliktbehaftetes Hilfe- und Unterstützungsverhalten, im weiteren Verlauf verkürzt als negative Hilfe bezeichnet, eine mangelnde Gegenseitigkeit bzw. die Unzufriedenheit mit der geleisteten Unterstützung wird erfasst. Zunächst zeigen die Zitate eine sehr ungleiche bzw. unausgeglichene oder gar nicht vorhandene gegenseitige Hilfeleistung und große Unzufriedenheit mit der schwesterlichen Unterstützung. Im weiteren Verlauf zeigen die Zitate Unterschiede in der geschwisterlichen Hilfe, die abgestuft immer weniger gravierend erlebt werden.

„Hat sie dann auch mal auf die Kinder aufgepasst?" „Nein. Nein überhaupt nicht, keiner, auch meine Mutter nicht." (S47, 1)

„Bloß als es mir ganz dreckig ging, haben sie mir geholfen. Aber für mich war das manchmal beschämend. (…) Geben ist seliger als Nehmen. Aber Nehmen ist auch schwieriger als Geben." (S6, 1)

„Dann war das an dieser Stelle auch etwas unausgeglichen, dass sie eher etwas erzählte?" „Immer. Das war ein total unausgeglichenes Verhältnis [lacht]." (S13, 2)

„Hat Ihre Schwester im Laufe des Lebens mal Rat oder Hilfe bei Ihnen gesucht?" „Nein." *„Und andersherum, Sie bei Ihrer Schwester?"* „Nein, auch nicht. Also, man hat dann schon mal angerufen und am Telefon darüber gesprochen. Da ist zum Beispiel von ihrer Seite, ist niemals was gekommen, dass sie sagt, wenn ich dir mal helfen kann, musst du das sagen." (S4, 2)

„Das könnte ich jetzt nicht sagen. Meine Schwester hat mich immer, so weit es ging, unterstützt. Aber ich hätte nie etwas Adäquates bieten können. Weil dieses Feld Krankheit war bei meiner Schwester ja nicht besetzt." (S9, 1)

„Haben Sie Erwartungen an Ihre Schwester, zum Beispiel bezüglich Hilfeleistungen?“ „Nein, ich wüsste auch nicht welche.“ *„Aber Sie selbst empfinden es schon als Verpflichtung, Ihr zu helfen?“* „Ja, ganz klar.“ (S13, 2)

5.2.1.7 Unterschied

Unterschiede in der Persönlichkeit, Gesundheit, Lebensweisen und Ansichten, die Wahrnehmung des Altersabstands werden unter dieser Kategorie zusammengefasst.

„Ja und meine Schwester, die ist ja drei Jahre älter und wenn man klein ist, ist das ja ein riesiger [betont] Unterschied.“ (S47, 2)

„Da haben sie sich wahrscheinlich ein Bild gemacht und gemerkt, dass wir zwei völlig unterschiedliche Naturen sind. Da würden sie sagen, vom Charakter oder von der Natur her, das können gar keine Geschwister sein. Das ist aber so.“ (S4, 2)

„Auf jeden Fall ist nach meinem Eindruck 9,5 Jahre so ein Unterschied, auch ohne Krieg, wie der eine aufwächst und wie der Spätling aufwächst.“ (S13, 1)

„Doch, die hatte schon ihren Kreis. Aber der war auch so anders. Die haben auch anders gespielt. Ob es die drei Jahre Unterschied waren, keine Ahnung. Aber meine Freundin, mit der ich jetzt noch Kontakt habe, die sagt heute noch, ich bin so ungern zu euch gekommen. Da war immer die I., die gestört hat.“ (S15, 2)

„Ich weiß, als sie bei dem Professor war, da hat sie mal alle ihre Klassenkameradinnen eingeladen. Da sagte sie, komm mit. Da habe ich mich so unwohl gefühlt. Die hatten so ganz andere Themen. Ich konnte gar nicht mitreden. Ich wäre immer so gerne aufgestanden. Gymnasiasten und wir, das war eben ein großer Unterschied damals.“ (S10, 2)

„Heute, dass wir uns dann auch mal zoffen und wir anderer Meinung sind und ich sehr empfindlich bin. Dass wir drei Tage nicht, ich bin richtig sauer auf sie und sie ist richtig sauer auf mich. Ich rufe nicht an, sie ruft nicht an. Ich schimpfe auch auf sie (...). Später überlege ich dann, was hat sie denn gesagt, wie empfindlich war ich denn. Dann rufe ich an oder sie ruft an (...). Ich glaube, das zieht sich wie ein roter Faden durch, dass es eigentlich immer so war.“ (S41, 2)

5.2.1.8 Abhängigkeit

Eine Abhängigkeit von der Schwester, sei es materiell oder emotional, gegenseitig oder nur von einer Schwester ausgehend, wird mit dieser Kategorie erfasst.

„Ich komme jetzt vielleicht zu sehr in die Jugend. Meine Schwester war für mich immer eine Person, die brauchte ich, aber als Kind. Meine Schwester war immer die stärkere Person. Sie war immer dominierender. Ich bin immer den unteren Weg immer gegangen und sie war immer die Dominierende.“ (S5, 2)

„Macht ihr die Praxis gemeinsam?“ „Also, sie ist meine Angestellte.“ (S3, 1)

„(...) Sie kann ja nichts hören, wenn dann einer hupt oder so. (...) Sie muss dann fast jeden Tag zum Ohrenarzt. Da fahr ich sie dann hin. Ich bin dann die Chauffeuse. Aber wie soll sie dann im Schneesturm da noch stehen an der Bushaltestelle und der Bus kommt nicht." (S7, 1)

„Und jetzt haben Sie ja auch die Situation des gemeinsamen Arbeitens. Wie hat sich das auf Ihre Beziehung ausgewirkt?" „Ja, das ist eigentlich genauso, im Grunde genommen [überlegt]. Nein, das kann man eigentlich nicht sagen, dass ich das mache, was sie sagt unbedingt. Nein, da hat sie mich eigentlich, da lässt sie mich schon eigenständig arbeiten. Man bespricht es natürlich, in diesem Beruf kann ja nicht nur so einer machen, was er denkt. Das ist eher dann so gleichberechtigt, würde ich sagen." (S3, 2)

5.2.2 Elterliche Ungleichbehandlung

Unter dieser Kategorie wird die Wahrnehmung einer elterlichen Ungleichbehandlung eingeordnet. Dabei können die Aussagen variieren und die Extreme einer relativ neutralen, z.B. altersbedingten ungleichen Behandlung bis hin zu einer deutlichen Benachteiligung durch die Eltern umfassen. Diese können die Befragte selbst, die Schwester oder auch weitere Geschwister betreffen. Die folgenden Ankerbeispiele belegen eine überdauernde ausgeprägte elterliche Ungleichbehandlung in Form einer deutlichen Benachteilung oder Bevorzugung.

„Sie hat meinen Eltern immer schon gezeigt, was sie, wo es lang geht. Sagen wir mal, meine Schwester war so das erste und sie blieb auch so das erste Kind bei meiner Mutter. (…) Die hatte Vorteile. Ja, das hatte sie und da haben wir beide [Bruder] sehr drunter gelitten." (S47, 2)

„Gott sei Dank, hat er [Vater] die anderen nicht geschlagen. Und bei der Mutter meint ja meine andere Schwester, die E. [nicht teilnehmende Schwester], ich wäre der Liebling. Aber ich habe das nie empfunden [betont]. Also ich habe empfunden, wenn sie die Kleinen auf dem Arm hatte, also mich hat sie nie gedrückt, denke ich. (…) Ich habe das Gefühl, dass ich in meiner Jugend und Kindheit nie von jemandem gedrückt worden bin, also auch nicht von ihr." (S3, 1)

„(…) durch diese dauernde Ausbomberei haben meine Schwester und ich zehn Jahre lang zusammen in einem 90 cm breiten Bett geschlafen. Meiner Schwester war immer zu warm und mir nicht. Sie hat sich immer frei gestrampelt und ich habe ihr automatisch immer wieder die Decke übergelegt. Kommt meine Mutter rein und fängt an zu brüllen, die hat nur gebrüllt. Du nimmst dem armen Kind die Bettdecke weg. Es war ja genau umgekehrt. Aber wenn etwas schief ging, ich war immer schuld." (S9, 1)

„Meine Schwester hatte ein ganz anderes – –; meine Eltern haben meine Schwester auch nie so anerkannt von den Männern her." (S5, 2)

Die nachfolgenden Ankerbeispiele verdeutlichen eine elterliche Ungleichbehandlung, die weniger bedeutsam erscheint, ggf. zeitlich begrenzt ist. Die Benachteiligung oder Bevorzugung scheint für die Teilnehmerinnen wenig gravierend bzw. das Ungleichverhalten wird nicht als benachteiligend erlebt.

> *„Hatten Sie das Gefühl, dass Ihre Eltern da die Kinder ein bisschen unterschiedlich behandelt haben, einen bevorzugt haben?"* „Das hatte sie [die Schwester]. Also ich hatte immer das Gefühl, ich bin sehr geliebt worden von meinen Eltern. (…) So das Gefühl, dass sie mich sehr gern hatten. (…) Sie hatte mehr das Gefühl, sie wäre nicht so anerkannt worden." (S10, 2)
>
> „Der Jüngste war das Nesthäkchen und das war auch so dann der Liebling der Kinder, auch der Mutter. Na ja und dann wurde er von allen Kindern auch mit verwöhnt." (S1, 2)
>
> „Ich hatte eher das Gefühl, dass sie bevorzugt wurde, weil sie die Ältere war. Sie durfte dann ja schon mehr. Sie durfte dann länger aufbleiben und so und das fand ich ja unverschämt. Ich fand mich ja genauso groß wie sie auch. Das waren dann diese Sachen wieder." (S2, 2)

5.2.3 Starre Rollenzuschreibung

Familiäre Zuschreibungen von Verhaltensweisen, Persönlichkeitseigenschaften oder Aufgaben werden dieser Kategorie zugeschrieben. Diese können von den Eltern oder Geschwistern entwickelt worden sein und verschiedenste Bereiche, z.B. Dominanz, Fürsorge, Intelligenz, Erfolg umfassen. Auch hier werden die Beispiele nach ihrer Ausprägung abgestuft dargestellt.

> „K. kam schon immer sehr stark auf meinen Vater [Pause] und meine Mutter. Sie war schon immer sehr dominant." (S47, 2)
>
> „Also, ich war immer die Kranke, die Kleine, die Schmächtige und ich habe natürlich das Handicap mit dem Hören schon damals (...) Meine Schwester, die war ein bisschen, die galt ein bisschen als Wildfang, obwohl ich sie nicht so gesehen habe (...)." (S7, 2)
>
> *„Mussten Sie auf Ihre jüngeren Geschwister aufpassen?"* „Ja, immer. Wenn ich irgendwo hinging, die beiden hatte ich immer im Schlepptau. Die Mutter hatte wirklich so viel zu tun. Den Kleinen habe ich ganz groß gezogen, so mit anziehen, füttern." (S10, 2)
>
> „Ja, meine Schwester war schwierig. Mein Bruder war revolutionär. Das war aber auch so die 68er-Generation. Das war aber die Zeit." (S9, 2)
>
> „Meine Schwester war schon die Dominierende auch so in der Familie. (…) Sie konnte immer auch gut reden auch, das stimmt. Sie hatte einmal mit meinem Vater Schwierigkeiten. Mein Vater schlug eigentlich nicht, aber da schlug und schlug er sie ins Gesicht. Da holte sie aus und schlug zurück. (...) Das hätte ich nie gewagt. Das hat sie gemacht." (S10, 2)
>
> „Also bei uns, also ich war immer die Stillere und sie war immer die Plaudertasche, sozusagen." (S5, 1)

5.2.4 Kategorien mit positiver Valenz

Hier werden Aussagen zugeordnet, die in ihrer Grundaussage eine überwiegend positive Bedeutung beinhalten, beispielsweise Nähe, Zuneigung, Verständnis, Wissen um die Schwester oder Unterstützung ausdrücken. Hierbei drückt der Begriff „positiv" keine normative Bewertung aus, sondern ist vorerst bewusst wertneutral zu verstehen. So kann sich beispielsweise eine sehr ausgeprägte Identifikation für die Betroffene auch negativ auswirken (vgl. Kapitel 2.2.2.2).

Auch die nachfolgenden Ankerbeispiele für die Kategorien positiver Valenz werden abgestuft angeführt: Sie beginnen jeweils mit einer sehr starken Ausprägung, die bei den nachfolgenden Beispielen nachlässt.

5.2.4.1 Nähe

Nähe wird hier als eigene Kategorie verstanden, die Aussagen zu positiven Gefühlen, wie Zuneigung und Freundschaft zur Schwester, eine emotionale Beteiligung und Verbundenheit erfasst. Sie wird generell als übergeordneter Begriff für die Gefühle, Einstellungen und Verhaltensweisen mit positiver Valenz gesehen.

> „ (...) Wenn sie nicht hier wäre, wäre ich ein bisschen amputiert." (S7, 2)
>
> Die Beziehung zur Schwester ist „lebensbegleitend, (...) sehr eng, sehr vertraut, sehr persönlich" (S8, 1).
>
> „ (...) Meine Schwester ist und bleibt meine beste Freundin." (S47, 1)
>
> Die Beziehung ist „sehr innig und sie bedeutet mir sehr viel (...) so die Liebe zu ihr und ihre zu mir, die ich so empfinde, das ist mir sehr wichtig" (S3, 1).
>
> „Wir sind dann auch nachher zusammen mit den Kindern in Urlaub gefahren. Also das war dann, von da an war es eigentlich ein wunderschönes Verhältnis. Wir sind uns nur, wir haben uns nie die Türe eingerannt. Jeder hatte seinen Bekanntenkreis, aber wenn irgendwas war, konnte sich der eine eigentlich immer auf den anderen verlassen." (S2, 1)
>
> „Also, M. war ja die Älteste und wir hatten eigentlich immer ein gutes Verhältnis." (S3, 2)
>
> „Da war ich zwei, drei Wochen im Krankenhaus. Da hat meine Mutter mich auch nicht besucht. Und die K. hatte mich einmal besucht, die kam einmal vorbei. Das fand ich auch sehr, sehr nett." (S47, 2)

5.2.4.2 Emotionale und instrumentelle Unterstützung, Hilfe

Eine emotionale und instrumentelle Hilfe, beispielsweise Zuspruch in Krisenzeiten oder die Versorgung der Kinder im Krankheitsfall, die Bereitschaft zu helfen und nach Hilfe zu fragen, sie anzunehmen, werden hier zugeordnet.. Hierbei variieren die Ausprägungen zwischen den Extremen einer gegenseitige Hilfe, die jederzeit freiwillig gegeben wird, ohne dass danach gefragt wird und einer Haltung, die Hilfe nur nach ausdrücklicher Nachfrage und in großer Not gewährt, in der Regel jedoch eher optional bleibt.

> „Sie haben ihre Hilfe angeboten und wir haben sie auch schon in Anspruch genommen (…). *[War das ausgeglichen?]* Das war von beiden Seiten.“ (S8, 1)
>
> „Auf der anderen Seite (…) ist es so, (…) dass ich mir wünsche, wenn M. etwas fehlt, wenn sie einen braucht, um zu helfen, dass ich das dann tun könnte. Sei es, um einfach da zu sein, um einfach mal zu sagen, wir kommen ein Woche her, um bei ihrem Mann zu sein, damit sie mal eine Auszeit nehmen kann oder so etwas in der Richtung.“ (S8, 2)
>
> „Da hatten wir den Kleinen [Neffen] dann (...). Eigentlich haben wir, habe ich immer versucht, ihr zu helfen.“ (S5, 2)
>
> „Weil wir uns ja gegenseitig ja dann auch unterstützen können, nicht. Wenn auch gerade nicht in der Arbeit, aber so eben. Wie soll ich sagen? Moralisch können wir uns unterstützen. Wenn sie eben Kummer hat und Sorge, erzählt sie mir das und ich auch. Es hört einer den anderen mehr an. Und ich meine, das ist ja auch wichtig, dass man das machen soll.“ (S1, 2)
>
> *„Sie sagten, die gegenseitige Hilfe war etwas unausgeglichen aufgrund der verschiedenen Lebensumstände.“* „Ja, aber nur wegen der Lebensumstände. Ich bin der Meinung, dass sie mir genauso helfen würde.“ (S5, 2)
>
> „Und dann bin ich hingegangen und habe ihr manchmal geholfen. Ich war so im Haushalt war ich, die war vielleicht im Büro tüchtiger, ich war auch nicht blöd, aber sie war eine besonders gute Kraft. Sie konnte auch gut kochen, aber mit dem Putzen hat sie nicht viel im Sinn gehabt. (…) oder wenn sie krank war. Wie sie die zwei Jungen klein hatte, da bin ich schon mal hingegangen.“ (S6, 2)

5.2.4.3 Vertrauen und Verständnis

Diese Kategorie drückt das Vertrauen und die Bereitschaft der Schwestern aus, der anderen Probleme anzuvertrauen, sie in Geheimnisse einzuweihen und Verständnis füreinander aufzubringen. Das Wissen um die Schwester wird hier ebenfalls eingeordnet.

> „Man kann mit ihr über alles reden. (...), dass sie nie etwas weiter erzählt“ (S2, 2)
>
> „Ja, wir haben im gleichen Zimmer gewohnt. Wir haben uns sehr viel erzählt.“ (S10, 1)
>
> „Ich fühle mich in meinem Altsein und Krankwerden am besten von ihr verstanden. Das setzt voraus, dass sie einen, sie muss also einen Zugang zu mir haben in diesem Sinne.“ (S13, 1)
>
> „Meine Schwester war damals auch sehr angespannt. Im Oktober starb ihr Mann und im November starb mein Vater, das gleiche Jahr. Das war schon schlimm. Für

sie war es besonders schlimm, muss ich sagen. Sie sagte, hört das Elend denn nie wieder auf." (S4, 1)

„Hat ihr denn jemand Vorwürfe gemacht wegen der Scheidung oder so?" „Nein, das lag auch nicht an ihr." (S6, 2)

Da „gab es sehr viel Ärger mit meinen Eltern. (...) Da sind wir uns wieder näher gekommen (...). Da konnte ich mit ihr reden." (S8, 1)

„Ich wünschte meiner Schwester natürlich auch mal wieder, dass sie so ein bisschen flotter leben könnte so. Das Alleinsein tut ihr, glaube ich, nicht allzu gut. Aber ich glaube, ich bin, ich wäre auch kein Ersatz dafür." (S4, 1)

5.2.4.4 Gemeinsamkeit

Diese Kategorie umfasst Gemeinsamkeiten zwischen den Schwestern. Darunter fallen übereinstimmende Interessen und Werte, Eigenschaften und Einstellungen, aber auch die gemeinsame Bewältigung von Entwicklungsaufgaben, wie die Versorgung der Eltern oder der Umgang mit dem Erbe. Hierzu gehören auch Aussagen, die die Freude am Zusammensein mit der anderen, an gemeinsamen Treffen und Aktivitäten, Gesprächen zum Ausdruck bringen.

„Wir haben immer, immer zusammen gespielt. Wir haben uns gegenseitig besucht oben." (S6, 1)

„(...) Wir haben dann damals einen Kegelclub gegründet, meine Schwester und ich, der auch heute noch ist. Da gehen wir zusammen kegeln. Wir gehen donnerstags, das ist unser Schwimmtag. Das hat sich bis heute auch gehalten." (S2, 1)

„Ja, wir haben immer was zusammen unternommen. Mal mehr mal weniger. Je nachdem, was man für Freunde, wir sind eine Zeitlang Freitag abends immer zum Turnen gegangen über etliche Jahre, wie die M. in B. gewohnt hat." (S3, 2)

„Wir haben Mutter mitgenommen bis 90 in Urlaub, bis 95. Wir sind auch ein paar Jahre nicht in Urlaub gefahren. Da würde heute, das geht nicht, das kann ich nicht. Wir hatten Beruf und das geht auch." (S7, 1)

„Wir gingen zusammen zur gleichen Gemeinde, zur gleichen Kirche (...). Der Glaube hat uns auch viel zusammengehalten." (S1, 2)

„Was wir gemeinsam haben, I. und ich, was wir beide gemeinsam haben ist, dass wir großzügig sind. (…) Wir beide, denke ich, überziehen das manchmal, schlagen genau ins Gegenteil aus. (…) Und wir definieren uns sicher beide über Arbeit, glaube ich." (S8, 1)

5.2.4.5 Identifikation, Bewunderung und Vorbild

Diese Kategorie beschreibt das Ausmaß der Identifikation, des Einfühlens in die Schwester sowie die Vorbildfunktion und den Wunsch der Nachahmung.

„Was ich ganz toll bei meiner Schwester finde, dass sie für ihre Söhne, da tut sie ja alles für. Die würde zu Fuß nach B. [ca. 80 Kilometer entfernt] oder nach M. [ca. 610 Kilometer] laufen. Das ist ihr ein und alles. Was ich auch phantastisch finde, dass sie für die Kinder alles getan hat, damit sie studieren können. Das ist phantastisch. Das finde ich toll." (S47, 2)

„Irgendwie fand ich das toll, was sie gemacht hatte [wählt die gleiche Berufsausbildung]." (S2, 2)

„Den Ruhestand habe ich sehr genossen. Ich habe mich um meine eigenen Sachen gekümmert. Ich wusste, ich musste vieles nachholen. Und da habe ich längst gewusst, von B. kann ich lernen. Sie hat da ja auch schon erzählt von ihren Seminaren. Und ich habe mich nie als fertig angesehen, sondern immer gedacht, ich muss noch lernen." (S13, 1)

„(...) Sie ist auch manchmal ein bisschen stolz auf mich, habe ich gemerkt, wie meine Mutter auch. Vielleicht, weil ich etwas geschafft habe. Meine Mutter wäre auch gerne Lehrerin geworden zum Beispiel. Und dann sah sie, dass ich das geschafft hatte und dann freute sie sich auch. Ich denke meine Schwester auch." (S10, 1)

„Aber vielleicht begann das da so ein bisschen bei mir, sehen wie sie sich verändert und ich sage mal, ja so ein bisschen hoch gucken. Sie war dann, in dieser Zeit machte sie ganz andere Sachen und das hätte ich mir vielleicht auch gewünscht, so würde ich das sagen." (S8, 2)

5.2.4.6 Familiensolidarität

Dieser Kategorie werden Aussagen zum familiären Zusammengehörigkeitsgefühl und dem Familienzusammenhalt zwischen den Eltern, den nicht teilnehmenden Geschwistern und der Geschwistergruppe sowie weiteren Verwandten. Hierbei können beispielsweise von den Eltern vermittelte Werte für familiäre Hilfe und Unterstützung ausgedrückt werden oder einfach die Gewohnheit regelmäßiger Kontakte und Familientreffen. Im Gegensatz zu anderen Kategorien, die sich ausschließlich auf die Beziehung zur Schwester beziehen, schließt diese auch weitere Familienmitglieder mit ein.

„Ja. Die Geburtstage wurden immer gemeinsam gefeiert und die Familienfeste, alle kamen. Meine Schwester wohnte im Norden. Der Schwager war beruflich dort. Die hatte ein schönes großes halbes Haus. Da konnten wir auch immer alle hinfahren. Also wir hatten immer eine enge Bindung, die ganze Familie." (S6, 2)

„Wir haben einen Bruder, der ist jetzt Witwer (...). Und er ist jeden Tag hier und seit Neuestem isst er auch hier (...). Das ist so ein bisschen ein großer Clan." (S7, 1)

„Wenn wir krank waren, haben wir uns gegenseitig besucht. Auch jetzt rufen wir uns regelmäßig an und fragen, wie es so geht. Was machst du. Wir treffen uns am Geburtstag und haben einmal im Jahr Familientag, wo alle kommen mit Kind und Kegel. Das wird hier zu eng. Das letzte Mal haben wir uns bei I.s ältester Tochter getroffen. (...) Wir Geschwister hatten immer Verbindung miteinander, hauptsächlich über die Eltern, aber wir untereinander natürlich auch.“ (S6, 1)

„Ja. Man muss aber sagen, dass wir uns alle immer unterstützen, jetzt vielleicht nicht finanziell aber psychisch schon. Das tun wir alle.“ (S9, 2)

„Und bei uns war immer großes Familientreffen zuhause.“ [*„Bei den Eltern zuhause?“*] „Ja und dann haben wir uns schon mal sonntags getroffen. Ja, wenn die Eltern Geburtstag hatten oder wenn wir Geburtstag hatten, dann traf man sich.“ (S2, 2)

„Wir hatten Familientreffen. Das haben meine Eltern immer angeleiert. Wir haben allerdings die Orte ausgesucht. Das war immer sehr schön mit allen Kindern dann, was auch alle in guter Erinnerung haben.“ (S8, 1)

5.2.4.7 Wertschätzung

Unter dieser Kategorie werden Aussagen zusammengefasst, die eine allgemeine Wertschätzung und/oder Anerkennung der Schwester zum Ausdruck bringen.

„(…) Da hat sie sich nichts zu Schulden kommen lassen. Im Gegenteil zu ihrem Mann und auch ihrem Freund ist sie sehr aufmerksam gewesen und hat sich auch sehr um beide gekümmert. (…) Und sie ist eine sehr großzügige Frau den Kindern gegenüber, (…). Also, sie hat das letzte Hemd weggegeben. Also, das muss man sagen.“ (S4, 1)

„(…) dass ich sie sehr anerkenne, weil sie ihren Beruf so gut meistert, jetzt, und weil sie zu ihrem doch recht schwierigen Mann steht und weil sie auch eine manchmal, allerdings für mich fast zu große, soziale Ader hat. Das sind aber alles Dinge, die ich an ihr sehr schätze und ich schätze auch ihre Offenheit.“ (S44, 1)

„Ich schätze auch ihre Zielstrebigkeit, ihren Ehrgeiz. Manchmal auch ihre offene Art, aber wie gesagt, die muss man mögen. Ich mag sie schon sehr gerne.“ (S42, 1)

„Mit der Schwester hab ich keinen Streit. **Selten**. (…) Eben weil Sie immer die Gütigere war. Früher schon. Aber als ich dann erwachsen war und so, habe ich dann auch anders gedacht.“ (S24, 2)

„Also ich schätze an meiner Schwester, die ist immer gut drauf. Die ist immer gleich, wenn ich mit ihr rede. Es gibt ja Menschen, die haben so einen Altersstarrsinn oder so. Das ist die nicht. Und die redet immer gut von ihren Kindern. Die ist eigentlich immer gut gelaunt.“ (S14, 2)

5.2.5 Methodische Bearbeitung der Codierungen

Im Sinne einer Inter-Coder-Reliabilität kontrollierte eine zweite Codiererin nach Abschluss der Zuordnung alle Codierungen. Mangelnde Übereinstimmungen wurden überprüft, diskutiert und gegebenenfalls neu zugeordnet oder bei fehlender Übereinstimmung weggelassen.

Anschließend erfolgte eine kontrastierende Kategorien- bzw. Fallanalyse entsprechend einer Themenanalyse nach Kuckartz (1996), indem die einzelnen Merkmale, ihre Ausprägung und Inhalte für jede Teilnehmerin und jedes Paar verglichen wurden.

5.2.6 Bildung übergeordneter Werte

Eine vergleichende Gegenüberstellung der einzelnen Interviewaussagen der Teilnehmerinnen und eine daraus resultierende Herausbildung von Beziehungsmustern ermöglicht eine bessere Vergleichbarkeit der Ergebnisse. Diese sollte durch die Bildung übergeordneter Werte erreicht werden: Nachfolgend wird die Zusammenfassung zu Kategoriengesamtwerten erläutert. Der nächste Schritt zeigt, wie aus den einzelnen Gesamtwerten der Kategorien bzw. Merkmalen positiver und negativer Valenz jeweils ein übergeordneter Valenz-Wert entsteht.

(1) Kategoriengesamtwert

Sowohl die Nennungshäufigkeiten als auch die Gewichtigkeit der jeweiligen Aussage beeinflussen, welche Einstufung der Kategoriengesamtwert erhält. Beispielsweise bekamen besonders bedeutsam erscheinende Codierungen, wie überdauernde Erbstreitigkeiten bei „Konflikt" ein stärkeres Gewicht.

Eine Berücksichtigung der zeitlichen Zuordnung erfolgt bei abweichenden Werten. Es ergibt sich ein zweiter Kategorienwert für die Merkmalsausprägung einer Person, wenn diese in ihrer Qualität in verschiedenen Lebensabschnitten sehr unterschiedlich beschrieben werden (z.B. berichtet Paar 33 von einem langjährigen Beziehungsabbruch, beschreibt zum Zeitpunkt des Interviews jedoch eine positiv gewertete Beziehung). Entsprechend der Skalierung liegen im Anschluss Aussagen von „sehr zutreffend" bzw. „sehr ausgeprägt" bis zu einer niedrigen Einstufung bzw. „geringen Ausprägung" vor.

Eine fünfte, „sehr niedrige" Abstufung wird für die Bildung der Gesamtwerte hinzugezogen. Sie drückt eine fehlende bzw. kaum vorhandene Zuordnung zu dieser Kategorie aus.

(2) Übergeordnete Werte positiver und negativer Valenz

Für die gesamten Kategorieneinstufungen positiver Valenz einerseits und negativer Valenz andererseits wird im nächsten Schritt jeweils ein **übergeordneter Gesamtwert** je Versuchsperson gebildet.

Der Wert, der die gesamten **Kategorien mit positiver Valenz** zusammenfasst, richtet sich nach der Ausprägung der Merkmale „Hilfe", „Gemeinsamkeit" und „Nähe". Dagegen blieben „Wertschätzung" und „Identifikation" unspezifisch. In vielen Interviews konnte hier keine Zuordnung vorgenommen werden. Abgestuft trifft dieses auch auf die Kategorie „Familiensolidarität" zu. Da sich eine gewisse inhaltliche Ähnlichkeit von Zuordnungen der Kategorie „Vertrauen" zu den

Merkmalen „Hilfe“ und „Nähe“ im Rahmen der Kategorienanalyse abzeichnet, wird diese nur bedingt in die Einstufung einbezogen. Hohe Werte der Merkmale „Familiensolidarität“, „Identifikation“ und „Vertrauen“ können jedoch einen einzelnen niedrigeren Wert der erstgenannten Kategorien ausgleichen. Das Merkmal „Wertschätzung“ wird nicht in die Wertung einbezogen, da hier unter anderem sehr allgemeine, höfliche Äußerungen enthalten sind, die für die eigentliche Beziehungsqualität irrelevant erscheinen. Außerdem machen nur wenige Probandinnen Aussagen, die diesem Merkmal zuzuordnen sind.

Eine Analyse der **Kategorien negativer Valenz** ist deutlich schwieriger. So zeigt sich bei einer Gegenüberstellung der Kategorien nur bedingt ein Zusammenfallen einzelner Merkmale. Entsprechend werden mit einer Ausnahme alle Merkmalsausprägungen negativer Valenz in die Bewertung einbezogen und eine Zuordnung wird an der Anzahl hoher Gesamtwerte in den einzelnen Kategorien festgemacht.

Das Merkmal „Abhängigkeit“ wird nicht mitgewertet, da die Teilnehmerinnen mehrheitlich hierzu keine Aussage machen. Lediglich das Vorhandensein hoher Werte, jedoch nicht ihr Fehlen scheint für die Qualität der Beziehung von Bedeutung zu sein. Es erfolgt keine Berücksichtigung der Merkmale einer „starren Rollenzuschreibung“ und „elterlicher Ungleichbehandlung“. Sie gehören nicht den Kategorien mit negativer Valenz an, da sie nicht originär der Geschwisterbeziehung entstammen, sondern äußere beeinflussende Faktoren darstellen. Der Einfluss des Elternverhaltens und einer Ungleichbehandlung werden gesondert betrachtet.

Es ist anzunehmen, dass die geringe einheitliche Verteilung der negativen Skalierungen aus der höheren Anzahl an Kategorien mit negativer Valenz resultiert. Eine Reduzierung bzw. Zusammenfassung analog der Zahl positiver Kategorien war jedoch inhaltlich nicht möglich.

Die übergeordneten Werte, die jeweils aus den Kategorien entsprechend ihrer Valenz gebildet werden, ermöglichen es, Beziehungsmuster der Schwesternbeziehung aufzuzeigen. Welche verschiedenen Muster in dieser Studie abzugrenzen sind, zeigt Kapitel 6.1.

5.3 Grundfragen an die Untersuchung

Die Hauptfrage der vorliegenden Untersuchung lautet: **Lassen sich typische Beziehungsmuster bei Geschwistern dieser Stichprobe erkennen?**

Neben diesem übergeordneten Forschungsanliegen ergeben sich die folgenden differenzierteren Fragestellungen:

(1) Welche Inhalte benennen die Teilnehmerinnen hinsichtlich ihrer Konflikte und der Besonderheit ihrer Bindung?

(2) Wie erinnern sich die Schwestern an das Elternverhalten?

(3) Stimmen die Schwesternpaare in ihrer Beziehungswahrnehmung überein?

Welche geschwisterlichen Beziehungsmuster lassen sich erkennen?

Anhand der Ergebnisse der qualitativen Inhaltsanalyse wird der Hauptfrage nachgegangen, ob und wenn ja, welche geschwisterlichen Beziehungsmuster sich in dieser Studie herausbilden lassen.

Zu (1): Welche Inhalte benennen die Teilnehmerinnen?

Die Frage, wie die Schwestern ihre Beziehung inhaltlich darstellen, wird bezogen auf zwei wichtige Themenschwerpunkte eingehender betrachtet: der Besonderheit der Geschwisterbeziehung und den geschwisterlichen Konflikten. Dabei steht die Wahrnehmung der Teilnehmerinnen im Mittelpunkt. Ihre Inhalte und Einschätzungen sind ausdrücklich gefragt.

- **Besonderheit der Beziehung**

Die Frage nach der Besonderheit der Geschwisterbeziehung wird als die Forschungsfrage überhaupt angesehen. An dieser Stelle steht die Perspektive und Meinung der Teilnehmerinnen im Vordergrund.

- **Geschwisterliche Konflikte**

Die Frage nach den Konfliktinhalten wird anhand der Aussagen der Schwestern beantwortet. Die unterschiedlichen Inhalte werden ausgewertet, paarweise verglichen und Schwerpunkte herausgearbeitet. Auslöser bzw. Themen so genannter „schlimmster Konflikte" werden dargestellt. Außerdem interessiert, wie länger anhaltende Beziehungsabbrüche erlebt werden und ob einheitliche Auslöser zu erkennen sind.

Zu (2): Wie erinnern sich die Geschwister an das Elternverhalten?

Anhand der inhaltsanalytischen Auswertung der Interviewfragen zur elterlichen Ungleichbehandlung einerseits und einem standardisierten Fragebogen zum erinnerten Elternverhalten (FEE) andererseits, wird betrachtet, wie sich die Geschwister an das Elternverhalten erinnern.

Inwieweit spielt eine elterliche Ungleichbehandlung auch noch für die Geschwister dieser Studie eine Rolle? Aussagen zum Ausmaß elterlicher Ungleichbehandlung und der Fragebogen zum erinnerten elterlichen Erziehungsverhalten werden mit den Ergebnissen zur Valenz der Beziehung verglichen. Es wird vermutet, dass Geschwister, die von einer großen elterlichen Ungleichbehandlung berichten, verstärkt negative Beziehungsmerkmale beschreiben.

Mit dem FEE, dem Fragebogen zum erinnerten elterlichen Erziehungsverhalten (vgl. Kapitel 5.1.1.2) wird, wie bereits dargestellt, ergänzend retrospektiv das Verhalten der Eltern, wie es in der Kindheit erlebt wurde, erfragt. Ein Vergleich der

Aussagen eines Paares ermöglicht es, Übereinstimmungen und Differenzen festzustellen. Eine stark unterschiedliche Sichtweise der Schwestern wird als Hinweis auf ein unterschiedliches Elternverhalten gegenüber den Schwestern gedeutet.

Durch einen Vergleich der Ergebnisse aus dem FEE und der qualitativen Auswertung wird der Frage nachgegangen, inwieweit sich ein strenges und strafendes Elternverhalten auf die Beziehungsqualität auswirkt.

Zu (3): Stimmen die Schwesternpaare in ihrer Beziehungswahrnehmung überein?

Hierzu werden einerseits die Interviewaussagen der Schwestern eines Paares miteinander, das heißt die Ergebnisse der inhaltsanalytischen Auswertung verglichen.

Andererseits wird mit Hilfe des Gießen-Tests (Beckmann et al., 1991) das eigene Selbstbild der Teilnehmerin dem von der Schwester erstellten Fremdbild gegenübergestellt.

6 Ergebnisse

Die paarweise, retrospektive Befragung zur Entwicklung der Geschwisterbeziehung im Lebenslauf ermöglicht unterschiedliche Auswertungsstrategien. So kann eine Betrachtung auf der Ebene der Einzelperson, der Paare oder der Gesamtstichprobe erfolgen. Außerdem können Untergruppen nach Beziehungsarten oder besonderen interessierenden Merkmalen, beispielsweise der Geschwisterposition oder dem Familienstand gebildet werden.

Den vier Hauptfragestellungen dieser Studie entsprechend gliedert sich der Ergebnisteil in folgende Abschnitte: Im ersten Kapitel 6.1 werden die codierten Aussagen der Einzelpersonen hinsichtlich übereinstimmender Beziehungsmuster dargestellt. Hierzu werden zunächst die absoluten Codierungshäufigkeiten abgebildet, gefolgt von Kategoriengesamtwerten und zuletzt einer Gegenüberstellung der Gesamtergebnisse. Außerdem werden – so weit möglich – besondere Merkmale der Muster herausgearbeitet. Das zweite Kapitel 6.2 konzentriert sich auf die ausführliche Vorstellung zweier bedeutsamer Themenschwerpunkte in der Geschwisterbeziehung: den Aussagen zur Besonderheit der Beziehung und dem Konflikterleben. Im anschließenden Kapitel 6.3 wird das erinnerte Elternverhalten abgebildet. Kapitel 6.4 widmet sich den paarweisen Übereinstimmungen und Differenzen, das heißt dem dyadischen Erleben. Abschließend werden die verschiedenen Ergebnisse in ihrem Zusammenhang betrachtet.

6.1 Welche Beziehungsmuster zeigen die Teilnehmerinnen?

Die Frage nach den geschwisterlichen Beziehungsmustern wird mit Hilfe der Aussagen der Teilnehmerinnen und der inhaltsanalytischen Ergebnisse beantwortet.

Bevor Gemeinsamkeiten und Übereinstimmungen der Beziehung und daraus resultierend Muster bzw. Typen gebildet werden konnten, war eine qualitative Analyse des gewonnenen Materials, das heißt, eine Betrachtung der skalierten Codierungen in Form einer Fallanalyse erforderlich. Hierzu wurden die inhaltlichen Ergebnisse aller Kategorien und Teilnehmerinnen jeweils einzeln und dann paarweise zusammengefasst, nach gemeinsamen Themen sortiert und verglichen. Das hier gewonnene Material unterstützte die Bildung der Kategoriengesamtwerte. Anschließend erfolgte eine Typenbildung (vgl. Kelle & Kluge, 1999), wobei im Hinblick auf die Schwestern künftig der Begriff der Beziehungsmuster anstelle von Typen verwendet wird.

Das Ziel dieser Erhebung ist es, Beziehungsmuster mit einer größtmöglichen internen Übereinstimmung zu bilden, die sich durch eine größtmögliche externe Abgrenzung bzw. Varianz zu den anderen Beziehungsformen auszeichnen (vgl. ebenda S. 83).

Hierfür werden zunächst die Kategoriengesamtwerte dargestellt (vgl. Kapitel 5.2.6). Es folgt eine detaillierte Präsentation der inhaltlichen Kategorien entsprechend ihrer positiven, (verbindenden, bejahenden) oder negativen (trennenden oder konflikthaften) Bedeutung (nachfolgend als Valenz bezeichnet) und der Häufigkeit ihrer Codierung und Kategoriengesamtwerte. Der vierte Abschnitt stellt die übergeordnete Ausprägung der positiven und negativen Beziehungsvalenz der Teilnehmerinnen dar.

Anhand der zuvor dokumentierten übergeordneten Valenzausprägungen werden abschließend unterschiedliche Beziehungsmuster gebildet, sowie deren paarweise Übereinstimmungen und Abweichungen aufgezeigt. Es folgt jeweils ein Vergleich mit bestehenden Typologien der Geschwisterbeziehung.

Die oben dargestellte Vorgehensweise sollte durch eine quantitative Auswertung ergänzt werden. Die mit Hilfe des Auswertungsprogramms MAX QDA2 gewonnenen Ergebnisse wurden in SPSS exportiert und analysiert. Dabei blieben quantitative Auswertungsansätze, wie eine durchgeführte Faktorenanalyse als auch eine Clusteranalyse ohne den gewünschten Erkenntnisgewinn. Unterschiede und Gemeinsamkeiten ließen sich nicht herausarbeiten.

Die ausschließliche Nutzung von Nennungshäufigkeiten, die auf den ersten Blick plausibel erscheint, konnte nicht für die Analyse herangezogen werden. Ihre Bedeutung musste beispielsweise hinsichtlich der jeweiligen Skalierungsstufe als auch der Wiederholungen des gleichen Themas differenziert werden, weswegen auf die oben dargestellte und unter Kapitel 5.2.5 ausführlich beschriebene Bildung von Kategoriengesamtwerten zurückgegriffen wurde.

6.1.1 Gesamtüberblick

Wie die Aussagen der Teilnehmerinnen sich innerhalb der Gesamtstichprobe auf die einzelnen inhaltlichen Kategorien verteilen, zeigen die folgenden Kapitel. Nach Abschluss der Interviews lagen 5.046 inhaltliche Codierungen zur weiteren Analyse vor (zeitliche Codierungen nicht mitgezählt).

Unter Berücksichtigung der Häufigkeiten und der Bedeutung der einzelnen Nennung wurde für jede Person und jede Kategorie ein Gesamtwert gebildet (vgl. Kapitel 5.2.6). Betrachtet man die Kategoriengesamtwerte in der nachfolgenden Tabelle, so wird deutlich, dass für die positiven Merkmale, wie Nähe und Hilfe häufiger „hoch" ausgeprägte Werte vorliegen als niedrige. Für die negativen Kategoriengesamtwerte, etwa bei Unterschieden und Vergleichen zeigt sich genau die entgegengesetzte Tendenz.

Tabelle 4: Kategoriengesamtwerte

Kategorien-gesamtwerte Gesamt (n = 94)	Sehr hohe Ausprägung %	Hohe Ausprägung %	Mittlere Ausprägung %	Niedrige Ausprägung %	Sehr niedrige Ausprägung %
Hilfe	22,3	46,8	19,1 (4,3)	11,7	(4,3)
Nähe	20,2 (2,1)	45,7	21,3 (1,1)	9,6	3,2 (4,3)
Gemeinsamkeit	11,7	38,3	9,1	20,2	10,6
Familiensolidarität	11,7	35,1	11,7	6,4	35,1
Vertrauen	10,6	33 (2,1)	36,2	10,6	9,6 (4,3)
Identifikation	4,3	16	20,2	21,3	38,3
Konflikt	12,8 (6,4)	31,9 (9,6)	13,8 (3,2)	25,5 (2,1)	16
Distanz	11,7 (8,5)	11,7 (9,6)	18 (10,6)	20,2 (1,1)	38,3
Kritik	9,6	30,9 (3,2)	21,3	23,4	14,9
Vergleich	9,6 (1,1)	22,3 (4,3)	21,3 (4,3)	21,3	25,5
Abgrenzung	9,6 (2,2)	35,1 (3,2)	21,3 (5,3)	11,7 (2,1)	22,3
Unterschied	6,4 (1,1)	27,7 (6,4)	18,1 (6,4)	21,3	26,6
Negative Hilfe	4,3 (2,1)	14,9	10,6 (1,1)	19,1(2,1)	51,1
Abhängigkeit	4,3 (3,2)	1,1	5,3 (1,1)	4,3	85,1
Rollenzuschreibung	17 (1,1)	37,2 (1,1)	28,7	16	1,1 (4,3)
Ungleichbehandlung	11,7	40,4	20,2	23,4	4,3

Anmerkung: Zeitlich befristete Einstufungen (zum Zeitpunkt des Interviews nicht aktuell) stehen in Klammern.

Die Kategorien werden nachfolgend entsprechend ihrer positiven und negativen Valenz detailliert dargestellt.

6.1.2 Verteilung der Kategorien mit positiver Valenz

Wie häufig die Teilnehmerinnen Aussagen zu den jeweiligen Themen bzw. Kategorien positiver Valenz machten, verdeutlicht Abbildung 2.

So ist in dieser Darstellung ein Zusammenfallen der Merkmale „Nähe", „Gemeinsamkeit" und „Hilfe" deutlich zu erkennen. Dieses bestätigen die Ergebnisse der vergleichenden Fallanalyse. Die genannten Kategorien weisen in der Gegenüberstellung mit „Identifikation", „Vertrauen" und „Familiensolidarität" auch die meisten Codierungen auf.

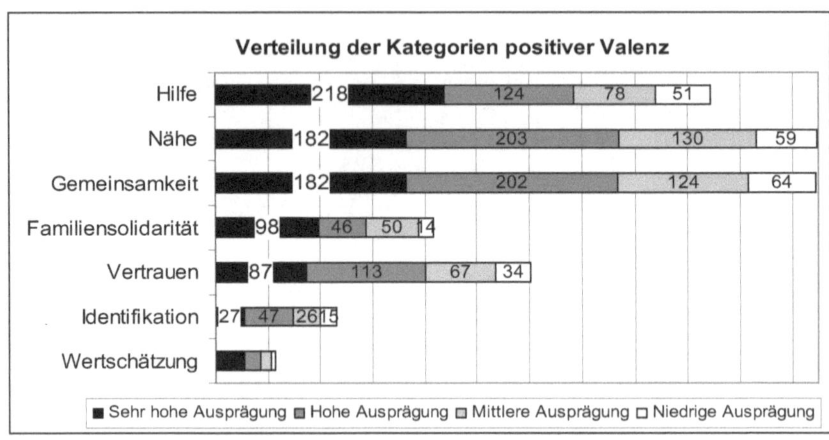

Abbildung 2: Verteilung der Kategorien positiver Valenz

Die zeitliche Zuordnung der einzelnen Aussagen entfällt überwiegend auf das Erwachsenenalter. Lediglich in der Kategorie „Identifikation" machen die Teilnehmerinnen Angaben, die häufiger die Kindheit und weniger andere Zeitabschnitte betreffen. Die meisten Zuordnungen zur Kindheit liegen für die Kategorie „Gemeinsamkeit" (165 Codierungen), gefolgt von „Vertrauen" (100 Codierungen) vor; wenngleich sich die Aussagen Nennungen deutlich häufiger auf das Erwachsenenalter beziehen. Diese Tendenz wird noch offensichtlicher, wenn die Aussagen zur Gegenwart mitgerechnet werden. Für „Nähe", „Hilfe" und „Familiensolidarität" werden hauptsächlich Aussagen zum Erwachsenenalter und am zweit häufigsten Antworten zugeordnet, die sich auf die Gegenwart beziehen.

Werden die einzelnen Kategoriengesamtwerte positiver Valenz betrachtet (vgl. Tabelle 4), sind besonders die sehr hohen bis hohen Gesamtwerte hervorzuheben, die auf die Merkmale „Hilfe" (69 Prozent der Probandinnen), „Nähe" (66 Prozent) und etwas abgestuft „Gemeinsamkeit" (50 Prozent) entfallen. Im Hinblick auf die niedrigen bis sehr niedrigen Gesamtwerte sind die wenigen Zuordnungen von „Hilfe" bei 12 Prozent der Teilnehmerinnen und Nähe bei 13 Prozent bemerkenswert. Im Gegensatz dazu wird als einziges Merkmal „Identifikation" nur von 57 Prozent der Schwestern nicht oder sehr gering ausgeprägt beschrieben.

Zusammenfassend lässt sich feststellen, dass die hohen Ausprägungen der Kategorien mit positiver Valenz überwiegen.

6.1.3 Verteilung der einzelnen Kategorien mit negativer Valenz

Die Kategorien mit negativer Valenz wurden analog ausgewertet. Wie häufig die einzelnen Merkmale und ihre jeweiligen Skalierungen von den Teilnehmerinnen genannt wurden, veranschaulicht Abbildung 3.

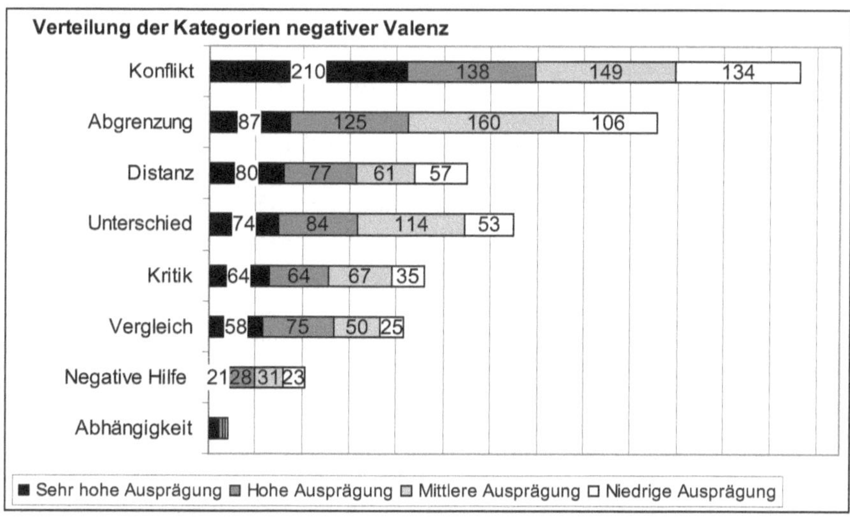

Abbildung 3: Verteilung der Kategorien negativer Valenz

Bei der Betrachtung der Codierungshäufigkeiten fallen besonders die zahlreichen sehr hohen Konfliktcodierungen auf. Das heißt, es werden mehr als doppelt so häufig sehr konfliktreiche Aussagen gemacht, als bei den zweithäufigsten Merkmalen „Abgrenzung“ und „Distanz“. Durch eine geringe Zahl zugeordneter Aussagen aller Skalierungsabstufungen fallen die Merkmale „Abhängigkeit“ aber auch „unausgeglichene Unterstützung, bzw. Unzufriedenheit mit der gegenseitigen Hilfe“ (nachfolgend vereinfachend als „negative Hilfe“ bezeichnet) auf.

Besonders bei den Merkmalen negativer Valenz beschreiben einige Teilnehmerinnen unterschiedliche Ausprägungen für die jeweiligen Zeitabschnitte ihrer Schwesternbeziehung: Bezüglich der Kategorien „Konflikt“, „Distanz“, „Abgrenzung“ und „Vergleich“ sind die zeitlichen Veränderungen der Ausprägung bemerkenswert. Am häufigsten wird eine Veränderung der Beziehungsqualität bei den Merkmalen „Konflikt“ und „Distanz“, mit deutlicher Abstufung gefolgt von „Abgrenzung“ und „Vergleich“ beschrieben. Bezogen auf Konflikte beziehen sich diese Veränderungen beispielsweise auf den Übergang von der Kindheit zum Erwachsenenalter, wenn nach dem Verlassen des Elternhauses eine Abnahme der Auseinandersetzungen erlebt wird oder wenn durch das Erbe neue Spannungen zwischen den Geschwistern entstehen (vgl. Kapitel 2.2.2.6, Kapitel 6.3.2).

Betrachtet man die Kategoriengesamtwerte (vgl. Tabelle 4), fallen die häufigen sehr hohen und hohen Zuordnungen der Merkmale „Konflikt", „Abgrenzung" und „Kritik" auf (jeweils 45 bis 40 Prozent der Probandinnen). Die Kategorien „Kritik" und „Unterschied" stehen an zweiter Stelle (32 bis 34 Prozent der Probandinnen), gefolgt von Distanz (23 Prozent) und negativer Hilfe (19 Prozent). Bemerkenswert ist dagegen die seltene Zuordnung von „Abhängigkeit", die nur bei 5,4 Prozent der Frauen vorliegt.

Rücken die niedrigen oder sehr niedrigen Kategoriengesamtwerte stattdessen in den Fokus, heben sich sehr deutlich die Merkmale „Abhängigkeit" und „negative Hilfe" (89 und 70 Prozent) durch ihre zahlreichen Zuordnungen ab (zur Erinnerung: Sehr niedrige Gesamtwerte drücken fehlende Nennungen aus). Auch hinsichtlich der Distanzgesamtwerte erreichen immerhin 58,5 Prozent der Frauen, eine solche Einstufung und machen geringe oder keine distanzierenden Aussagen.

Zusammenfassend ist festzuhalten, dass bei den Kategorien mit negativer Valenz die niedrigen Ausprägungen deutlich überwiegen, wenngleich bei einzelnen Merkmalen (Konflikt, Kritik, Abgrenzung) häufig auch höhere Gesamtwerte, beispielsweise ausgeprägte kritische Äußerungen vorliegen.

6.1.4 Übergeordnete Valenz der Beziehung

Aus der Verteilung der Kategoriengesamtwerte ergibt sich für jede Probandin jeweils ein zusammenfassender Wert der Merkmale positiver und negativer Valenz. Diese übergeordneten und abgestuften Valenzwerte bilden die Basis für die Abgrenzung von Beziehungsmustern, wie die folgenden Kapiteln zeigen. Welche Kombinationen der zusammengefassten Kategorienausprägung positiver und negativer Gewichtung gleichzeitig bei den Teilnehmerinnen vorliegen und wie häufig sie vorkommen, zeigt Tabelle 5 (zur Bildung der Werte vgl. Kapitel 5.2.6).

Tabelle 5: Übergeordnete Kategorienausprägung

Übergeordnete Kategorienausprägung Gesamtstichprobe (n = 94)	sehr niedrige negative Valenz %	niedrige negative Valenz %	mittlere negative Valenz %	hohe negative Valenz %	sehr hohe negative Valenz %
sehr hohe positive Valenz	5,3	6,4	5,32	4,3	1,1
hohe positive Valenz	4,3	9,6 (1,1)	16 (1,1)	6,4	2,1 (1,1)
mittlere positive Valenz	1,1	4,3	7,5 (1,1)	10,6	3,2
niedrige positive Valenz	0	1,1	0	4,3 (1,1)	5,3
sehr niedrige positive Valenz	0	0	0	0	2,1 (4,3)

Anmerkung: In Klammern stehen zeitlich begrenzte Einstufungen, die zum Zeitpunkt der Befragung nicht mehr aktuell waren.

Betrachtet man die oben abgebildete Verteilung, fällt auf, dass die Einstufungen hoher und sehr hoher positiver Valenz (vgl. Zeile eins und zwei), deutlich überwiegen (60,6 Prozent). Nur 26,6 Prozent weisen eine mittlere und 10,6 Prozent eine niedrige Skalierung auf. Eine sehr niedrige Gesamtskalierung erreichen nur einzelne Teilnehmerinnen, davon bezieht sich die Zuordnung (Angabe in Klammern) zum Teil auf einen überwundenen Beziehungsabbruch.

Die Zuordnungen zur negativen Valenz entfallen überwiegend auf eine mittlere Einstufung (27 Personen). Hinsichtlich eines Ausschlags in eine hohe oder niedrige negative Ausrichtung dominieren leicht die hohen im Verhältnis zu den niedrigen Einstufungen. Eine Gegenüberstellung der übergeordneten Beziehungsvalenzvalenz der älteren und jüngeren Schwestern eines Paares zeigte, dass die Geschwister ungeachtet ihres Geburtsrangs in ihrer übergeordneten Ausrichtung in der Regel übereinstimmen. Lediglich bei den niedrigen zu den sehr niedrigen Ausprägungen negativer Valenz gibt es geringe Abweichungen. Aufgrund der geringfügigen Unterschiede zwischen der Beziehungsvalenz jüngerer und älterer Schwestern eines Paares wird in der anschließenden Darstellung der Beziehungsmuster auf diese Differenzierung verzichtet.

Nachdem zunächst ein Überblick über die Kategorien gegeben wurde, zeigen die nächsten Kapitel, welche Beziehungsmuster daraus resultieren.

6.1.5 Beziehungsmuster: überwiegend positive Darstellung

Eine Beziehung mit überwiegend verbindender, bejahender Darstellung, in der hohe bis sehr hohe Merkmalausprägungen mit positiver Valenz und niedrige bis sehr niedrige Gewichtungen trennender, konflikthafter Aussagen bestehen, liegt bei 25 Schwestern vor.

Davon erreicht eine Person diese nur vor dem derzeitigen Beziehungsabbruch (in Klammern). 11 Frauen beschreiben eine sehr enge und verbundene Beziehung. Sie machen größtenteils keine bzw. leicht negativ getönte Aussagen. Die 14 weiteren Schwestern benennen ebenfalls eine ausgeprägt bejahende und nahe Beziehung, jedoch mit einer leichten Abstufung bei den negativ gestuften Aussagen.

Tabelle 6 zeigt das Zusammenfallen der übergeordneten positiv und negativ tendierenden Merkmalsausprägungen.

Tabelle 6: Valenzausprägung bei positiver Darstellung

Übergeordnete Kategorienausprägung überwiegend positive Darstellung Gesamt (n = 25)	sehr niedrige negative Valenz f	niedrige negative Valenz f
sehr hohe positive Valenz	5	6
hohe positive Valenz	4	9 (1 zeitweise)

Insgesamt erscheinen die zugeordneten Schwestern sehr eng bis eng verbunden, was die eine betrifft, ist auch der anderen wichtig. Nicht selten wird sie als engste Bezugsperson, beste Freundin und abgestuft als eine gute Freundin bezeichnet. Sowohl „Nähe" und „Hilfe" als auch „Gemeinsamkeiten" sind hier sehr hoch bis hoch skaliert. Nur vereinzelt bestehen Ausnahmen, die durch hohe Skalierungen in anderen Kategorien mit positiver Valenz ausgeglichen werden.

Tabelle 7 verdeutlicht die Häufigkeit der jeweiligen Kategorienausprägung innerhalb dieser Gruppe. In Klammern stehen wiederum die zeitlich begrenzten Zuordnungen. Für die Einstufung der übergeordneten positiven Valenz waren, wie bereits beschrieben, die Ausprägungen der Kategorien „Nähe", „Hilfe" und „Gemeinsamkeit" ausschlaggebend.

Tabelle 7: Kategorien des positiven Beziehungsmusters

Kategoriengesamtwerte positives Muster, Gesamt (n =25)	Sehr hohe f	Hohe f	Mittlere f	Niedrige f	Sehr niedrige Ausprägung f
Hilfe	11	12	1(1)	0	0
Nähe	9	15 (1)	0	0	0
Gemeinsamkeit	7 (1)	14	3	0	0
Familiensolidarität	8	11	1	2	3
Identifikation	2	7	4	3	9
Vertrauen	5	12 (1)	5	1	1
Konflikt	(2)	(3)	1 (3)	12 (2)	11
Kritik	0	2 (1)	4	12	6
Vergleich	(1)	(2)	2 (4)	9	13
Unterschied	0	4 (3)	2 (4)	9	9
Abgrenzung	0	(1)	8 (3)	8	8 (1)
Distanz	(2)	(4)	1 (5)	8	15 (1)
Negative Hilfe	(2)	1	(1)	6	1

Die wenigen Aussagen mit negativer Valenz sind niedrig bis maximal mittel gewichtet und haben anscheinend keinen bleibenden Einfluss auf die Beziehung. Beispielsweise liegen mit einer Ausnahme ausschließlich niedrig skalierte oder keine Aussagen zu Konflikten vor. Lediglich vereinzelt werden überwundene Auseinandersetzungen aus der Vergangenheit benannt.

Stellt man sich nun die Frage, inwieweit die hier zugeordneten Frauen und ihre Schwestern ihre Beziehung ähnlich oder unterschiedlich bewerten, so ist überwiegend eine große Übereinstimmung zu erkennen: Drei Paare zeigen eine gleichartige übergeordnete Valenz und die anderen nur eine leichte Abweichung in der Einschätzung ihrer Beziehung. Lediglich ein Paar (die Schwester wurde dem ambivalenten Muster zugeordnet) unterscheidet sich bei der übergeordneten negativen Valenz um zwei Stufen, wobei die positive Einstufung gleich bewertet wird.

Vergleicht man das vorliegende Beziehungsmuster mit bestehenden Typologien, so weisen 11 Probandinnen (sehr hohe positive und niedrige bis sehr niedrige negative Valenz) Übereinstimmungen mit der Typologie nach Gold (1989b) auf. Sie können der dort beschriebenen **"intimate"** (ebenda, S. 42), **engen Geschwisterbeziehung** zugeordnet werden: Hier werden Geschwister benannt, die sich als engste Freunde und wichtigste Bezugspersonen bezeichnen. In den Interviews dieser Studie entsprechen dem Aussagen oder Einschätzungen wie:

> Die Beziehung „ist bestens“ (S2, 2), „kann nicht besser sein“ (S2, 1), ist „immer nah“ (S3, 2).
> Ein Dasein ohne Schwester erscheint „amputiert“ (S7, 2).
> „Ich mag meine Schwester und ich liebe sie.“ (S21, 2)
> Die Schwester wird als Bezugsperson vor der Mutter gesehen. (S24, 2)
> Die Akzeptanz der engen Schwesternbeziehung ist eine Voraussetzung für die Wahl des Ehemanns. (S40, 2)
> Eine große Zärtlichkeit und Vertrautheit zur Schwester wird beschrieben. (S40, 1)
> „Wir sind uns verwachsen.“ (S1, 1)

Die Teilnehmerinnen beschreiben eine sehr ausgeprägte gegenseitige Hilfe und viele bis sehr viele Gemeinsamkeiten. Die Hilfe kann in kritischen Lebensphasen zum Beispiel stündliche Anrufe, finanzielle Hilfe und Unterkunft beinhalten. Sie umfasst auch weitere Familienmitglieder. So besteht, bis auf eine Ausnahme, eine ausgeprägte Familiensolidarität. Beispielsweise werden auch Brüder, Enkel, Eltern, Stiefeltern, Neffen oder Cousinen unterstützt. Meist werden regelmäßige Familientreffen durchgeführt. Die Schwestern sehen sich in der Regel täglich bis wöchentlich und telefonieren häufig. Die enge Bindung wird auch bei größeren Entfernungen aufrechterhalten, so lebte eine Teilnehmerin über Jahre im außereuropäischen Ausland. Die Geschwisterbeziehung gehört zu den wichtigsten Beziehungen im Leben.

Der **sympathisch-angenehme Beziehungstyp** nach Gold (1989b) weist Übereinstimmungen mit den überwiegend hohen positiven und niedrigen bis sehr niedrigen negativen Merkmalausprägungen auf, zu denen 14 Teilnehmerinnen gehören. Im Gegensatz zum zuvor genanten Beziehungstyp sind die verbindenden Merkmale hier etwas abgeschwächt: Zwischen den Geschwistern besteht eine gute Freundschaft. Sie bezeichnen sich jedoch nicht als beste Freunde. In den gewärtigen Interviews entsprechen dem Einschätzungen wie:

> „Meine Schwester ist sicherlich eine Freundin von mir.“ (S12, 2)
> Sie wird beispielsweise als wichtig (S46, 2), selbstverständlich der Familie zugehörend (S11, 2) und Kompensation für den Partner (S24, 1) bezeichnet.

Die Teilnehmerinnen beschreiben aber auch weniger nahe Phasen, etwa während der Familiengründung oder durch schwierige Partner. Nähe und Vertrautheit sind vorhanden, ebenso wie Hilfe und Unterstützung auf Anfrage gegeben werden.

Eine Kontrastierung dieser beiden Typen, die von Gold berichtet werden, erscheint bei den vorliegenden Ergebnissen nicht zutreffend: So sind im Gegensatz zu ihrer Darstellung in beiden Gruppen sowohl Schwestern mit sehr hoher als auch hoher Hilfe und Nähe zu finden. Die Übergänge erscheinen fließend und wenig abgrenzbar. Neben der Typologie von Gold (1989b) bestehen auch Ähnlichkeiten zum unterstützenden (supportive) Beziehungsmuster nach Stewart et al. (2001), die für alle positiven Aspekte hohe Werte und für alle negativen Faktoren niedrige Werte beschreiben.

Resümierend zeigt sich in der vorliegenden Studie ein überwiegend positives, von Nähe und Hilfe geprägtes Beziehungsmuster, das nicht weiter differenziert wird. Es umfasst vor allem eine große emotionale Verbundenheit der Schwestern, die sich unter anderem in häufigen Kontakten und einer ausgeprägten – oft auch ungefragt gegebenen – Hilfe zeigt. Vielfältige geschwisterliche Gemeinsamkeiten, etwa gemeinsame Freizeitaktivität, Religiosität gehören in der Regel dazu. Darüber hinaus erleben die Schwestern oftmals ein ausgeprägtes geschwisterliches Vertrauen (z.B. Anvertrauen von Problemen) und eine große Familiensolidarität. Auch wenn die zugeordneten Frauen meist eine durchgehend nahe Beziehung und kaum negative Aspekte beschreiben, benennen einige auch Lebensphasen mit weniger Kontakt und Verbundenheit, in den negative Beziehungsaspekte, wie Konflikte, Kritik benannt werden (z.B. in der Kindheit oder dem jungen Erwachsenenalter).

6.1.6 Beziehungsmuster: überwiegend negative Darstellung

Eine deutlich trennende oder konflikthafte Darstellung ihrer Beziehung, das heißt viele Codierungen mit negativer und wenige mit positiver Gewichtung, beschreiben insgesamt 16 Teilnehmerinnen. Tabelle 8 zeigt das Zusammenfallen der übergeordneten positiv und negativ tendierenden Merkmalausprägungen.

Tabelle 8: Valenzausprägung bei negativer Darstellung

Übergeordnete Kategorienausprägung überwiegend negative Darstellung Gesamt (n = 16)	hohe negative Valenz f	sehr hohe negative Valenz f
niedrige positive Valenz	4 (1 zeitweise)	5
sehr niedrige positive Valenz	0	2 (4 zeitweise)

Die zugeordnete Valenz der Teilnehmerinnen verdeutlicht, dass negative Aussagen überwiegen: sei es beispielsweise, dass überdauernde oder ungelöste Konflikte (z.B.

Verteilung des elterlichen Erbes, fehlende Einladungen), eine große Distanz (z.B. Desinteresse, andere Personen sind näher/wichtiger) und Abgrenzung (z.B. Ablehnung des Kontakts, psychische Eigenheiten) oder/und Vergleiche (z.B. sozialer Status, glücklicheres Schicksal) genannt werden. Verbindende Aspekte dagegen werden nur selten angeführt. Einen Überblick über die jeweiligen Kategorieneinstufungen gibt die folgende Tabelle.

Tabelle 9: Kategorien des negativen Beziehungsmusters

Kategoriengesamtwerte negatives Muster Gesamt (n = 16)	Sehr hohe f	Hohe f	Mittlere f	Niedrige f	Sehr niedrige Ausprägung f
Familiensolidarität	0	0	5	2	9
Identifikation	0	2	3	4	7
Hilfe	0	0	5	7	4
Nähe	0	0	2	7	7
Gemeinsamkeit	0	0	1	11	4
Vertrauen	0	0	3	5	8
Konflikt	9	6	1	0	0
Kritik	5	5	3	0	3
Vergleich	3	5	5	0	3
Unterschied	4	6	1	3	2
Abgrenzung	10	4	1	1	0
Distanz	12	3	0	0	1
Negative Hilfe	2	5	3	2	4

Eine konkrete Betrachtung der Kategoriengesamtwerte zeigt, dass (mit einer Ausnahme) alle Probandinnen dieser Gruppe hohe bis sehr hohe Konflikt- und Abgrenzungswerte erreichen. In der Kategorie „Distanz" sind fast alle Personen hoch bis sehr hoch eingestuft. Ansonsten variieren die verschiedenen Merkmalausprägungen mit negativer Valenz.

Die positiven Merkmale liegen mit Ausnahme von „Identifikation" maximal bei einer mittleren Ausprägung. Besonders bei den Kategorien „Nähe" und „Gemeinsamkeit" überwiegen die niedrigen bis sehr niedrigen Einstufungen. Häufig wird etwa von fehlenden oder wenigen Treffen, seltenen Anrufen berichtet. Auch wenn aktuell kaum Gemeinsamkeiten erlebt werden, bestanden sie phasenweise etwa während der Familiengründung oder der Versorgung der Eltern.

Wird auch hier die Einschätzung der Schwestern eines Paares verglichen, zeichnet sich für die Mehrheit eine große Übereinstimmung in der Paarwahrnehmung ab:

Die Valenzeinstufung ist zumeist ähnlich (eine Abweichung der positiven oder/und negativen Valenz) oder bei drei Paaren sogar gleich. Eine unterschiedliche Wahrnehmung der Beziehungsqualität liegt dagegen bei drei Probandinnen vor (die Schwestern sind in einer anderen Gruppe). Die negative Valenz-Einstufung variiert einmal um zwei Abweichungen und ansonsten um eine, die positive einmal um drei, einmal um zwei und eine Einstufung.

Eine Besonderheit innerhalb dieses Beziehungsmusters stellen die vorhandenen Beziehungsabbrüche dar. Zwei Paare sind nur während ihres langjährigen, aktuell überwundenen Beziehungsabbruchs zuzuordnen. Für eine weitere Dyade und eine einzelne Teilnehmerin (die ohne die Schwester hier eingestuft wurde) fällt auf, dass jeweils nur eine Schwester des Paares von einem mehrjährigen überwundenen Beziehungsabbruch berichtet. Ein weiteres Schwesternpaar beschreibt einen aktuellen Beziehungsabbruch und erlebte davor eine nahe, freundschaftliche Beziehung.

Einen sehr außergewöhnlichen, in dieser Erhebung einmalig auftretenden Beziehungsverlauf benennt eine Teilnehmerin, die die vorliegende negative Einstufung nur während der Kindheit erlebt und ab dem Erwachsenalter von einer sehr nahen Beziehung mit wenigen negativen Aspekten berichtet.

Betrachtet man dieses negativ geprägte Beziehungsmuster im Vergleich zu bestehenden Typologien, ist eine Ähnlichkeit zur **feindseligen Geschwisterbindung** nach Gold (1989b) zu erkennen. Als Kennzeichen dieses Typs werden viel Ärger, Neid, Feindschaft und eine überdauernd geringe oder fehlende positive Bindung genannt. Dem entsprechen drei Paare und zwei Einzelpersonen der aktuellen Stichprobe, die eine zeitlebens wenig enge Beziehung mit vielen negativen Aspekten beschreiben (S47, 2; S16, 2; Paar: S4, S35, S26).

Folgende Interviewaussagen verdeutlichen diese Einstellung:

> „Die Beziehung war immer lose (…).“ (S35, 2); „Eine Beziehung würde ich das überhaupt nicht nennen, das ist wie eine Bekanntschaft.“ (S4, 2); „Es war immer distanziert.“ (S16, 2); „Die ist unheimlich weit weg von mir.“ (S26, 1)

Die Frauen erreichen durchgängig hohe bis sehr hohe Konflikt- und Distanzwerte. Zusätzlich zu den Kategorien negativer Valenz fällt auf, dass sechs der acht zugeordneten Personen eine hohe elterliche Ungleichbehandlung beschreiben.
Die Teilnehmerinnen äußern umfassende Konflikte, beispielsweise:

> „Sie hat sich immer geärgert. Ich bin ihr immer weg gelaufen.“ (S26, 2)
> „Nein, ich glaube Neid ist das nicht. Aber die mag mich nicht. Ich habe sie immer belogen und immer bestohlen, (…) was überhaupt nicht stimmt.“ (S26, 1)

Fortlaufender Ärger über andauernde kurzfristige Absagen (S35, 1), Unverständnis und Ärger über die Verneinung und nicht Inanspruchnahme der angebotenen Hilfe im konkreten Notfall (S47, 2) werden erlebt.

Entgegen der Darstellung von Gold (1989b) finden sich jedoch bei den Teilnehmerinnen dieser Studie auch solche, die nur zeitweise eine feindselige Beziehung beschreiben und beispielsweise vor oder nach ihrem Beziehungsabbruch (Paar S15, S14, S33) oder nach dem Verlassen des Elternhauses eine enge Beziehung (S2, 1) schildern. Sie entsprechen demnach nicht der Typisierung einer zeitlebens (überdauernd) feindseligen Beziehung.

Stewart et al. (2001) schildern in ihrer Typologie eine qualitative Veränderung der Beziehung in Abhängigkeit von den Entwicklungsphasen. Die Schwestern, die nur während ihres Beziehungsabbruchs oder der Kindheit eine negativ geprägte Beziehung erleben, weisen hinsichtlich der deutlichen Distanz und Abgrenzung Ähnlichkeiten mit dem dort beschriebenen apathischen Beziehungsmuster auf. Dieses kennzeichnen geringe positive und moderate negative Eigenschaften. Aufgrund der überwiegend umfassenden Konflikte und Kritik in der vorliegenden Arbeit, wird deutlich, dass die Schwestern einander nicht unbeteiligt gegenüber stehen, was wiederum bedeutet, dass das apathische Beziehungsmuster in diesem Punkt nicht zutrifft.

Auch das feindselige Beziehungsmuster nach Stewart et al. (2001) kann nicht herangezogen werden, da dort einige positive Faktoren, wie Akzeptanz, Kontakt und Bewunderung zugrunde gelegt werden, die hier nicht zu finden sind. Anhand der zuvor angestellten Vergleiche wird deutlich, dass zwar gewisse Überschneidungen zum bestehenden feindseligen Typ (Gold, 1989b) und apathischen Muster (Stewart et al., 2001) bestehen, jedoch auch deutliche Unterschiede vorliegen.

Zusammenfassend lassen die Resultate ein negativ geprägtes Beziehungsmuster erkennen, das einige Schwestern zeitlebens, andere hingegen nur während bestimmter Lebensphasen erleben. Es umfasst zahlreiche Konflikte, die zum Teil zu länger andauernden Beziehungsabbrüchen führen, sowie eine meist ausgeprägte Abgrenzung und/oder Distanz zur Schwester (z.B. wird die Schwester als zeitlebens nicht der Familie zugehörend beschrieben). Häufiger werden auch bedeutende Unterschiede (z.B. Einstellung, Erkrankung) und Kritik (z.B. Sparsamkeit, Unehrlichkeit) benannt. Dagegen lassen sich auffallend wenige positive Merkmale erkennen: Überwiegend werden eine geringe Nähe (z.B. seltene Treffen und kein Wunsch danach), wenig gegenseitige Hilfe (z.B. keine Bereitschaft Hilfe zu erfragen oder anzunehmen), kaum Vertrauen und Gemeinsamkeiten benannt.

6.1.7 Beziehungsmuster: deutlich negative und positive Darstellung

Eine Beziehung, die sowohl deutlich positive als auch negative Aspekte umfasst, beschreiben 14 Teilnehmerinnen. Die Probandinnen benennen, neben vielen trennenden Faktoren, wie Auseinandersetzungen, Unterschieden und Abgrenzung auch viel Verbindendes, etwa eine große emotionale Nähe und eine umfassende gegenseitige geschwisterliche Hilfe. Eine Ambivalenz der Gefühle kommt zum Ausdruck (vgl. Kapitel 2.1). Tabelle 10 verdeutlicht, wie die übergeordneten positiven und negativen Merkmalsausprägungen bei den Teilnehmerinnen zusammenfallen.

Tabelle 10: Valenzausprägung bei ambivalenter Darstellung

Übergeordnete Kategorienausprägung: Ambivalente Darstellung Gesamt (n = 14)	hohe negative Valenz f	sehr hohe negative Valenz f
Sehr hohe positive Valenz	4	1
Hohe positive Valenz	6	2 (1)

Anmerkung: Zeitlich begrenzte, nicht mehr aktuelle Einstufungen stehen in Klammern.

Werden bei diesem ambivalenten Muster die positiv gewichteten Kategorien betrachtet, fällt die von allen Frauen beschriebene große emotionale Verbundenheit bzw. Nähe und Hilfe auf. So wird die Schwester meist als wichtige Bezugsperson und Freundin angesehen. Hilfsangebote sind umfassend und beinhalten beispielsweise auch finanzielle Unterstützung oder Unterkunft. Bezogen auf die Gemeinsamkeiten (z.B. gemeinsame Urlaube, Denkart) liegen jedoch auch mittlere Werte vor (ausgeglichen durch eine hohe Skalierungen in anderen Kategorien). Die anderen positiven Merkmalausprägungen variieren dagegen sehr.

Die einzelnen negativen Kategorienausprägungen der Probandinnen sind weniger deutlich polarisiert. Außer den – bis auf eine Ausnahme – übereinstimmend ausgeprägten Konflikten ergeben sich hier unterschiedlichere Einstufungen. Die Mehrzahl der zugeordneten Personen weist hohe Wertungen für die Kategorien „Kritik“, „Vergleich“ und „Abgrenzung“ auf. Die geschwisterlichen Konflikte haben unterschiedliche Inhalte, etwa das Verhalten der anderen, ihre Dominanz und die Kindererziehung. Häufiger geht es auch um die Versorgung der Eltern und das elterliche Erbe. Die Geschwister vergleichen beispielsweise ihren Status und die Zuneigung der Eltern. Im Extremfall konkurrieren sie um den Ehemann der anderen. Kritik wird an verschiedensten Verhaltensweisen der Schwester, etwa dem Umgang mit dem Partner und Unpünktlichkeit geübt.

Die Verteilung der Kategoriengesamtwerte dieser Gruppe verdeutlicht Tabelle 11.

Tabelle 11: Kategorien des ambivalenten Beziehungsmusters

Kategoriengesamtwerte: Ambivalentes Muster, Gesamt (n = 14)	Sehr hohe f	Hohe f	Mittlere f	Niedrige f	Sehr niedrige Ausprägung f
Nähe	5	9	0	0	0
Gemeinsamkeit	1	8	5	0	0
Hilfe	6	8	0	0	0
Vertrauen	1	6	5	1	1
Familiensolidarität	0	8	0	0	6
Identifikation	2	0	3	2	7
Konflikt	4	9	1	0	0
Kritik	3	7	3	1	0
Vergleich	6	6	1	1	0
Unterschied	3	5	2	1	3
Abgrenzung	1	8	4	0	1
Distanz	0	1	1	4	8
Negative Hilfe	2	3	1	1	7

Werden auch hier die Einstufungen der Schwestern eines Paares miteinander verglichen, finden sich nur zwei Paare, die ihre Beziehung extrem unterschiedlich einschätzen (positive Abweichung um zwei bis drei Einstufungen; negative Abweichung um eine Einstufung). Die anderen schätzen sie hingegen ähnlich ein. Bei einem Paar befindet sich eine Schwester nur vor ihrem erfolgten Beziehungsabbruch in dieser Gruppe (und beschreibt die Beziehung heute als weniger nah), ihre Schwester erst wieder nach dem überwundenen Abbruch. In der Gegenwart bewerten sie die Beziehung unterschiedlich.

Unternimmt man einen Vergleich mit bestehenden Beziehungsmustern, so werden Grenzen deutlich. Für das ambivalente Bindungsmuster mit zahlreichen positiven und negativen Aspekten ist kein entsprechender Typ bei Gold (1989b) zu finden. Dagegen erscheint ein Vergleich mit der Kategorisierung von Stewart et al. (2001) zutreffender, in der ein gleichzeitiges Vorhandensein positiver und negativer Merkmale für das **konkurrierende "competitive"** (S. 316ff.) **Beziehungsmuster** dargestellt wird. Typische Kennzeichen sind sehr ausgeprägte Konflikte, aber auch eine große Wärme bzw. Nähe, gegenseitige Hilfe, Bewunderung bzw. Identifikation und häufiger bis täglicher Kontakt, sowie eine große Konkurrenz. Die Autoren beschreiben, dass dieses Beziehungsmuster häufiger im Jugendalter und bei Menschen, die in einem Haus wohnen, auftritt.

Diese Typisierung trifft nur bedingt bis mäßig für das hier gefundene Beziehungsmuster zu, da die gegenseitige Bewunderung (Identifikation) sowie tägliche Treffen nicht vorliegen und beispielsweise nur ein Paar im gleichen Haus wohnt.

Zusammenfassend ergeben die Resultate dieser Studie ein ambivalentes Beziehungsmuster, in dem viele verbindende Merkmale, wie eine ausgeprägte Nähe, häufige (aber selten tägliche) Kontakte und eine ausgeprägte gegenseitige Hilfe vorliegen. Aber auch deutlich trennende Merkmale, beispielsweise umfassende Konflikte, Vergleiche bzw. Konkurrenz und Kritik werden genannt. Die Übereinstimmungen zu bestehenden Typologien sind begrenzt. Es macht den Eindruck, dass die große emotionale Nähe der Schwestern dieses Beziehungsmusters zu einer Zunahme der Konflikte, Vergleiche und Kritik führt.

6.1.8 Beziehungsmuster: weitere Merkmalausprägungen

Die verbleibenden Probandinnen wurden bewusst keiner eigenen Gruppe zugeordnet, da die Abgrenzung zu den anderen Ausprägungen schwierig ist und Überschneidungen vorliegen. Es handelt sich um Personen, die einer überwiegend mittleren positiven und/oder negativen Kategorienausprägung zugeordnet wurden. Tabelle 12 präsentiert die Kombination der übergeordneten positiv und negativ gewichteten Merkmalsausprägungen.

Tabelle 12: Valenzausprägung (sonstige)

Übergeordnete Kategorienausprägung: Sonstige Gesamt (n = 47)	sehr niedrige negative Valenz f	niedrige negative Valenz f	mittlere negative Valenz f	hohe negative Valenz f	sehr hohe negative Valenz f
sehr hohe positive Valenz			5		
hohe positive Valenz			15 (1)		
mittlere positive Valenz	1	4	7 (1)	10	3
niedrige positive Valenz		1			
sehr niedrige positive Valenz					

Anmerkung: Zeitlich begrenzte, nicht mehr aktuelle Zuordnungen stehen in Klammern.

Die Teilnehmerinnen sind in ihren verbindenden und/oder trennenden Aussagen verhalten. Bei einer mittleren positiven Ausprägung (26 Personen) wird beispielsweise eine gewisse Vertrautheit zur Schwester benannt, andere Personen, Freundinnen sind jedoch wichtiger. Kontakt zur Schwester besteht hauptsächlich bei

Familientreffen, Feiertagen. Gegenseitige Hilfeleistungen sind ebenfalls zurückhaltender und werden nicht selbstverständlich, eher auf Anfrage gegeben.

Trennende Aussagen mittlerer Ausprägung (29 Personen) beschreiben beispielsweise eine Beziehung, in der Konflikte und Kritik zwar vorhanden sind, sich jedoch nicht gravierend auswirken. Zum Beispiel besteht ein gewisses Maß an Distanz und Abgrenzung, wodurch vorhandene negative Beziehungsaspekte in Grenzen gehalten werden. Es wird vermutet, dass ehemals konfliktreiche Beziehungen sich durch eine größere räumliche Distanz etwas beruhigen und ein mittleres Maß erreichen.

Vergleicht man diese Zuordnungen mit bestehenden Typologien, so weisen die Schwestern mit einer mittleren (acht Frauen) bis hohen (11 Teilnehmerinnen) negativen und einer mittleren positiven Valenz Ähnlichkeiten mit der **loyalen Geschwisterbindung** nach Gold (1989b) auf.

Sie benennen wenig engen aber regelmäßigen Kontakt, zum Beispiel zu Familienfesten oder bei Klassentreffen (S37, 1; S10, 2; S19, 1). Eine gegenseitige Hilfe im Notfall wird angegeben, bleibt jedoch eher im hypothetischen Bereich (z.B. S31, 1; S37, 1). Als Grund wird teilweise eine große räumliche Entfernung angegeben (z.B. S10, 2). Negative Gefühle und Missbilligung treten auf, beispielsweise in der Kindheit (z.B. S19, 1); diese sind jedoch nicht so gravierend, dass sie zu einem Abbruch führen. Nur teilweise werden große Unterschiede (S27, 1; S10, 2; S31, 1) oder Konflikte (S19, 1; S27, 1) benannt.

In der vorliegenden Studie weist nur eine Person eine Merkmalausprägung mit einer niedrigen bis sehr niedrigen Skalierung der Kategorien negativer und positiver Valenz auf. Eine Übereinstimmung zur **apathisch-teilnahmslosen Beziehung nach Gold** (1989b) mit viel Gleichgültigkeit, einer vermeintlich fehlenden Bindung und geringem Vertrauen scheint zunächst plausibel. Bei genauerer Betrachtung ist jedoch bei der konkreten Probandin die Distanz eher räumlich bedingt, denn in der Kindheit bestand eine größere Nähe zwischen den Schwestern, sodass eine Zuordnung zu einer loyalen Bindung nach Gold (1989b) oder zum apathischen Typ nach Stewart et al. (2001) passender erscheint

Als **Resümee der Ergebnisse** lassen sich drei deutliche Beziehungsmuster abgrenzen,

- eine Schwesternbeziehung, in der verbindende und bejahende Beziehungsmerkmale, häufige Treffen und wenig negative, trennende Seiten erlebt werden,
- eine Schwesternbeziehung in der überwiegend trennende oder konflikthafte Aspekte und wenige verbindende Faktoren genannt werden und es häufiger zu längeren Beziehungsabbrüchen kommt,
- eine ambivalente Schwesternbeziehung, die sowohl durch zahlreiche negative, trennende als auch positive, verbindende Eigenschaften beschrieben wird.

Dagegen ließen sich die Ergebnisse im mittleren Valenzbereich weniger deutlich zuordnen. Überschneidungen zu den benannten Mustern und dem loyalen Typ nach Gold (1989b) liegen zum Teil vor; sie lassen sich jedoch nicht klar differenzieren.

6.2 Inhalte der Beziehung: Darstellung zweier Themenbereiche

Dieses Kapitel hat den Schwerpunkt, die Teilnehmerinnen mit ihren konkreten Antworten stärker zu Wort kommen zu lassen.

Entsprechend werden zwei wesentliche Themenbereiche aus den Interviews eingehender dargestellt und ihre Inhalte abgebildet:

Der erste Abschnitt fokussiert die Nennungen zur Besonderheit der Geschwisterbeziehung. Der zweite Abschnitt befasst sich mit den geschwisterlichen Konflikten.

6.2.1 Was ist die Besonderheit der Geschwisterbeziehung?

Die Frage nach der Einzigartigkeit der Bindung kann als die „Kernfrage“ aller Studien zur Geschwisterbeziehung gesehen werden.

Im Rahmen dieser Untersuchung war ausdrücklich eine Antwort aus der Perspektive der Teilnehmerinnen gefragt. Die Formulierung im Leitfaden wurde absichtlich offen gehalten, um möglichst freie Assoziationen der Probandinnen zu ermöglichen. Diese komplexe Frage erfolgte bewusst zum Ende der Gespräche. Durch die intensive vorherige Beschäftigung mit dem Thema und die Gewöhnung an die Interviewsituation sollte die Beantwortung erleichtert werden.

Welche Themen die Schwestern auf die Frage nach der Einzigartigkeit der Geschwisterbeziehung nennen, wird zunächst in einer Übersicht vorgestellt und dann durch Zitate verdeutlicht. Der anschließende Vergleich bildet ab, inwieweit eine Übereinstimmung zwischen den Geschwistern eines Paares besteht.

Tabelle 13 verdeutlicht die Aussagen der Schwestern und stellt sie sortiert nach Themenschwerpunkten und einschließlich ihrer Nennungshäufigkeit vor. (Mehrfachnennungen sind möglich.)

Tabelle 13: Themen zur Besonderheit der Beziehung

Themen (t) zur Besonderheit der Beziehung, Aussagen der Teilnehmerinnen, Häufigkeit der Nennungen (t = 231)	f
Familie, Eltern, Herkunft	
Gemeinsames Aufwachsen, Kindheit	25
Familie, Familienbande, -zusammengehörigkeit und/oder Verwandtschaft	23
Eltern bzw. Elternhaus	18
Blutsverwandtschaft und/oder Herkunft	11
Familiengeschichte und/oder Austausch darüber	6
Erziehung	3
Besonderes Vertrauensverhältnis, besondere verbindende Eigenschaften	
Besonders eng, vertraut bzw. vertrauter als andere Beziehungen	24
Gleiches Denken, Art und Gemeinsamkeiten	11
Zusammenhalt, Zusammengehörigkeit	8
„Wie keine andere Beziehung", Urvertrauen, Ersatz für Mutter, Zuhause	5
Fehlen oder Vermeiden von Streit/Keine Rücksichtnahme erforderlich	4/4
Wissen über die andere, Kennen/Allgemein positiv: Liebe, Freundin	4/4
Bedingungslose und selbstverständliche Liebe	3
Gleiche Generation/Ohne fehlt was, Stück von „mir"	2/2
Besondere Erwartung aber auch Enttäuschung/Prägt Persönlichkeit	1/1
Last tragen, aber auch Belastung/Kein Neid	1/1
Norm	
Verantwortung, Pflichtgefühl, Hilfe, Rückhalt in der Not	17
Lebenslange Beziehung, von Geburt an	11
Kann bzw. soll nicht abgebrochen werden/Schicksal	8/8
Normativer Charakter, „soll eng sein"	5
Besonderheit ist nicht selbstverständlich	
Muss nicht eng sein, aber schön, wenn	12
Andere sind näher	9

Bei der Betrachtung der Aussagen fällt auf, dass die meisten Teilnehmerinnen Besonderheiten ihrer Schwesternbeziehung wahrnehmen und nur drei Personen ihr Vorhandensein ausdrücklich verneinen.

Die Einzigartigkeit der Bindung wird vielfach durch eine größere oder große Vertrautheit und enge bzw. engere Beziehung ausgedrückt. Dabei werden Freundschaften vergleichend herangezogen:

> „(...), dass das vertraulicher ist, als doch mit Freunden oder so, wo man viele Dinge vielleicht auch nicht sagen möchte." (S19, 1)
> „Man braucht sich keine Freunde zu halten, Man hat ja die Geschwister." (S26, 2)

Oftmals wird die Besonderheit im gemeinsamen Elternhaus und der gemeinsam erlebten Kindheit gesehen:

> „Das ist das gemeinsame Aufwachsen (...). Für mich ist das Urvertrauen da (...). Und die Eltern spielen da auch eine unheimlich entscheidende Rolle." (S41, 2)
> „Weil, man ist eben eine Schwester. Man ist eben von ganz jung gewachsen. Und das ist ja bei einer Freundin nicht." (S39, 2)

Ähnliche Merkmale, beispielsweise die Familienzusammengehörigkeit, -solidarität, -bande, -geschichte und Verwandtschaft, aber auch die gleichen Gene und eine Blutsverwandtschaft, erwähnen einige Geschwister.

> „(...), dass man verwandt ist. (...) Aber dass das enger ist letztendlich. Das ist auch familiär bedingt." (S41, 1)

Auch wird ein gemeinsames Denken, eine eigene Familiensprache, als Ausdruck einer einzigartigen Gemeinsamkeit genannt. In diesem Zusammenhang erfolgt häufiger der Ausspruch „Blut ist dicker als Wasser" vor. Dieser wird auch als negatives Bild verwendet: „Die sind wie Wasser, die laufen durch." (S4, 2)

Die deutlichste positive Hervorhebung erfolgt durch vereinzelte Aussagen zu einer selbstverständlichen Liebe, einem bedingungslosen Umgang, einer Art Urvertrauen oder Urbindung, die mit der Elternbindung gleichgesetzt wird:

> „(...), diese verstärkte bedingungslose Hilfe." (S40, 1)
> „Das ist vielleicht dieses Urgefühl, dass man sich eigentlich am nächsten ja ist. Geschwister sind ja ganz nah, wie Mutter und Kind." (S36, 2)

Auch normative Inhalte kennzeichnen für einige Teilnehmerinnen diese Bindung. Dabei erscheinen die Aussagen hinsichtlich ihrer Valenz weniger positiv, bzw. verbindend gewichtet als beispielsweise die Benennung des besonderen Vertrauensverhältnisses; sie wirken stattdessen eher neutral bis nüchtern:

> „Und es ist einfach Familie." (S25, 1)

Ausgedrückt werden außerdem ein besonderer Rückhalt, die gegenseitige Hilfe im Notfall selbst bei geringem Kontakt und eine Verpflichtung zum Zusammenhalt. Die Benennung eines besonderen Verantwortungsgefühls oder die Pflicht – im extremen Einzelfall sogar der Zwang – zur Hilfe, stellen Variationen der Erwartung an geschwisterliche Hilfe dar. Eine extreme Sichtweise (Zwang), wird jedoch nur von einzelnen Frauen erwähnt:

> „Also, ich höre immer noch die Worte meines Vaters, also deine Schwester und da musst du und da tust du und da machst du." (S4, 1)

Es darf oder kann kein Beziehungsabbruch erfolgen:

> „Ich glaube, auch wenn man sich verabschieden will, das geht gar nicht und von einer Schwester schon mal gar nicht. (…) Wir hätten einen Grund gehabt. (…) innerlich ist da immer noch was.“ (S15, 2)
>
> „Aber nein, sie ist ja meine Schwester und also wird auch der Kontakt gehalten. (…) man hat eine Verpflichtung.“ (S19, 2)

Geschwister werden als Schicksal benannt, das nicht freiwillig gewählt wird. Es besteht eine lebenslange Verbindung, die unabhängig von den eigenen Wünschen andauert:

> „Geschwister kann man sich nicht raussuchen. Das ist halt so.“ (S46, 2)
>
> „Sie ist keine Freundin. Sie ist meine Lebensaufgabe, mein Schicksal. Mein Lebensschicksal Schwester ist sie. (…) Sie ist der Mensch, der mich am längsten meines Lebens kennt, nämlich so lange ich lebe.“ (S13, 2)
>
> „Ja, dass es eben so eine sehr lange Beziehung ist, von Anfang an. Man wird ja mit konfrontiert von der Stunde Null an und dass sie auch die längste, wenn es biologisch normal läuft, ist. (…) das Schicksalhafte. Sie ist da, ob man will oder nicht. (…) Auch wenn man wegzieht.“ (S15, 2)

Im Gegensatz zu Freundschaften sehen manche Teilnehmerinnen die Besonderheit darin, dass kein Streit auftritt oder versucht wird, diesen zu vermeiden:

> „Dass es da eigentlich überhaupt keinen Streit gab, eigentlich für nichts. (…) Durch meine Mutter. Sie hat das bei uns bewirkt, wie man so miteinander umgeht.“ (S12, 2)
>
> „(…) Ich hätte mich vielleicht nie mit ihr wegen dem Erbe gestritten oder ich hätte immer versucht ausgleichend zu wirken. (…) Weil das ganze Leben immer diese Hilfsbereitschaft war.“ (S43, 1)

Diese Betonung positiver Merkmale einer Schwesternbeziehung, die vielfach auch ungeachtet der Beziehungsqualität von den Frauen gemacht wird, verdeutlicht den besonderen Charakter dieser lebenslangen Beziehung. Als Grund dafür wird von den meisten Teilnehmerinnen ihre gemeinsame Geschichte, die Familienzugehörigkeit oder auch Verwandtschaft mit allen ihren Facetten gesehen. Auffallend sind hierbei Aussagen zu einem Rückhalt, den die Geschwister einander geben. Dieser wird in einem Beispiel sogar getroffen, obwohl mit Ausnahme von Todestagen aktuell kein Kontakt zu den Geschwistern besteht. Meines Erachtens werden dadurch die verinnerlichten normativen Erwartungen an die Beziehung deutlich, die ungeachtet des Alters der Teilnehmerinnen andauern.

Die wenigen Aussagen, die eine Besonderheit der Geschwisterbeziehung verneinen oder relativieren, verdeutlichen folgende Zitate:

> „Also bei meiner Schwester kann ich nicht sagen, dass irgendwas besonders dadurch war.“ (S4, 1)

Fünf Frauen berichten von näher stehenden Freunden und vereinzelt von bevorzugten Freunden:

„Ja, meine Wahlverwandtschaften sind mir lieber." (S26, 1)

Andere Teilnehmerinnen (12) machen die Besonderheit der Geschwisterbeziehung von ihrer Qualität abhängig, indem sie diese nur bei Geschwistern sehen, die sich auch gut verstehen.

„Ich denke, das hängt immer von den Personen selbst ab." (S33, 1)

Auch hier stellt sich nun die Frage: **Stimmen die Schwestern in ihrer Einschätzung der Besonderheit der Geschwisterbeziehung überein?** Sie ist für den größten Teil der Teilnehmerinnen mit „ja" zu beantworten: Die Geschwister eines Paares sehen meist übereinstimmend eine Besonderheit ihrer Beziehung, jedoch variieren sie in der konkreten Beschreibung bzw. der Begründung dieser Einzigartigkeit.

Tabelle 14 verdeutlicht, zu welchen Themenschwerpunkten (t) übereinstimmende und nicht übereinstimmende Aussagen der Schwestern eines Paares gemacht werden. Auch hier liegen Doppelnennungen vor. Diese kommen beispielsweise dadurch zustande, dass beide Schwestern übereinstimmend die Familie als verbindendes Element benennen, sich dann jedoch unterscheiden; indem eine zusätzlich von einer besonderen Vertrautheit spricht, die andere hingegen betont, dass Geschwister nicht ausgesucht werden können. Aufgrund der Zusammenfassung zu Themenschwerpunkten reduziert sich die Zahl der Zuordnung der Themennennungen (vgl. auch Tabelle 13).

Tabelle 14: Paarvergleich „Besonderheit der Beziehung"

Übereinstimmung der Themenschwerpunkte zur Besonderheit der Beziehung, Gesamtnennungen zu den Themenschwerpunkten (t), (t = 170)	**Übereinstimmung** f	**Keine Übereinstimmung** f
Familie, Eltern, Herkunft	52	16
Besonderes Vertrauensverhältnis, besondere verbindende Eigenschaften	26	19
Norm	6	19
Besonderheit ist nicht selbstverständlich	2	11
Andere sind näher	4	5

Die größte Übereinstimmung besteht mit 52 Nennungen für den Themenschwerpunkt Familie. An zweiter Stelle wird ein besonderes Vertrauensverhältnis genannt. Auffallend selten benennen die Schwestern auf die Frage nach der Einzigartigkeit der Geschwisterbeziehung übereinstimmend normative Aspekte, eine nicht selbstverständliche Besonderheit und im Vergleich zur Schwester nähere Außenstehende.

Aussagen, die nur von einer Schwester eines Paares gemacht werden, beziehen sich am häufigsten auf das besondere Vertrauensverhältnis und abgestuft auf den normativen Charakter der Beziehung sowie auf den Schwerpunkt Familie.

Selten stimmen die Schwestern darin überein, dass eine Besonderheit der Beziehung nicht selbstverständlich ist, sondern von deren Qualität abhängt. Teilweise liegen die Begründungen für eine Besonderheit der Beziehung so weit auseinander, dass nur von einer bedingt vorhandenen Übereinstimmung gesprochen werden kann.

Zusammenfassend ist festzuhalten, dass die meisten Schwestern Besonderheiten der Geschwisterbeziehung wahrnehmen und diese überwiegend in der Familie und dem gemeinsamen Aufwachsen, gefolgt von Beziehungsmerkmalen, beispielsweise einer besonderen Vertrautheit sehen. Überraschenderweise werden selten normative Aspekte genannt und wenn, erscheinen sie weniger positiv als die anderen Aussagen.

6.2.2 Welche Konflikte beschreiben die Schwestern?

Auch wenn das Ideal bestehen mag, dass Geschwister sich immer gut verstehen, haben Konflikte und Rivalität unbestritten eine wichtige Rolle in ihrer Beziehung und damit auch der Forschung (vgl. Kapitel 2.2.2.6). Dieser besondere Stellenwert wird nachfolgend anhand der Aussagen der Schwestern dieser Studie abgebildet.

Die Frage nach Konflikten oder Auseinandersetzungen erfolgte chronologisch innerhalb der Interviews jeweils bezogen auf die verschiedenen Lebensabschnitte.

Die Darstellung der Ergebnisse gliedert sich in folgende Schritte: Der erste Abschnitt verdeutlicht die von den Teilnehmerinnen genannten Konfliktthemen. Anschließend werden länger andauernde Beziehungsabbrüche von fünf teilnehmenden Paaren betrachtet. Auch wenn diese aufgrund des Settings der Studie (der paarweisen Teilnahme) nur vereinzelt auftreten, erscheinen sie als extreme Konsequenz geschwisterlicher Konflikte besonders interessant. Der letzte Abschnitt stellt die Themen und Inhalte dar, die von den Teilnehmerinnen auf die Frage nach ihren stärksten Konflikten genannt werden.

Bei der Betrachtung der Ergebnisse ist besonders hervorzuheben und zu beachten, dass anscheinend ein Tabu oder zumindest eine Zurückhaltung besteht, Konflikte anzusprechen. So entstand der Eindruck, dass einige Teilnehmerinnen zögerten, Auseinandersetzungen zu benennen, diese beschwichtigten oder ganz verleugneten. Folgende Beispiele aus den Interviews verdeutlichen diese Tendenz:

> „*Können Sie sagen, was so Ihr schlimmster Konflikt war in der Zeit?*“ , „Wir haben auch sehr viel zusammen gemacht. Wir haben auch Karneval die Kostüme zusammen genäht. Ob wir zusammen jetzt weggegangen sind, doch.“ (S14, 1) [Auch auf die nochmalige Frage erfolgt keine anders lautende Antwort.]

> „Das kann ich jetzt sehr schwer beschreiben, weil ich auch nicht lieblos erscheinen möchte." (S29, 2)

Nur eine Teilnehmerin berichtet von einem Missbrauch durch weitere Geschwister. Nach ihrer Aussage sprach sie diesen aus Rücksichtnahme gegenüber der Schwester nie an. Wenn ein Tabu bestehen sollte, Konflikte nicht anzusprechen, so ist mit Sicherheit davon auszugehen, dass dieses auf geschwisterlichen Missbrauch zutrifft. Alleine Selbstschutz, Schuldgefühle und Verleugnungstendenzen bewirken vermutlich ein Nichterwähnen dieses Themas.

6.2.2.1 Konfliktinhalte

Dieses Kapitel befasst sich eingehend mit den Konflikten, die die Teilnehmerinnen beschreiben. Dafür werden zunächst die unterschiedlichen Themen geschwisterlicher Auseinandersetzungen aufgelistet. Der nächste Schritt verdeutlicht, wem die jeweilige Probandin den Konflikt zuschreibt. Abschließend folgt ein Vergleich, ob die Teilnehmerinnen in ihren Schilderungen übereinstimmen. Tabelle 15 zeigt, welche unterschiedlichen Themen für Auseinandersetzungen genannt werden.

Tabelle 15: Konfliktinhalte

Konfliktinhalte, -themen	Kommentar
Aneignung von Eigentum, nur vereinzelt überdauernd	Hauptsächlich in der Kindheit
Bevormundendes, bestimmendes Verhalten	Meist von der anderen ausgehend
Aufpassen, Versorgen der Schwester, bzw. durch die Schwester	Ausschließlich in der Kindheit, stärker von der anderen ausgehend
Ungleiche Verteilung bzw. Beteiligung an der Hausarbeit	Ausschließlich in der Kindheit
Auseinandersetzungen wegen Neid, Rivalität	In allen Lebensabschnitten
Verschiedene konfliktauslösende Verhaltensweisen	Z.B. keine Einladung zur Taufe, keine Rücksichtnahme, grenzüberschreitend
Abgrenzung und Ausgrenzung	Z.B. einerseits Verpflichtung, andererseits Abstand gewünscht
Unwahrheit, Lügen, Vernachlässigung	Vereinzelt
Kritisierende bis beleidigende Äußerungen	Vermehrt von der Schwester ausgehend wahrgenommen, z.B. Umgang mit Geld, gehört zum Arzt
Allgemeine Streitereien, nicht unbedingt ein konkretes Thema greifbar	Meist von beiden ausgehend, z.B. aggressive Verhaltensweisen, unterschiedliche Meinung

Konfliktinhalte, -themen	Kommentar
Konkrete Streitereien	Z.B. Geld, Hausarbeit, Ordnung, Nähe, Rauchen etc.; überwiegend von beiden ausgehend, gelegentlich Dritte
Eigenarten, Mentalität und Persönlichkeit	Meist von der anderen ausgehend, aber auch von beiden oder der eigenen Person, z.B. Unordnung, Oberflächlichkeit, fehlende Anpassung
Fehlende Hilfe bzw. Beistand, fehlendes Verständnis	Erwachsenenalter, ausschließlich der Schwester zugeschrieben
Unterschiede bei der Versorgung der Eltern, der Verteilung des Erbes	Meist der Schwester, teilweise der eigenen Person, beiden oder Dritten (den Eltern) zugeschrieben
Unausgesprochene Konflikte	Überwiegend im Erwachsenenalter
Rollenkonflikt/Einseitige Kontaktpflege	Jeweils selten, nur vereinzelt
Kindererziehung/Gesundheitliche Auslöser, Vertrauensbruch	Jeweils selten, nur vereinzelt

Betrachtet man die einzelnen Probleme genauer, so beziehen sich einige, wie der Streit um Eigentum, (das heißt, das Wegnehmen von materiellen Gütern), die Hausarbeit oder Versorgung der Schwester, überwiegend oder sogar ausschließlich auf die Kindheit.

Hinsichtlich der erlebten Auseinandersetzungen ist von großer Bedeutung, wer als Auslöserin des Konflikts erlebt wird: beschreibt die Befragte eine von ihr selbst, der Schwester, von beiden oder von Dritten ausgehende Situation. Beispielsweise kann eine Teilnehmerin eine Auseinandersetzung um das Erbe schildern, in der sie selbst zu einem größeren Erbteil gelangte, beide versuchten, für sich einen größtmöglichen Anteil zu erhalten, die Schwester sich dieses aneignete oder die Eltern ein Geschwister bevorzugten.

Tabelle 16 zeigt, wie viele Codierungen den einzelnen Themen zugeordnet wurden. Die verschiedenen Spalten verdeutlichen, wem der Konflikt zugeschrieben wird. Mehrfachnennungen sind möglich.

Tabelle 16: Häufigkeit der genannten Konfliktthemen

Konfliktthemen (t) Häufigkeit der Nennung (t = 553)	Von ihr selbst ausgehend f	Von der Schwester ausgehend f	Von beiden ausgehend f	Durch Dritte ausgelöst f
Streit allgemein	7	15	78	10
Art und Weise, Mentalität	19	74	8	4
Versorgung der Eltern, Erbe	8	33	9	4
Aufpassen, Versorgen der Schwester	17	18	3	
Streit konkret	3	6	21	5
Bestimmend, bevormundend	4	25		3
Abgrenzend	17	7		
Beleidigung, Kritik	5	19		
Aneignung von materiellen Gütern	6	11		1
Negatives Verhalten	7	10		1
Unausgesprochene Konflikte	7	2	7	2
Neid, Rivalität	12	2		1
Hausarbeit	3	10	1	
Einseitige Kontaktpflege	6	4		
Vernachlässigung	6	2		1
Ausgrenzend	1	7		
Fehlende Hilfe, Verständnis		8		
Lüge	1	3		1
Kindererziehung			3	1
Gesundheit	2	1		
Vertrauensbruch		1		

Wie bereits bei der Darstellung der Kategorien deutlich wurde, überwiegen bei allen Merkmalen mit einer negativen Valenz die Konfliktaussagen sehr deutlich. Hinsichtlich der hier erwähnten Inhalte nennen die Frauen am häufigsten allgemeine Auseinandersetzungen (78-mal), zu denen nicht unbedingt ein konkretes Thema greifbar ist. Diese gehen mehrheitlich von beiden Schwestern aus. Genannt werden etwa aggressive Verhaltensweisen oder eine unterschiedliche Meinung. Es fällt auf, dass die Teilnehmerinnen außerdem häufig die Persönlichkeit und Mentalität der anderen thematisieren. Diesbezügliche Konflikte betreffen überwiegend die

Schwester und nur selten die eigene Person. Genannt werden beispielsweise Oberflächlichkeit, fehlende Verschwiegenheit, Unpünktlichkeit und Dominanz. An dritter Stelle – bezogen auf die Nennungshäufigkeit – stehen Unstimmigkeiten, die die Versorgung der Eltern oder das elterliche Erbe betreffen. Diese werden mehrheitlich wiederum der Schwester zugeschrieben. An vierter Stelle erwähnen die Frauen Streitigkeiten um das gegenseitige Aufpassen in der Kindheit. Grundsätzlich ist festzustellen, dass ungeachtet des Themas doppelt so viele Codierungen zu Auseinandersetzungen der Schwester zugeordnet werden (258) als der eigenen Person (130) oder beiden Schwestern (130). Diese Verteilung erscheint intuitiv nicht überraschend, im Gegenteil wäre eine noch stärkere Zuschreibung zur anderen vorstellbar. Am seltensten werden Dritte als Konfliktauslöser benannt.

Inwieweit die Geschwister Konflikte übereinstimmend erleben, verdeutlicht Tabelle 17. Es wird zwischen einer Übereinstimmung, einer unterschiedlichen Sichtweise und einem einseitigen Erwähnen eines Konflikts unterschieden. Die Basis für diese Einstufung bilden die Ergebnisse der kontrastierenden Fallanalyse.

Tabelle 17: Paarvergleich der Konfliktwahrnehmung

Paarvergleich der Konfliktwahrnehmung (k) (k = 53)	**Übereinstimmung** f	**Erwähnt, aber andere Sicht** f	**Nicht erwähnt** f
	19	21	13

Soweit möglich wurden die verschiedenen Konflikte eines Paares zusammengefasst. Doppelnennungen erfolgten, wenn es zu einer unterschiedlichen Einstufung der Konflikte einer Dyade kam, etwa beide Schwestern Konflikte in der Kindheit benennen, aber der Streit ums Erbe nur von einer Seite erwähnt wird.

Zusammenfassend lässt sich festhalten, dass Auseinandersetzungen überwiegend der Schwester zugeschrieben werden. Mehrheitlich haben sie allgemeine Inhalte, wie unterschiedliche Meinungen, aber auch die Art und Mentalität der anderen und die Versorgung der Eltern bzw. das Erbe zum Thema.

6.2.2.2 Beziehungsabbruch

Auseinandersetzungen, die einen Kontaktabbruch von mehreren Jahren bewirken, stellen in ihrem Ausmaß und der Konsequenz eine Besonderheit und ein Extrem geschwisterlicher Konflikte dar. Auf die Frage zur Eigenheit der Geschwisterbeziehung wird von einigen Teilnehmerinnen sogar die Unmöglichkeit genannt, den Kontakt abzubrechen (vgl. Kapitel 6.3.1, S. 139). Gründe werden hierfür in Familientreffen oder der Tatsache gesehen, dass die Schwester, ungeachtet der Beziehungsqualität, zeitlebens ein Familienmitglied bleibt.

Die Frage, wie die Teilnehmerinnen ihren Beziehungsabbruch erleben, wird beispielhaft an fünf Paaren dargestellt. Hierbei erfolgt eine subjektive Zusammenfassung, die nach Meinung der Autorin die wesentlichen Aspekte schildert.

Aufgrund der Vorgabe, beide Schwestern eines Paares einzubeziehen, sind sehr negativ geprägte Beziehungen in der vorliegenden Studie eher selten anzutreffen. Umso überraschender ist zu bewerten, dass diese Paare einen länger dauernden Abbruch ihrer Schwesternbeziehung benennen.

Die Schwestern **des ersten Paares** beschreiben übereinstimmend eine große Abhängigkeit der Jüngeren von der Älteren in der Kindheit. Sie erleben gegenseitige Loyalität, Zusammenhalt und Schutz vor dem gewalttätigen Vater, aber empfinden auch jeweils eine Ungleichbehandlung. Die Mutter beschreiben sie übereinstimmend als wenig unterstützend. Es gibt keine weiteren Geschwister. Im mittleren Erwachsenenalter kommt es zu einem ca. zehn Jahre andauernden Abbruch. Als Auslöser beschreiben beide eine Streitigkeit der Ehemänner, wobei auch eine Beteiligung der Eltern erwähnt wird. Im Vorfeld benennen die Schwestern unterschiedliche finanzielle Möglichkeiten, sowie eine ungleiche Wertschätzung der Schwiegersöhne durch die Eltern. Außerdem scheinen die Eltern die Geschwister gegeneinander aufzubringen, indem sie Aussagen, die sie jeweils der anderen zuschreiben weiter erzählen. Erst durch einen Todesfall kommt es zu einer Wiederannäherung. Heute beschreiben beide eine konfliktreiche Beziehung, die von der Älteren als nah, von der Jüngeren jedoch als weniger nah (mittlere Einstufung) erlebt wird. Von Seiten der Jüngeren bestehen starke Abgrenzungstendenzen und die Befürchtung, die Schwester könne ihr zu nahe kommen.

> „Ich brauche sie nicht mehr." (S5, 2)

In der Gegenwart können die Schwestern die Versorgung des unterstützungsbedürftigen Vaters gemeinsam regeln, wenngleich es auch hier bei der Älteren zu Unzufriedenheit wegen der Rollenverteilung kommt. Weiterhin scheinen die unterschiedlichen finanziellen Möglichkeiten und Lebensschicksale für beide eine Rolle zu spielen und Konflikte hervorzurufen.

Nur die Ältere **des zweiten Paares** erwähnt ausdrücklich einen seit mehr als zehn Jahren aktuell andauernden, jedoch nicht ganz vollständigen Abbruch der Beziehung. Die andere spricht diesen in seiner Konsequenz nur unterschwellig an, wenn es um die Häufigkeit der Treffen geht. Beide Schwestern schildern als Hintergrund des Konflikts eine ungleiche Verteilung des Erbes, bzw. ungleiche Geldgeschenke zu Lebzeiten der Mutter.

Zeitlebens bestand eine Bevorzugung des Bruders. In der gesamten Geschwistergruppe scheint eine ausgeprägte Konkurrenz zu bestehen.

Die Geschwister verloren früh den Vater. Die Jüngere und gleichzeitig Jüngste der Familie wurde daraufhin über einige Jahre (bis zur Einschulung) zu Verwandten gegeben. Die Ältere sieht darin eine große Ungleichbehandlung und vermutet diese als Auslöser für das Verhalten der Jüngeren hinsichtlich des Erbes.

Der jüngeren Schwester wird durch die fünfköpfige Geschwistergruppe vorgeworfen, dass sie sich einen Betrag von der Mutter erschlichen habe. Ein Kontaktabbruch wird nach Aussage der Älteren von allen Geschwistern gegenüber dieser Schwester durchgehalten. Entgegen der zuvor sehr engen Beziehung sieht sich das Schwesternpaar heute nur im Geschwisterkreis zu einem jährlichen Todestag. Sie sprechen keine Verabredungen aus und besuchen sich nicht. Die Ältere bedauert den Verlust: „Meine beste Freundin habe ich verloren". Ein Zugehen auf die Schwester verhindern ihrer Ansicht nach die anderen Geschwister, die dieses missbilligen. Sie selbst zeigt jedoch ein gewisses Verständnis für die Schwester und nimmt auch Fehler bei den Geschwistern und Ungerechtigkeiten im Verhalten der Mutter wahr. Die Jüngere beklagt die fehlende Positionierung der anderen, die sich mit allen gut verstehe und als Ältere nicht versuchte, Ungerechtigkeiten seitens der Mutter aufzuheben. Das Ausmaß des Abbruchs dieser zuvor als sehr nah erlebten Beziehung wird auch durch den Interviewverlauf deutlich: Mit der Frage nach dem Erbe (die im Leitfaden relativ spät erfolgt), wurden von der älteren Schwester erstmals negative Beziehungsmerkmale genannt.

Die ältere Schwester **des dritten Paares** bricht im mittleren Erwachsenenalter die Verbindung ab. Auslöser ist ein Besuch bei der anderen, während dessen sie eine Bevormundung empfindet und sich den Erwartungen und stillen Vorwürfen der Schwester ausgesetzt sieht, die sie an familiäre Abwertung erinnern. Die Jüngere kann den Grund für den Bruch nicht benennen. Bereits einige Zeit vorher hatte die Ältere den Kontakt zu den anderen beiden Geschwistern aufgrund verletzend erlebter Äußerungen beendet.

Aus dem Interview wird deutlich, dass die von der Älteren beschriebene, abwertende und verletzende Haltung des Bruders einen negativen Einfluss auf die ohnehin schon angespannte Schwesternbeziehung hatte. Generell wird von beiden Schwestern zeitlebens eine Abwertung durch verschiedene Familienmitglieder erwähnt. Nicht unerheblich erscheint für die Beziehung außerdem die sehr schwierige Jugend der Geschwister. Es besteht eine in der Kindheit erworbene körperliche Beeinträchtigung der Älteren. Die Jüngere sieht die Schwester aus diesem Grunde stark benachteiligt. Die Geschwister verloren kriegsbedingt noch in der Kindheit zunächst den Vater und später durch Krankheit die Mutter. Eine deutlich abwertende Haltung bzw. Ungleichbehandlung besonders gegenüber den Enkelinnen durch die Großmutter wurde erfahren, die sich in der Vererbung des Hofs an den ältesten Bruder fortsetzt (Diese Erbfolge wird von der Älteren als zu dieser Zeit regional üblich beschrieben). Früh bewirkten lange Krankenhaus- und später Internatsaufenthalte, aber auch unterschiedliche Betreuer eine räumliche Trennung der Geschwister. Eine längere Phase der Annäherung erfuhren die Schwestern im jungen und mittleren Erwachsenenalter. Aus Sicht der Älteren bestand zu diesem Zeitpunkt jedoch auch eine von der Schwester ausgehende Konkurrenz.

Der Kontakt wird auf Initiative der Älteren nach 16 Jahren über ein Familienfest wieder aufgenommen. Vorher hatte die Jüngere über Jahre vergeblich versucht, die

Verbindung über Briefe wiederherzustellen. Das Paar erlebt heute übereinstimmend eine nahe und verbundene Beziehung mit wenigen negativen Tendenzen. Die Jüngere ist im Umgang mit der anderen vorsichtig, spricht beispielsweise den Abbruch nicht mehr an, da sie die derzeitige Situation nicht gefährden möchte.

Das **vierte und fünfte Paar** benennt im Gegensatz zu den vorangegangen Paaren einen zeitweiligen Abbruch von geringerer Dauer. Die genaue Zeitspanne wird bei den letztgenannten Teilnehmerinnen jedoch nicht deutlich. Beide Paare bestehen aus einer dreiköpfigen Geschwistergruppe.

Die Schwestern des **vierten Paares geben** an, dass die Verbindung ungefähr für drei Jahre unterbrochen wurde. Dem Abbruch geht eine seit der Kindheit extrem schwierige und konfliktreiche Beziehung voraus. Beide beschreiben ein Ungleichverhalten der Eltern, das sie jedoch unterschiedlich ausgeprägt erleben: Sie schildern eine Bevorzugung der Älteren durch den Vater einhergehend mit häufigeren väterlichen Bestrafung der Jüngeren, sowie eine Bevorzugung der Jüngeren durch die Mutter. Die Ältere erlebt sich aus Sicht der Mutter als „schwarzes Schaf" der Familie. Große Unterschiede in der Persönlichkeit werden besonders von der Jüngeren betont. Sie empfindet die andere in der Kindheit als störend und aggressiv und beschreibt häufige, auch körperliche Auseinandersetzungen. Aber auch die Ältere beklagt viele negative Persönlichkeitsmerkmale der Schwester. Beide nennen überdauernd sehr häufig umfassende Kritikpunkte am Verhalten der anderen. Die Ältere erlebte im Erwachsenenalter einige extreme Schicksalsschläge, die die Beziehung zusätzlich belasteten. Auslöser für den Bruch waren Schuldzuweisungen der Älteren zum Tod des Ehemannes an den Schwager, denen die Jüngere nicht zustimmt.

Über die Versorgung der Mutter, die stärker durch die jüngere Schwester übernommen wird, nähern sich die Geschwister wieder an. Der Kontakt ist jedoch zeitlebens verhalten und wenig nah. Viele negative Merkmale, etwa in Form von Konflikten, Abgrenzung und Kritik prägen die Beziehung überdauernd bis heute. Aktuell scheint die Ältere den Kontakt zur Schwester stärker zu suchen. Die andere versucht, sich abzugrenzen, ist jedoch auch in Sorge um die Verfassung der Schwester.

Das **fünfte Paar** beschreibt eine überdauernd wenig nahe Beziehung, mit vielen konflikthaften und distanzierenden Tendenzen, Unterschieden, Abgrenzung und elterlicher Ungleichbehandlung. Die Jüngere empfindet eine Benachteiligung. Beide erinnern sich an eine deutliche Bevorzugung des Bruders.

Die Jüngere fühlte und fühlt sich durch die Schwester nicht wertgeschätzt und nur wegen ihres Status' eingeladen. Sie vermisst die Unterstützung der anderen in schwierigen Lebenssituationen, zum Beispiel der Scheidung und damit verbundener finanzieller Probleme. Auch die Schwester beklagt die fehlende Hilfe, etwa im Wochenbett. **Aus Sicht der Älteren** entstand der Abbruch durch Konflikte um die schwierige Art der Jüngeren. Diese zeigte sich beispielsweise bei Einladungen mit weiteren Bekannten, da die Schwester sich (nicht nur) bei solchen Gelegenheiten ausgrenzte und damit eine besondere Aufmerksamkeit durch die gastgebende Ältere erforderlich machte. Nach wiederholten kurzfristigen Absagen durch die Schwester stellte sie die Einladungen ein. Die Situation wird durch die Schwester etwas anders geschildert: Nachdem die Jüngere auf ihren Brief, in dem sie Probleme ansprach, keine Antwort erhielt, brach sie den Kontakt zur Schwester ab. Erst durch Initiative des Ehemannes der Älteren kommt es wieder zu einem Treffen. Auch zum Zeitpunkt des Interviews dominieren konflikthafte und abgrenzende Tendenzen. Es wird eine distanzierte Beziehung mit wenig Verbundenheit erlebt. Die Ältere bedauert auch in der Gegenwart beispielsweise fehlende Einladungen der anderen. Für die Jüngere ist die mangelnde Wertschätzung weiterhin aktuell.

Nach der Betrachtung der Einzelfälle stellt sich die Frage, ob sich **Gemeinsamkeiten bei den Paaren** erkennen lassen: Übereinstimmend beschreiben alle Paare ein ungleiches oder zumindest schwieriges Elternverhalten (bzw. Verhalten weiterer Angehöriger), wenn auch Abstufungen in der Ausprägung bestehen. Drei Paare erwähnen eine Bevorzugung der Brüder, beispielsweise bezogen auf das Erbe. Eine schwierige Kindheit, den Tod eines bzw. beider Elternteile berichten zwei Paare. Bei diesen haben außerdem weitere Geschwister einen negativen Einfluss auf die Beziehung. Deutliche Unterschiede in der Persönlichkeit oder/und hinsichtlich schicksalhafter Lebensereignisse oder eine erworbene Erkrankung benennen vier Paare.

Aufgrund der geringen Zahl der Paare, die einen Beziehungsabbruch beschreiben, können hier keine allgemeingültigen Aussagen getroffen werden. Dennoch, gerade die Beziehungsabbrüche als extreme Folge geschwisterlicher Konflikte lassen die Frage aufkommen, wie diese zu verhindern sind und wie der Kontakt wieder hergestellt werden kann: Auffallend sind die Berichte des ungleichen bzw. schwierigen Elternverhaltens und der Unterschiede zwischen den Schwestern. Sie können als Hinweis auf einen negativen Einfluss eines benachteiligenden Elternverhaltens gesehen werden. Eine wertschätzende, gerechte Behandlung aller Geschwister ist daher den Eltern/Bezugspersonen zu empfehlen. Besteht der Konflikt bzw. Beziehungsabbruch bereits, scheint ein Nachgeben, der (ggf. wiederholte) Versuch der Kontaktaufnahme durch ein Geschwister – wie ein Paar ihn beschreibt – hilfreich. Bei erfolgter Kontaktaufnahme empfiehlt sich intuitiv ein Austausch über die unterschiedlichen Wahrnehmungen, wie Benachteiligungsgefühle oder wenn dieser nicht möglich ist, der Versuch die Situation aus der Sicht der anderen wahrzunehmen.

Grundsätzlich ist zu bedenken, dass ein Beziehungsabbruch für Geschwister stimmig und eine Annäherung nicht gewünscht sein kann: Etwa wenn der Kontaktabbruch ein Ausdruck lebenslang empfundener Persönlichkeitsunterschiede ist oder ein extrem benachteiligendes und polarisierendes Elternverhalten das Entstehen geschwisterlicher Nähe und Vertrautheit zeitlebens verhindert hat.

6.2.2.3 Stärkster Konflikt

Im Laufe der Interviews wurde deutlich, dass die Frage nach den „schlimmsten" Auseinandersetzungen mit der Schwester besonders aussagekräftig ist und Rückschlüsse auf das Konflikterleben zulässt. Sie wurde daher ergänzend in den Interviewleitfaden aufgenommen. Aufgrund dieses Vorgehens können hier nur Tendenzen zu den angesprochenen Inhalten und ihrer Nennungshäufigkeit aufgezeigt werden.

Auch bezogen auf die gravierendsten Konflikte erscheint symptomatisch, dass einige Teilnehmerinnen verneinen, jemals eine schwerwiegende Auseinandersetzung mit der Schwester gehabt zu haben oder angeben, sich nicht erinnern zu können:

> „Da muss ich aber ganz stark überlegen, wann hab ich mit ihr mal? Wüsste ich gar nicht. Dass ich mit ihr mal einen großen Konflikt hatte. Ehrlich nicht." (S24, 2)
> „Ich habe mit allen irgendwann mal Streit gehabt und die mit mir. Das liegt schon am Temperament. Aber sonst wüsste ich nicht." (S26, 2)
> „Das Schlimmste, aber das ist ja kein Konflikt gewesen, nein, sonst hatten wir keine Konflikte. Weil das früher schon mehr auseinander war. Und ich denke, Konflikte hat man nur, wenn man eng zusammen ist und einer bestimmend ist und der andere löst sich dann davon. Das gibt Konflikte. Nein, wir hatten keine." (S31, 2)

Inwieweit ein Tabu besteht, Konflikte zu benennen oder diese tatsächlich nicht auftraten, kann auch hier nicht geklärt werden. Ersteres wird jedoch vermutet. Die verschiedenen Inhalte und die Häufigkeit ihrer Nennung werden in Tabelle 18 dargestellt. Berücksichtigt wird, ob beide Schwestern den Konflikt in dieser Form erwähnen und in ihrer Sicht übereinstimmen. Mehrfachnennungen kommen vor. Bei der Betrachtung der Themen fällt auf, dass die „schlimmste" Auseinandersetzung mit der Schwester sich am häufigsten auf die Versorgung der Eltern und das elterliche Erbe bezieht. Sechs Paare sehen darin übereinstimmend die schwerwiegendste Konfrontation mit der Anderen (vereinzelt wird das Thema doppelt benannt). Außerdem nennen 2 Einzelpersonen dieses Thema. Weitere Motive für den „schlimmsten" Streit mit der Schwester werden jeweils nur vereinzelt genannt.

Tabelle 18: Stärkster Konflikt

Stärkster Konflikt: Inhalte, Häufigkeit der Nennung, Gesamtzuordnungen der Themen (t = 49)	Von einer Schwester genannt f	Paarweise übereinstimmende Nennung f
Versorgung der Eltern, Erbe	19	14
Streit konkret, aber das Thema wird teilweise nicht genannt	3	0
Beleidigung, Kritik, z.B. Erziehungsstil, schlechte Nachrede vor Dritten	4	0
Streit allgemein, ohne konkretes Thema	2	0

Stärkster Konflikt: Inhalte, Häufigkeit der Nennung, Gesamtzuordnungen der Themen (t = 49)	Von einer Schwester genannt f	Paarweise übereinstimmende Nennung f
Abwertung der eigenen Person/Partner	2	0
Fehlender Beistand, Verständnis	2	0
Verführung des Schwagers bzw. Ehemanns, Beziehung mit dem Exfreund der Schwester	3	0
Bestimmend, bevormundend (Kindheit)	1	0
Prügel (Kindheit)	1	0
Vernachlässigung	1	0
Verhalten bei Treffen (fordert zu große Aufmerksamkeit)	1	0
Unausgesprochene Konflikte	1	0
Keine Erinnerung an gravierenden Konflikt	9	2

Ein **Resümee** der gesamten Ergebnisse macht deutlich, dass Auseinandersetzungen um das elterliche Erbe und/oder die Versorgung der Eltern durchgängig häufig als Inhalt geschwisterlicher Konflikte erlebt werden. Ihr besonderer Stellenwert wird auch den schwerwiegendsten Streitigkeiten ausgedrückt. Nicht zuletzt spielt ein ungleiches oder zumindest „schwieriges" Elternverhalten auch bei den Beziehungsabbrüchen eine wichtige Rolle. Wenngleich die Eltern bei den allgemeinen Konfliktinhalten nur an dritter Stelle stehen, werden sie auch dort oft genannt. Umso interessanter sind daher die Ergebnisse zum erinnerten Elternverhalten, welche in den nächsten Kapiteln betrachtet werden.

6.3 Wie erinnern sich die Schwestern an das Elternverhalten?

Diese Frage wird anhand der inhaltsanalytischen Auswertung der Interviews und des standardisierten Fragebogens zum erinnerten elterlichen Erziehungsverhalten (FEE; Schumacher, Eisemann & Brähler, 2000) beantwortet. Grundsätzlich wird dem Elternverhalten in der Literatur ein entscheidender Einfluss auf die Entwicklung der Geschwisterbindung und ihrer Qualität zu gesprochen (vgl. 2.2.1.1 und 2.2.2.6). Im Rahmen der vorliegenden Studie erscheint daher besonders interessant, wie sich Geschwister im späten Erwachsenenalter an das elterliche Verhalten erinnern und ob sie in ihrer Wahrnehmung übereinstimmen.

Dafür werden zunächst die Interviewergebnisse zur elterlichen Ungleichbehandlung, gefolgt von den Fragebogenergebnissen zum elterlichen Erziehungsverhalten dargestellt. Abschließend werden der die Ergebnisse zum Elternverhalten und der Beziehungsqualität verglichen.

6.3.1 Elterliche Ungleichbehandlung

Im Rahmen des Interviewleitfadens wurden die Teilnehmerinnen gefragt, ob die Eltern ein Geschwister bevorzugten oder benachteiligten, in Streitereien eingriffen und ob eine starre Rollenzuschreibung bestand.

Die Ergebnisdarstellung dieses Kapitels gliedert sich folgendermaßen: Am Anfang steht die Darstellung der Codierungshäufigkeiten und der Kategoriengesamtwerte. Anschließend folgt ein Vergleich dieser Werte und der genannten Inhalte. Das heißt, die Ergebnisse der Schwestern einer Familie werden einander gegenübergestellt. Der nächste Schritt verdeutlicht die konkreten Inhalte des Ungleichverhaltens. Daraufhin wird gezeigt, wer benachteiligt oder bevorzugt wurde. Auch die Erwähnung weiterer Geschwister ist in diesem Zusammenhang bedeutsam. Den wichtigsten und abschließenden Schritt bildet die Gegenüberstellung der Resultate zur elterlichen Ungleichbehandlung und der Qualität bzw. Valenz der Geschwisterbeziehung. Tabelle 19 zeigt die Häufigkeitsverteilung und Skalierung elterlicher Ungleichbehandlung einerseits für die Gesamtstichprobe und andererseits getrennt für die älteren und jüngeren Schwestern eines Paares.

Tabelle 19: Codierungshäufigkeit elterlicher Ungleichbehandlung

Elterliche Ungleichbehandlung (EU), Codierungshäufigkeit (c = 316)	Sehr hohe Ausprägung f	Hohe Ausprägung f	Mittlere Ausprägung f	Niedrige Ausprägung f
EU gesamte Stichprobe	97	73	88	58
EU jüngere Schwester	45	30	43	29
EU ältere Schwester	52	43	45	29

Betrachtet man anschließend die Kategoriengesamtwerte (vgl. Tabelle 20), so beschreiben 49 Personen – also mehr als die Hälfte der Teilnehmerinnen – eine ausgeprägte elterliche Ungleichbehandlung.

Tabelle 20: Kategoriengesamtwerte der Ungleichbehandlung

Kategoriengesamtwerte EU	Sehr hohe Ausprägung f	Hohe Ausprägung f	Mittlere Ausprägung f	Niedrige Ausprägung f	Sehr niedrige Ausprägung f
Gesamt (n = 94)	11	38	18	23	4
Jüngere (n = 47)	4	18	12	10	3
Ältere (n = 47)	7	20	6	13	1

Bemerkenswert erscheint, dass nur 23 Personen dieser Studie wenig elterliche Ungleichbehandlung benennen und nur vier sie überhaupt nicht erwähnen. Hinsichtlich der Ausprägung der Ungleichbehandlung weisen die älteren Schwestern eines Paares etwas häufiger hohe Kategorienausprägungen auf. Im mittleren Bereich überwiegen die Jüngeren. Die Unterschiede, die sich aus dem Geburtsrang ergeben, bleiben jedoch insgesamt gering. Nachfolgend wird daher keine weitere Unterscheidung zwischen jüngeren und älteren Schwestern getroffen.

Es stellt sich nun die Frage, inwieweit die Schwestern innerhalb der Paare in ihrer Einschätzung übereinstimmen. Nehmen sie auch die Benachteiligung der anderen wahr, so ist ein größeres gegenseitiges geschwisterliches Verständnis zu vermuten. Die überwiegende Mehrheit der Schwestern bewertet das ungleiche Elternverhalten übereinstimmend (36 Prozent) oder weicht in ihrer Beschreibung nur um eine Skalierungsstufe voneinander ab (45 Prozent). Eine bedeutsame Abweichung zeigt sich dagegen bei 20 Prozent der Teilnehmerinnen, die um zwei (11 Prozent) oder drei Skalierungsstufen (9 Prozent) variieren. Eine deutliche Tendenz, wie eine größere Abweichung bei einer hoch eingestuften Ungleichbehandlung, ist nicht zu erkennen.

Nachfolgend werden die verschiedenen Sichtweisen der Schwestern auch hinsichtlich der Inhalte und der Ausrichtung der Ungleichbehandlung betrachtet, die aus einem alleinigen Vergleich der Kategoriengesamtwerte nicht hervorgeht (vgl. Tabelle 21).

Tabelle 21: Themenvergleich, Ausrichtung der Ungleichbehandlung

Vergleich der Paarwahrnehmung der EU hinsichtlich der Ausrichtung und Themen, Gesamtanzahl der Paare (n = 47)	f
Übereinstimmung	19
Keine Übereinstimmung	11
Bedingte Übereinstimmung	17

Eine kongruente Einschätzung des Elternverhaltens besteht bei 40 Prozent der Paare. Sie wird angenommen, wenn sowohl die Ausrichtung und die Inhalte des Verhaltens übereinstimmend erlebt werden und beispielsweise auch die bevorzugte Schwester um die Benachteiligung der anderen weiß. Eine bedingte Übereinstimmung liegt immerhin noch bei 17 Paaren vor. Hier wird das Verhalten in einzelnen Punkten ähnlich, in anderen jedoch unterschiedlich eingeschätzt. Zum Beispiel berichtet die Ältere eines Paares, dass sie vom Vater häufig und als Einzige geschlagen, beschimpft und überdauernd gravierend benachteiligt wurde. Die Jüngere weiß um die Benachteiligungsgefühle der anderen, beschreibt das elterliche Verhalten jedoch weniger schwerwiegend, eher beiläufig und betont den Eigenanteil der Schwester. Nur 11 Paare haben eine unterschiedliche Einschätzung. Hierbei beschreibt entweder nur eine Schwester das Verhalten, oder/und die Richtung der Benachteiligung oder Bevorzugung wird jeweils unterschiedlich erlebt.

Das Ungleichverhalten kann an unterschiedlichen Situationen festgemacht werden und verschiedenste Inhalte haben. Die Teilnehmerinnen nennen hierzu folgende Themen (vgl. Tabelle 22):

Tabelle 22: Inhalte elterlicher Ungleichbehandlung

Inhalte bzw. Themenschwerpunkte elterlicher Ungleichbehandlung
Materiell (z.B. Erbe, Geschenke, Unterstützung)
Emotional, Zuschreibung positiver Eigenschaften (z.B. Liebling, Anerkennung, Zuwendung)
Größerer Schutz, Aufmerksamkeit, Fürsorge (z.B. wegen Krankheit)
Wertschätzung der Geschwister
Wertschätzung der Ehemänner
Gewalt, Bestrafung
Schule, Beruf, Ausbildung
Altersbezogene Unterschiede (z.B. Verwöhnen der Jüngsten, mehr Pflichten der Älteren)
„Schwarzes Schaf", Zuschreibung negativer Eigenschaften
Abgrenzungsmöglichkeit (z.B. kein eigenes Zimmer, Erwartung an Verbleib im Elternhaus)
Versorgung der Eltern, Erwartung hinsichtlich Pflege, Unterstützung der Eltern
Verteilung der Pflichten; z.B. Hausarbeit, in die elterliche Firma einsteigen
Weitere Themen, z.B. Ungleichbehandlung durch andere Verwandte, Herausnahme aus der Familie durch Weggabe zu Verwandten, Internatsaufenthalt
Benachteiligung und Bevorzugung anderer Geschwister (häufig der Brüder), z.B. Schulbildung, Berufswahl, Hoferbe

Betrachtet man die Inhalte elterlicher Ungleichbehandlung, so wird deutlich, dass diese nicht auf die Kindheit begrenzt ist, sondern bis ins Erwachsenenalter andauern kann. Deutlich wird dies beispielsweise bei unterschiedlichen Erwartungen zur Pflege oder einer ungleichen Verteilung des Erbes. (Konkret zeigte sich: 44 Codierungen entfallen auf das Erwachsenenalter, 228 Codierungen auf die Kindheit und 44 beschreiben ein überdauerndes Verhalten.)

Die Richtung der Ungleichbehandlung ist für die betroffene Person von entscheidender Bedeutung und kann sich, wie in Kapitel 2.2.1.1 ausgeführt, sowohl nachteilig auf die einzelnen Geschwister als auch auf ihre Beziehung auswirken. Berichtet wird von einer eigenen Bevorzugung, Benachteiligung sowie einer Bevorzugung bzw. Benachteiligung der Schwester und anderer Geschwister. Wie das Elternverhalten hinsichtlich der verschiedenen Schwerpunktthemen und der Richtung der Ungleichbehandlung erlebt wurde, veranschaulicht Tabelle 23. Mehrfachnennungen sind möglich.

Tabelle 23: Inhalte, Richtung der Ungleichbehandlung (EU)

Inhalte der EU, Themenschwerpunkte (t = 199)	Benachteiligung der Schwester f	Eigene Benachteiligung f	Bevorzugung der Schwester f	Eigene Bevorzugung f
Emotional	13	14	19	28
Weitere Themen	6	10	4	12
Schule, Beruf, Ausbildung	12	8	2	2
Altersbezogene Unterschiede	2	14	2	4
Aufmerksamkeit, Fürsorge		6	9	
Gewalt, Bestrafung	3	8		
Materiell	2	5	2	1
Wertschätzung	3	2	2	
Ehemann	1	3		
Gesamthäufigkeit der Nennung	42	70	40	47

Die eigene Benachteiligung wird mit 70 Nennungen am häufigsten genannt. Überraschenderweise erwähnen die Teilnehmerinnen jedoch auch häufig die eigene Bevorzugung (47-mal) und die Benachteiligung der Schwester (42-mal).

Eine Benachteiligung der Schwester und eine eigene Begünstigung sind hier nicht als entgegengesetzte Ausprägung des gleichen Elternverhaltens zu bewerten. Beispielsweise kann es sein, dass eine Benachteiligung der Schwester wahrgenommen wird, wenn diese als einzige der gesamten Geschwistergruppe ein strenges, strafendes Verhalten des Vaters erfährt, ohne dass andere als bevorzugt erlebt werden. Außerdem beschreiben die Probandinnen auch eine eigene Benachteiligung, die mit einer Favorisierung anderer, nicht teilnehmender Geschwister einhergeht. So erwähnen sie relativ häufig (68 Codierungen) eine ungleiche Behandlung weiterer Geschwister. Von den Teilnehmerinnen werden hierzu folgende Inhalte genannt (vgl. Tabelle 24):

Tabelle 24: Ungleichverhalten zu anderen Geschwistern

Elterliches Ungleichverhalten zu anderen Geschwistern Häufigkeit der Themennennung (t = 68)	f
Benachteiligung	12
Materielle Bevorzugung (z.B. Hoferbe)	6
Berufliche Bevorzugung (häufiger der Brüder, aber auch der jüngeren Geschwister)	9
Weitere unterschiedliche Formen der Bevorzugung (meist der Brüder), z.B. Hausarbeit, Schulbildung	33
Altersbedingte Bevorzugung	8

Bezogen auf ein elterliches ungleiches Verhalten weiterer (nicht teilnehmender) Geschwister fällt besonders eine geschlechtsbezogene Begünstigung der Brüder auf. Die Probandinnen nennen beispielsweise eine Bevorzugung hinsichtlich der Schul- und Berufsausbildung und des Erbes. So berichtet eine Teilnehmerin, dass sie die Schule verlassen sollte, wäre der Bruder nicht versetzt worden. Mehrere Frauen erwähnen eine Bevorzugung der Brüder als Hof- oder Geschäftserbe. Häufig genannt werden unterschiedliche Aufgaben bei der Hausarbeit, die eher den Frauen der Familie zufiel (vgl. Milgram & Ross, 1982, S. 239).

Eine Gegenüberstellung der Kategoriengesamtwerte eines ungleichen Elternverhaltens und der gegenseitigen Geschwistervergleiche zeigte überraschenderweise, dass keine Wechselwirkung zwischen einer ausgeprägten Ungleichgleichbehandlung und einer hohen Einstufung der geschwisterlichen „Vergleiche“ zu erkennen ist.

Ein Zusammenhang zwischen der Qualität der Schwesternbeziehung und einem ungleichen Elternverhalten wird aufgrund der Geschwisterforschung angenommen. Vermutlich führt eine ausgeprägte Ungleichbehandlung zu einer verringerten Wahrnehmung positiver und einer stärkeren Betonung negativer Beziehungsmerkmale. Tabelle 25 stellt die Beziehungsqualität und das wahrgenommene ungleiche Elternverhalten (EU) einander gegenüber.

Tabelle 25: Ungleichbehandlung und Beziehungsvalenz

EU und Valenz der Beziehung Gesamtstichprobe (n = 94)	Sehr große EU f	Große EU f	Mittlere EU f	Niedrige EU f	Sehr niedrige EU f
Sehr hoch bis hoch positiv/ sehr niedrige bis niedrig negativ gewertete Beziehung	0	5	5	13	1
Sehr hoch bis hoch positiv/mittel negativ gewertete Beziehung	2	8	6	3	1
Sehr hoch bis hoch positiv/sehr hoch bis hoch negativ gewertete Beziehung	2	5	2	3	1
Mittel bis niedrig positiv niedrig bis sehr niedrig negativ gewertete Beziehung	0	3	1	1	1
Mittel positiv/mittel negativ gewertete Beziehung	2	3	2	0	0
Mittel positiv/sehr hoch bis hoch negativ gewertete Beziehung	3	6	4	0	0
Niedrig bis sehr niedrig positiv/ sehr hoch bis hoch negativ gewertete Beziehung	2	6	1	2	0

Bereits auf den ersten Blick fällt ein Zusammenhang zwischen der Ungleichbehandlung und der Valenz der Beziehung auf. Berechnet man Spearmans Rangkorrelation für die Variable „elterliches Ungleichverhalten" und die positive Valenz, liegt der Wert bei $r=0,370$ ($p<0,001$). Das heißt, je höher die elterliche Ungleichbehandlung eingestuft wird, desto geringer fällt die positive Valenz der Beziehung aus. Die Variable „negative Valenz" korreliert positiv mit der „Elterlichen Ungleichbehandlung. Berechnet man Spearmans Rangkorrelation, liegt der Wert bei $r=0,354$ ($p<0,001$). Das heißt, hohe Einstufungen der negativen Valenz gehen mit einer großen Ausprägung der elterlichen Ungleichbehandlung einher. Dieses Ergebnis erscheint besonders bemerkenswert, da ein Zusammenhang zwischen der geschilderten Beziehungsqualität und der elterlichen Ungleichbehandlung deutlich wird, der sich im späten Erwachsenenalter zeigt: ein Zeitpunkt, zu dem die Eltern meist bereits verstorben sind und das gemeinsame Leben der Geschwister im Elternhaus lange zurückliegt.

6.3.2 Fragebogen zum erinnerten elterlichen Erziehungsverhalten

In diesem Kapitel werden die Ergebnisse des Fragebogens zum erinnerten elterlichen Erziehungsverhalten (FEE; Schumacher, Eisemann & Brähler, 2000) in der

Kindheit vorgestellt. Diese werden als Ergänzung und Vervollständigung im Sinne einer Triangulation zu den Ergebnissen der vorausgegangen inhaltlichen Analyse des Elternverhaltens gesehen.

Zunächst folgt nochmals ein kurzer Rückblick auf den FEE, dessen Skalen sich, wie bereits in Kapitel 5.1.1.2 beschrieben, folgendermaßen zusammensetzen:

- **Skala 1:** Ablehnung und Strafe Vater (AV) und Mutter (AM)
- **Skala 2:** Emotionale Wärme Vater (EV) und Muter (EM)
- **Skala 3**: Kontrolle und Überbehütung Vater (KV) und Mutter (KM)

Jeweils getrennt werden die Angaben für den Vater und die Mutter erfragt. Entsprechend bildet auch die Ergebnisdarstellung beide Elternteile einzeln ab. Aufgrund der Kriegssituation finden sich weniger Einschätzungen zum erinnerten väterlichen als zum mütterlichen Erziehungsverhalten. Nachfolgend werden die FEE-Differenzen innerhalb der Paare bezogen auf die verschiedenen Skalen dargestellt (vgl. Abbildung 4).

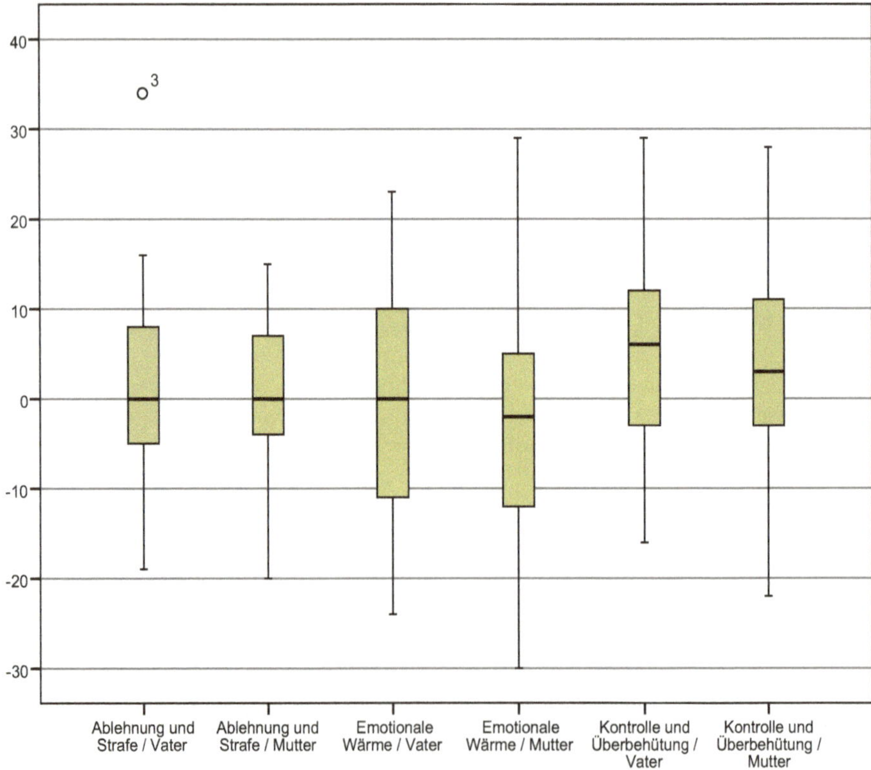

Abbildung 4: Paardifferenzen im FEE

Hierzu werden die T-Werte der jüngeren Schwester in den einzelnen Skalen von den T-Werten der älteren abgezogen. Weist die ältere einen höheren T-Wert als ihre jüngere Schwester auf, sind die Differenzen entsprechend positiv; hat sie dagegen einen niedrigeren T-Wert als die Jüngere, fällt der Differenzwert negativ aus.

Die Paardifferenzen hinsichtlich der Skala **„Ablehnung und Strafe"** weisen beide Elternteile zum Großteil nur geringe T-Wert Differenzen auf. Hier erreichen 64,7 Prozent der Schwesternpaare für den Vater und 76,7 Prozent für die Mutter eine vergleichsweise große Übereinstimmung. Eine deutliche Differenz beschreiben hingegen 35,3 Prozent der Paare bezogen auf den Vater und 23,3 Prozent auf die Mutter. Die Skala **„emotionale Wärme"** zeigt eine deutlich größere Varianz der Werte für beide Elternteile und hier eindeutig ausgeprägter für die Mutter, wenngleich annähernd die Hälfte der Schwesterndyaden eine relativ große Übereinstimmung aufweist. Eine deutliche Differenz für beide Elternteile erreichen ca. 35 Prozent und extreme Unterschiede ca. 15 Prozent der Paare. Dennoch zeigte sich bei beiden Skalen kein signifikanter Zusammenhang zwischen den Differenzen der jüngeren und älteren Schwestern eines Paares.

Für Skala 3 **„Kontrolle und Überbehütung**" veranschaulicht Abbildung 5 hingegen eine deutliche Verschiebung der Differenz-Werte in den positiven Bereich: Der T-Test bei einer Stichprobe ergab: Sowohl bei der Skala „Kontrolle und Überbehütung" für den Vater ($t(32)=2,124$; $p<0,05$) als auch bei „Kontrolle und Überbehütung" der Mutter ($t(40)=2,460$; $p<0,05$) zeigte sich ein signifikanter Zusammenhang. Für diese Skalen liegt der Mittelwert der Paardifferenzen zwischen den älteren und jüngeren Schwestern im positiven Bereich. Das bedeutet, die älteren Schwestern erreichen höhere Werte und erinnern sich damit an eine größere Kontrolle und Überbehütung sowohl durch den Vater als auch durch die Mutter. Der Einfluss der Geschwisterzahl, der Geschwisterposition und die Altersdifferenz der Geschwister auf das erinnerte Elternverhalten wurde überprüft. Hierzu wurde eine 6×2×2×2 faktorielle Varianzanalyse berechnet. Der Innersubjektfaktor Skala war dabei sechsfach abgestuft. Als Zwischensubjektfaktoren dienten die jeweils zweifach abgestuften Variablen Geschwisterposition, Geschwisteranzahl und Altersabstand. Es wurden weder signifikante Haupteffekte noch signifikante Wechselwirkungen gefunden.

Die ermittelten FEE-Ergebnisse wurden anschließend mit der beschriebenen positiven und negativen Valenz der Beziehungsqualität verglichen. Der Vergleich der Mittelwertdifferenzen des FEE innerhalb der Paare und der eingestuften positiven und negativen Valenz, der Beziehungsqualität zeigte, dass kein bzw. nur ein sehr geringer Zusammenhang vorliegt. Die Vermutung, dass Paare mit einer größeren T-Wert Differenz im FEE auch eine weniger positiv geprägte Beziehung und stattdessen mehr negative Merkmale betonen, ließ sich hier nicht bestätigen.

6.3.3 Zusammenfassung der Ergebnisse zum Elternverhalten

Betrachtet man die inhaltsanalytischen Ergebnisse zum Elternverhalten zusammenfassend, benennen überraschend viele Teilnehmerinnen eine große elterliche Ungleichbehandlung, die sich teilweise bis ins Erwachsenenalter fortsetzt. Besonders bemerkenswert ist der signifikante Zusammenhang zwischen der Beziehungsqualität und dem Ausmaß des ungleichen Elternverhaltens. Demnach beeinträchtigt eine große elterliche Ungleichbehandlung die Geschwisterbeziehung bis ins späte Erwachsenenalter. Die Ergebnisse des FEE können in diesem Fall jedoch nicht als Bestätigung herangezogen werden, da die vermutete Wechselwirkung zwischen der Beziehungsvalenz bzw. -qualität und einer größeren Differenz innerhalb der Schwesternpaare sich dort nicht abzeichnete.

Bezeichnenderweise belegen die Ergebnisse des FEE jedoch, dass die älteren Geschwister eines Paares sich an eine signifikant höhere elterliche Kontrolle und Überbehütung erinnern als ihre jüngeren Schwestern. Dagegen weist die inhaltsanalytische Auswertung des elterlichen Ungleichverhaltens nur geringe, unbedeutende Differenzen zwischen den Geburtsrängen nach. Mögliche Hintergründe für dieses Ergebnis werden in der Diskussion erörtert.

6.4 Nehmen die Paare ihre Beziehung ähnlich wahr?

Die Teilnahme von Schwesternpaaren bietet die besondere Chance und den Vorteil, das Erleben beider Beteiligten dieser Beziehung zu betrachten und miteinander vergleichen zu können. Hierbei ist von besonderem Interesse, ob die Schwestern einer Familie ihre Beziehung ähnlich wahrnehmen oder ob Abweichungen bestehen. Entsprechend gliedert sich die vergleichende Ergebnisdarstellung in folgende Abschnitte: Als Erstes wird die Übereinstimmungen der positiven und negativen Beziehungsvalenz innerhalb der Paare betrachtet. Die Valenz kann hier als Zusammenfassung der inhaltsanalytischen Ergebnisse gesehen werden (ausgenommen der dort nicht berücksichtigten Kategorien, vgl. Kapitel 5.2.6). Im zweiten Abschnitt werden die Resultate des Selbstbewertungsbogens paarweise verglichen.

Der folgende Exkurs, der die Selbstbewertungs- und Valenzergebnisse vergleicht, ermöglicht eine externe Validierung. Abschließend erfolgt eine paarweise Gegenüberstellung der Befunde zum Fremd- und Selbstbild aus dem Gießen-Test. Teilweise erfolgte der Vergleich der Wahrnehmung der Schwestern zu einzelnen Kategorien bzw. Inhalten bereits innerhalb der vorausgegangenen Kapitel, wenn beispielsweise die Zuordnung zu Beziehungsmustern, das erinnerte Elternverhalten oder die Konflikte betrachtet wurden.

6.4.1 Übereinstimmung der Interviewauswertung

Da die Interviews den Schwerpunkt dieser Untersuchung darstellen, nimmt auch die paarweise Gegenüberstellung der Interviewergebnisse einen besonderen Stellenwert ein. Hierfür wird die Beziehungsqualität, die sich in der inhaltsanalytisch ermittelten positiven und negativen Valenz ausdrückt, paarweise verglichen.

Es zeigt sich eine überwiegend große Übereinstimmung der Wahrnehmungen bei den Schwestern eines Paares: So beschreiben 16 Paare ihre Beziehungsqualität zum Zeitpunkt der Befragung übereinstimmend. Weitere 18 Paare erreichen eine Übereinstimmung und eine einstufige Abweichung entweder bei der positiven oder negativen Valenzskalierung Eine Varianz beider Valenzen um eine Skalierungsstufe liegt bei neun Paaren vor.

Lediglich vier Paare fallen durch größere Unterschiede bezüglich der Darstellung ihrer Beziehung auf; sie werden nachfolgend genauer betrachtet: Die ältere Schwester von **Paar 13** betont eine gute Beziehungsqualität (sehr hohe positive Valenz) und nennt gleichzeitig viele negative Aspekte (hoch negativ). Die Jüngere beschreibt im Gegensatz dazu eine wenig positive Beziehung (niedrige positive Valenz) mit einseitigen Hilfeleistungen, etwas Nähe und wenigen Gemeinsamkeiten. Sie benennt ein Überwiegen der negativen Merkmale (sehr hohe Einstufung), die sich in zahlreichen Konflikten, auffallend großen Abgrenzungsbemühungen, äußerst vielen Vergleichen, einer großen Abhängigkeit der Älteren und sehr viel Kritik manifestieren. Diese Aspekte werden von der Schwester abgestuft ebenfalls wahrgenommen. Ähnlich deutlich fallen die unterschiedlichen Darstellungen bei **Paar 47** aus. Hier beschreibt die Jüngere eine sehr konfliktreiche und durch negative Aspekte geprägte Beziehung, die für sie zeitlebens fast keine positiven Merkmale, wie Nähe beinhaltet. Sie benennt eine sehr ausgeprägte mütterliche Benachteiligung. Die Ältere betont mit einer Abstufung ebenfalls viele negative Beziehungsmerkmale. Auch sie berichtet von einer großen (nur leicht abgestuften) Ungleichbehandlung, sieht jedoch eine eigene Benachteiligung und teilweise die des Bruders. Beide Schwestern nennen kein Verständnis für die Sicht der anderen. Die größte Varianz betrifft hier jedoch die positiven Merkmale, da die Ältere im Gegensatz zu ihrer Schwester eine nahe Beziehung (hohe positive Valenz) beschreibt und die andere sogar als „beste Freundin“ bezeichnet. **Paar 3 und Paar 16** variieren in erster Linie hinsichtlich der Wahrnehmung der negativen Beziehungsaspekte. Die Jüngere von Paar 3 stuft diese sehr gering und die Ältere sie hoch ein. Aus Sicht der Älteren fallen eine hohe elterliche Ungleichbehandlung einschließlich von Gewaltanwendung durch den Vater und eine große Abhängigkeit auf. Beide bewerten die Beziehung übereinstimmend positiv. Die Jüngere von Paar 16 beschreibt eine hohe, die Ältere eine niedrige negative Valenz. Hier variiert außerdem die Einstufung der positiven Beziehungswahrnehmung, die einmal mittel und bei der Jüngeren niedrig skaliert ist. Die Varianz der negativen Beziehungsmerkmale kann auch in der geringen Offenheit der älteren Schwester während des Interviews begründet sein.

Zusammenfassend lässt sich festhalten, dass bezogen auf die inhaltsanalytische Einstufung 16 Paare (34 Prozent) in der Wahrnehmung ihrer Beziehung übereinstimmen. Rechnet man die geringeren Abstufungen, das heißt Abweichungen von einer Skalierungsstufe hinzu (27 Paare bzw. 57,4 Prozent), nimmt der größte Anteil der Teilnehmerinnen (43 Paare bzw. 91,4 Prozent) die Beziehungsqualität ähnlich wahr.

Nachdem der Gesamteindruck aus den Interviews eine große Übereinstimmung der Beziehungswahrnehmung aufzeigt, wird nachfolgend betrachtet, inwieweit die Paare ihre Beziehung im Selbstbewertungsbogen übereinstimmend beschreiben.

6.4.2 Übereinstimmung der Selbstbewertung der Beziehung

Im Rahmen eines Selbstbewertungsbogens wurden die Teilnehmerinnen aufgefordert, die Qualität ihrer Beziehung anzugeben. Der Fokus lag dabei auf der Nähe in den verschiedenen Lebensabschnitten und den gegenseitigen Auseinandersetzungen bzw. Konflikten.

Nachfolgend werden zunächst die Ergebnisse der Einzelpersonen vorgestellt und anschließen paarweise miteinander verglichen. Tabelle 26 zeigt die Ergebnisse des Selbstbewertungsbogens (die Bögen liegen für 29 Paare bzw. 58 Einzelpersonen vor). Eingeschätzt wurden die Nähe zur Schwester, von 1 = sehr eng bis 5 = keine Nähe und die Intensität von Auseinandersetzungen von 1 = sehr viele bis 5 = selten/keine Konflikte innerhalb der verschiedenen Lebensphasen.

Tabelle 26: Selbstbewertung der Beziehung

Selbstbewertungsbogen Nähe: Gesamt (n = 58)	1: sehr wichtig, beste Freundin f	2: wichtig, gute Freundin f	3: Kameradschaft f	4: Kaum Nähe f	5: Keine Nähe f
Kindheit	8	15	24	11	0
Junges Erwachsenenalter (EA)	5	16	27	10	0
Mittleres EA	9	26	20	2	1
Heute	20	17	16	5	0
Selbstbewertungsbogen Konflikt Gesamt (n = 58)	1: Sehr viele Konflikte, ständig f	2:Viele Konflikte, häufig f	3: Durchschnittl. viele Konflikte f	4: Wenig Konflikte, gelegentlich f	5: Selten, nie Konflikte f
Kindheit	0	7	10	27	14
Junges EA	0	4	8	27	19
Mittleres EA	1	1	6	31	19
Heute	0	2	5	22	29

Bezogen auf die Bewertung der Nähe und der Konfliktintensität fällt eine Veränderung der Einschätzung zum Zeitpunkt der Befragung (= Heute) auf. In dieser Phase schätzen immerhin 37 Frauen (63,8 Prozent) ihre Beziehung als nah ein (Einstufung 1 und 2). Seltene bis nicht vorhandene Konflikte geben 51 Personen (87,9 Prozent) an. Dagegen benennen nur 23 Frauen (39,7 Prozent) eine nahe Beziehung in der Kindheit. Die entgegengesetzte Tendenz ist bei der Einschätzung der Konfliktintensität zu beobachten, wo in der gegenwärtigen Beziehung weniger Konflikte als in den anderen Lebensphasen angegeben werden.

Aufgrund der paarweisen Teilnahme interessiert besonders, inwieweit die Schwestern eines Paares in ihrer Einschätzung übereinstimmen. Dazu wurden die Ergebnisse des Selbstbewertungsbogens innerhalb der Paare in Hinblick auf Übereinstimmungen und Differenzen verglichen. Tabelle 27 verdeutlicht die Ergebnisse des paarweisen Vergleichs.

Tabelle 27: Paarvergleich der Selbstbewertung

Selbstbewertungsbogen Paarvergleich Gesamtzahl der Paare (p = 29)	Übereinstimmung f	1-stufige Abweichung f	2-stufige Abweichung f	3-stufige Abweichung f
Nähe Kindheit	9	18	2	0
Konflikt Kindheit	15	13	0	1
Nähe junges Erwachsenenalter (EA)	11	16	2	0
Konflikt junges EA	14	12	2	1
Nähe mittleres EA	10	18	1	0
Konflikt mittleres EA	14	12	3	0
Nähe Heute	14	14	1	0
Konflikt Heute	10	16	1	2

Der Vergleich der Selbstbewertung der Schwestern eines Paares zeigt sehr deutlich, dass die Teilnehmerinnen sowohl die Konfliktintensität als auch die Nähe ähnlich einstufen. Ein Drittel bis die Hälfte der Paare bewertet die Beziehung übereinstimmend; die anderen weichen abgesehen von einzelnen Ausnahmen maximal um eine Abstufung voneinander ab. Nur vereinzelt wird die Beziehung deutlich unterschiedlich eingeschätzt.

Diese Ergebnisse bestätigen die große Übereinstimmung innerhalb der Schwesternpaare, die im Hinblick auf die Valenz der Beziehung festgestellt wurde (vgl. Kapitel 6.4.1).

6.4.3 Exkurs: Selbstbewertung und Valenz der Beziehung

In diesem Kapitel wird die Selbsteinschätzung der Schwesternbeziehung (Selbstbewertungsbogen) mit den qualitativen Auswertungsergebnissen der Interviews verglichen. Dazu wurde mithilfe einer Rangkorrelation der Zusammenhang zwischen den Ergebnissen der Selbstbewertung und der negativen und positiven Valenz der Beziehung berechnet.

Die Ergebnisse zeigen: Eine positive Valenz korreliert mit der Selbsteinschätzung der Nähe (zum Zeitpunkt der Fragestellung) aus dem Selbstbewertungsbogen. Berechnet man Spearmans Rangkorrelation, liegt der Wert bei $r=0{,}727$ ($p<0{,}001$). Es besteht ein stark signifikanter Zusammenhang. Das heißt, je größer die Teilnehmerinnen die Nähe zu ihrer Schwester bewerten, umso höher ist die Einstufung der positiven Valenz der Beziehung.

Zwischen der Variable „Konflikt Heute“ aus dem Selbstbewertungsbogen und der negativen Valenz zeigt sich ebenfalls ein Zusammenhang, der jedoch weniger deutlich ist. Die Korrelation liegt bei $r=-0{,}415$ ($p<0{,}05$). Das heißt, je höher die negative Valenz eingestuft wurde, desto ausgeprägter nahmen die Teilnehmerinnen Konflikte mit der Schwester wahr. Ein negativer Wert liegt vor, da „sehr viele Konflikte“ im Selbstbewertungsbogen mit dem Wert 1, „seltene bis keine Konflikte“ mit dem Wert 5 angegeben wurde.

Demnach korreliert die inhaltsanalytische Auswertung in Form der negativen und positiven Beziehungsvalenz mit der Einstufung der Nähe und Konfliktintensität durch die Teilnehmerinnen im Selbstbewertungsbogen. Dieser Zusammenhang wird als Hinweis auf eine externe Validität der Ergebnisse gewertet.

6.4.4 Übereinstimmung der Ergebnisse des Gießen-Tests

Dieses Kapitel befasst sich mit den Ergebnissen des Gießen-Tests (GT; Beckmann, Brähler & Richter, 1991), der die Möglichkeit bietet, sowohl ein Selbstbild der Probandin als auch das Fremdbild der Schwester zu erfassen. Der Vergleich dieser beiden Perspektiven ermöglicht Rückschlüsse auf die Beziehungsebene der Dyaden. Dafür wird zunächst kurz auf die Ergebnisse der Fremd- und Selbstbilder, die von einer Person erstellt wurden, eingegangen. Im folgenden, entscheidenden Schritt werden die Differenzen zwischen dem eigenen Selbstbild und dem von der Schwester erstellten Fremdbild eingehend betrachtet, indem zunächst alle Differenzergebnisse zusammen und dann differenziert nach jüngeren und älteren Schwestern abgebildet werden.

Die Skalen setzen sich, wie bereits beschrieben, folgendermaßen zusammen (vgl. Kapitel 5.1.1.3):

- Skala 1, **Soziale Resonanz**: Hohe Werte bedeuten eine hohe soziale Resonanz.

- Skala 2, **Dominanz**: Hohe Werte zeigen eine niedrige Dominanz.
- Skala 3, **Kontrolle**: Hohe Werte bedeuten eine große Kontrolle.
- Skala 4, **Grundstimmung**: Hohe Wert weisen auf eine depressive Stimmung.
- Skala 5, **Durchlässigkeit**: Hohe Werte zeigen eine geringe Durchlässigkeit, Aufgeschlossenheit.
- Skala 6: **Soziale Potenz**: Hohe Werte weisen in Richtung einer sozialen Impotenz.

Die beiden nicht angeführten Kontrollskalen überprüfen die Tendenz, Mittelwerte und Extremwerte anzugeben und werden hier nicht berücksichtigt. Werden allein die Mittelwerte des Selbst- und Fremdbildes im Gießen-Test betrachtet, scheinen die jüngeren und älteren Schwestern eines Paares in ihrer Selbsteinschätzung und dem Bild, das sie von der anderen haben, nicht entscheidend abzuweichen. Eine Betrachtung der absoluten Differenz-Mittelwerte der Fremd- und Selbsteinschätzung macht jedoch deutlich, dass durchaus größere Unterschiede bestehen, als es der erste Anschein vermuten lässt: Werden von den T-Werten zum Selbstbild der Versuchspersonen die von der gleichen Person erstellten T-Werte der Fremdbilder abgezogen, zeigt sich an den deutlichen Mittelwertdifferenzen, dass innerhalb der Paare erhebliche Persönlichkeitsunterschiede zur Schwester wahrgenommen werden.

Da Persönlichkeitsunterschiede zwischen Geschwistern unbestritten sind und beispielsweise Dunn und Plomin (1996) belegen, dass das Aufwachsen in einer Familie diese verstärken kann, sind diese Resultate zurückhaltend zu betrachten (vgl. Kapitel 2.2.2.3). Es bleibt unklar, ob die Differenzen lediglich Ausdruck ohnehin vorhandener Persönlichkeitsunterschiede sind, die von den Teilnehmerinnen zu ihrer Schwester erlebt werden oder ob sie möglicherweise die Theorie der De-Identifikation bestärken. Darüber hinaus können sie einen Hinweis auf Konflikte und tiefer liegende Beziehungsstrukturen geben.

Entsprechend ist für die vorliegende Untersuchung interessanter, inwieweit die Paare jeweils in ihrer Selbsteinschätzung und dem von der Schwester erstellten Fremdbild übereinstimmen. Dazu werden die T-Werte der Fremdeinschätzung von den T-Werten des eigenen Selbstbewertungsbogens abgezogen. Positive Differenzwerte bedeuten, dass die Probandin sich in der betreffenden Skala höher einschätzt, als sie von ihrer Schwester eingestuft wird. Negative Werte zeigen dagegen, dass sie sich selbst niedriger bewertet, als sie von ihrer Schwester gesehen wird. Die Gießen-Test-Differenzen zwischen dem eigenen Selbst- und dem von der Schwester erstellten Fremdbild der Teilnehmerinnen veranschaulicht Abbildung 5. Das heißt, die dargestellten Fremd- und Selbstbilddifferenzen beschreiben die gleiche Person. Der Rücklauf der Fragebögen lag bei 89,4 Prozent (n=84).

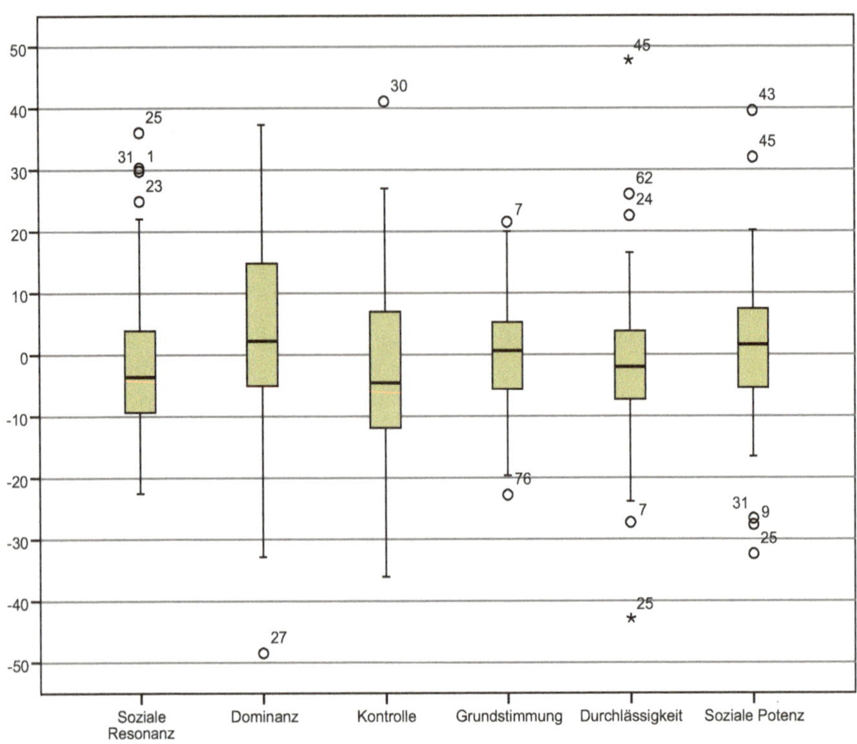

Abbildung 5: Differenzen des Selbst-, Fremdbildes im GT

Die Ergebnisse zeigen, dass für Skala 1 „soziale Resonanz", Skala 3 „Kontrolle" und Skala 5 „Durchlässigkeit" die Selbsteinschätzung der Teilnehmerinnen etwas niedriger ausfällt, als die Fremdeinschätzung durch die Schwester (Median und Mittelwert liegen im negativen Bereich). Das heißt, sie erleben sich selbst sozial weniger resonant, weniger kontrolliert, aber aufgeschlossener (durchlässiger) als sie von ihren Schwestern gesehen werden. Bezüglich einer größeren Variationsbreite der Differenzen fallen die Skalen „Dominanz" und „Kontrolle" auf. Hier liegen vereinzelt extreme Abweichungen zwischen dem Selbst- und Fremdbild vor. Aber auch bereits innerhalb der 50 Prozent der mittleren Werte bestehen Differenzen, die einen deutlichen Unterschied in Fremd- und Selbstbild ausdrücken.

Der T-Test bei einer Stichprobe zeigt hinsichtlich der Differenzwerte zwischen Selbst- und Fremdbild der Schwestern für die Skala „Dominanz" ($t(83)=2{,}265$; $p<0{,}05$) einen signifikanten Zusammenhang. Das heißt, die Teilnehmerinnen bewerten ihre eigene Dominanz signifikant niedriger, schätzen sich „gefügiger" ein, als sie von ihrer Schwester eingestuft werden. Die anderen Skalen weisen keine signifikanten Zusammenhänge auf.

In einem nächsten Schritt wurden die Differenzen im Selbst- und Fremdbild der jüngeren und älteren Schwestern betrachtet (vgl. Abbildung 6).

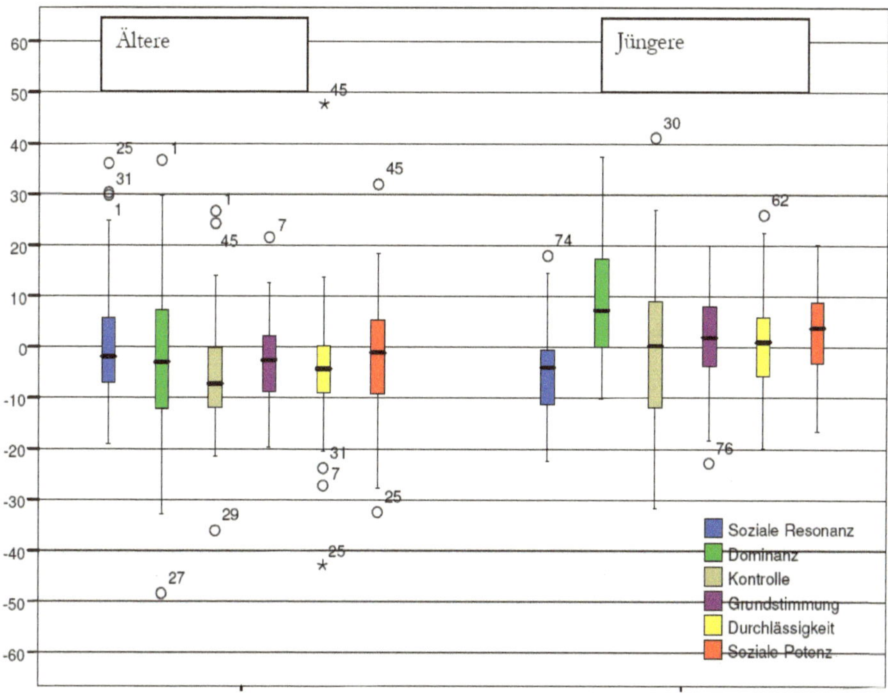

Abbildung 6: Differenzen des Fremd-, Selbstbildes nach Geburtsrang

Sowohl für die Skalen „Soziale Resonanz" ($t(82)=2{,}302$; $p<0{,}05$), „Dominanz" ($t(82)=3{,}247$; $p<0{,}05$) und „Grundstimmung" ($t(82)=2{,}364$; $p<0{,}05$) ergab sich ein signifikanter Zusammenhang hinsichtlich des Geburtsrangs der Schwestern. In Bezug auf die Skala „soziale Resonanz" erreichen die jüngeren Schwestern höhere negative Differenzwerte des Selbst- und Fremdbildes als die älteren Schwestern. Das heißt, sie bewerten die eigene soziale Resonanz niedriger, als sie von ihrer Schwester eingeschätzt werden. Bezogen auf die Skala „Dominanz" und „Grundstimmung" erreichen die jüngeren höhere positive Differenzwerte als die älteren Schwestern. Was bedeutet, sie stufen die eigene Dominanz geringer ein, beschreiben sich gefügiger, als sie von ihrer Schwester gesehen werden. Die eigene Grundstimmung wird depressiver eingeschätzt als im Fremdbild durch die Schwester.

Auf eine vergleichende Darstellung der paarweisen T-Wert-Differenzen im Gießen-Test und der inhaltsanalytisch ermittelten positiven und negativen Beziehungsvalenz wird an dieser Stelle verzichtet. Ein Zusammenhang zwischen der Ausprägung der Differenz von Selbst- und Fremdbild im Gießen-Test und der Beziehungsqualität (Valenz) war nicht zu erkennen.

Betrachtet man die Ergebnisse des Gießen-Tests resümierend, so fallen die überraschenden Unterschiede in der Selbst- und Fremdwahrnehmung der Schwestern auf. Einerseits werden von der gleichen Person große Unterschiede im eigenen Selbstbild und im Fremdbild der Schwester beschrieben. Andererseits zeigt auch ein Vergleich des eigenen Selbstbildes mit dem durch die andere erstellten Fremdbild eine unterschiedliche Wahrnehmung. Besonders bemerkenswert sind die signifikanten Ergebnisse zum Geburtsrang der Schwestern in den Skalen „soziale Resonanz", „Dominanz" und „Grundstimmung".

6.4.5 Resümee zur Übereinstimmung der Paarwahrnehmung

Die Ergebnisse der inhaltsanalytischen Auswertung und des Selbstbewertungsbogens zeigen: Die Geschwister stimmen größtenteils in der Wahrnehmung ihrer Beziehungsqualität überein, bzw. schildern sie ähnlich.

Überraschenderweise belegen dagegen die Resultate im Gießen-Test größere Differenzen zwischen der Fremdwahrnehmung und dem eigenen Selbstbild. Demnach beschreiben die Teilnehmerinnen die Persönlichkeit ihrer Schwestern oftmals deutlich anders, als sie sich selbst erleben. Vermutlich spiegeln diese Befunde lediglich tatsächlich bestehende Persönlichkeitsunterschiede zwischen den Geschwistern wider, die beispielsweise ein Ergebnis der unterschiedlichen Umwelten oder der von Schachter (1982) beschriebenen De-Identifikation sein können (vgl. Kapitel 2.2.2.3).

Bedeutsamer erscheinen dagegen die Ergebnisse bezüglich der Fremdwahrnehmung durch die Schwester und der eigenen Wahrnehmung, die signifikante Unterschiede abhängig vom Geburtsrang belegen. Jüngere Schwestern erleben sich weniger dominant, sozial weniger resonant und schätzen ihre Grundstimmung depressiver ein, als ihre älteren Schwestern sie sehen.

Werden die inhaltsanalytischen Ergebnisse vergleichend herangezogen, so ist ein Zusammenhang zwischen den Gießen-Test-Ergebnissen zur Dominanz und der in den Interviews benannten Bevormundung (Codierung unter der Kategorie „Konflikte") zu vermuten. Letztere wird jedoch nur von knapp einem Fünftel der Probandinnen beider Geburtsränge erwähnt. Möglicherweise liegt der unterschiedlichen Selbst- und Fremdeinschätzung der Dominanz ein Konflikt zwischen den Geschwistern um die Vorherrschaft in der Beziehung zugrunde, der im Rahmen der Interviews aufgrund von Tabus seltener angesprochen wird.

Bezogen auf die Ergebnisse zur „Grundstimmung" und „sozialen Resonanz" ist zu überlegen, inwieweit sich hier ein größeres Verantwortungsgefühl der älteren Schwestern auswirkt. Dieses wird in den Interviews bei der Rollenzuschreibung durch die Eltern, der Verpflichtung zu helfen ausgedrückt und bewirkt gegebenenfalls eine positivere Darstellung der jüngeren Schwestern durch die älteren. Grundsätzlich entstand während der Befragung der Eindruck, dass die älteren ihren jüngeren Schwestern eher verständnisvoll gegenüberstehen. Diese Tendenz konnte jedoch in der inhaltsanalytischen Auswertung nicht abgebildet werden.

Wie die unterschiedlichen Ergebnisse im Gießen-Test und der inhaltsanalytischen Auswertung einzustufen sind, wird in der nachfolgenden Diskussion dargestellt.

7 Diskussion

In diesem Kapitel werden die Resultate der vorliegenden Studie diskutiert. Zunächst folgt eine kurze Zusammenfassung der wesentlichen Ergebnisse:

- Es lassen sich einzelne Beziehungsmuster erkennen, die jedoch nicht alle Teilnehmerinnen erfassen und die die bestehenden Typologien der Geschwisterbindung nicht bzw. nur in Ansätzen bestätigen.
- Ein wesentlicher und überraschender Befund dieser Studie belegt, dass das **Elternverhalten** in Form einer ausgeprägten Ungleichbehandlung einen überdauernden Einfluss auf die Qualität der Geschwisterbindung hat und auch noch im späten Erwachsenenalter wirksam ist. Ebenso spielen die Eltern bei den geschwisterlichen Konflikten und der erlebten Einzigartigkeit eine große Rolle. Des Weiteren erinnern sich die älteren Schwestern eines Paares an ein kontrollierenderes Elternverhalten als die Jüngeren.
- Für das **dyadische Erleben** belegt die inhaltsanalytische Auswertung eine große, paarweise Übereinstimmung bei den meisten Teilnehmerinnen. Dagegen weist die standardisierte Selbst- und Fremdbeschreibung große Unterschiede in der Persönlichkeitswahrnehmung innerhalb der Paare abhängig vom Geburtsrang nach: Dabei erleben sich jüngere Schwestern weniger dominant, sozial weniger resonant und ihre Grundstimmung depressiver, als sie von ihren älteren Schwestern gesehen werden.
- Ein zeitgeschichtlicher Einfluss zeichnet sich ab, indem ältere Schwestern anscheinend eine größere Verantwortung für ihre jüngeren Geschwister erleben.

Bevor die Ergebnisse eingehender diskutiert werden, erfolgt zunächst ein Exkurs zur Evaluation der verwendeten Methoden.

7.1 Exkurs: Evaluation

Die Güte einer Untersuchungsmethode ist herkömmlicher Weise daran zu messen, ob die gefundenen Resultate wiederholbar, die Methode nachvollziehbar, die Messung objektiv, möglichst frei von unerwünschten beeinflussenden Faktoren erfolgte und ob tatsächlich das gemessen wird, was beabsichtigt ist. Dem entsprechen die klassischen Testgütekriterien, Objektivität, Reliabilität (Zuverlässigkeit) und Validität (Gültigkeit), die der quantitativen Forschung zuzuordnen sind (vgl. Bortz, 2005, S. 8ff.).

Die Anwendung dieser Kriterien auf qualitative Ansätze ist nicht unumstritten:

> Hinsichtlich der Kriterien zur Beurteilung von Vorgehen und Resultaten werden verschiedene Wege alternativ diskutiert: entweder die klassischen Kriterien wie Validität und Reliabilität auf qualitative Forschung anzuwenden bzw. sie zu diesem Zweck angemessen zu reformulieren. (Flick, 2000, S. 240)

Beispielsweise grenzt Lamnek (1989) die Validität in der qualitativen und quantitativen Forschung voneinander ab. Für qualitative Ansätze definiert er eine externe Validität als: „Realitätsgehalt der Daten, die unter Anwendung bestimmter Erhebungsmethoden in einer bestimmten Erhebungssituation gewonnnen werden“ (ebenda, S. 370).

Auch die Entwicklung eigener, qualitativer Gütekriterien (zum Beispiel die Inter-Coder-Reliabilität) und eine Methoden-Triangulation werden erörtert. Eine vertiefende Betrachtung hierzu geben die Geltungsbegründung qualitativer Forschung bei Flick (1992, 2000) und die Ausführungen von Kelle (2007) zur Integration qualitativer und quantitativer Methoden.

Übertragen auf die Güte der vorliegenden Arbeit ergeben sich aus der oben erwähnten Diskussion die **Forderungen**, dass

- die Interviews gleichförmig und objektiv verlaufen und vom Interviewer unabhängig erfolgen (Objektivität);
- die inhaltsanalytische Auswertung einheitlich, nachvollziehbar, nach gleich bleibenden und vergleichbaren Kriterien durchgeführt wird (Reliabilität);
- die Befragung und ihre inhaltsanalytische Auswertung die Geschwisterbeziehung abbilden und das Erleben der Schwestern widerspiegeln (Validität).

Eine **Umsetzung** dieser Anforderungen gewährleisteten folgende Maßnahmen:

- Vorinterviews ermöglichten die Erprobung und Überarbeitung des theoriegeleiteten Interviewleitfadens. Es folgte eine Reflexion und Korrektur des Interviewerverhaltens anhand von Stichproben und mithilfe eines Expertenfeedbacks. Dadurch wurden Antwortverzerrungen weitestgehend minimiert (vgl. Wittkowski, 1994, S. 34ff.).
- Die inhaltsanalytische Auswertung orientiert sich an Mayring (1993, 1996, 2000) und erfolgte systematisch und regelgeleitet. Expertenurteile überprüften die gebildeten Kategorien und Skalierungen und führten gegebenenfalls zu einer Überarbeitung. Ankerbeispiele belegen die verschiedenen Ausprägungen. Die Richtigkeit der Codierungen überprüfte ein zweiter Codierer im Sinne einer Intercoderreliabilität. Mangelnde Übereinstimmungen wurden diskutiert und gegebenenfalls neu zugeordnet oder bei fehlender Übereinstimmung weggelassen.
- Der Selbstbewertungsbogen zur erlebten Beziehungsqualität gewährleistet eine Überprüfung der Validität der inhaltsanalytischen Codierung und Auswertung des Materials. Hierbei ergaben sich ein stark signifikanter Zusam-

menhang zwischen der Selbsteinschätzung der Nähe und der Einstufung der positiven Valenz, sowie eine Korrelation der selbst eingeschätzten Konfliktintensität und der negativen Valenz der Beziehung zum Zeitpunkt der Befragung. Diese Ergebnisse werden als Bestätigung einer externen Validität der inhaltsanalytischen Auswertung gewertet.

- Der Teilnahme von Schwesternpaaren, also beider Personen, die an der Beziehung beteiligt sind, wird ebenfalls ein validierender Effekt zugeschrieben. Da die Teilnehmerinnen davon ausgehen müssen, dass ihre Schwester gleichfalls von geschilderten Erlebnissen berichtet, ist eine kontrollierende Wirkung auf die Beantwortung der Fragen anzunehmen. Aufgrund der retrospektiven Erfassung lange zurückliegender Zeitabschnitte, sind hier jedoch Grenzen gesetzt. So können autobiographische Erinnerungen fehlerhaft sein, beispielsweise kann eine Erinnerung in der Rückschau anders bewertet werden (vgl. Kitze, Hinz & Brähler, 2007, 59ff.).

Rücken die Beziehungsmuster und negative Beziehungsaspekte in den Fokus, sind die Grenzen dieser Erhebung zu bedenken: Es ist zu vermuten, dass die vorliegende Stichprobe verstärkt Paare mit einer positiv geprägten Beziehung umfasst. Die geforderte Teilnahme beider Schwestern einer Familie hemmte Menschen, die keine oder eine sehr schwierige Geschwisterbindung erleben, teilzunehmen. So mussten einige Interessentinnen ausgeschlossen werden, da die Schwester aufgrund der konflikthaften Beziehung nicht bereit war, mitzumachen.

7.2 Triangulation der Ergebnisse

Im Sinne einer Triangulation führt diese Arbeit verschiedene Methoden zusammen, um somit die Schwächen einer einzelnen Methode zu minimieren (vgl. Flick, 1992, S11ff. & 2000, S. 249ff.). Neben der qualitativen Inhaltsanalyse kamen standardisierte Verfahren und der oben beschriebene Selbstbewertungsbogen zur Anwendung, dessen validierende Funktion bereits dargestellt wurde.

Eine Gegenüberstellung der inhaltsanalytischen und der standardisierten Methoden im Sinne der Triangulation ist dagegen komplexer und die Ergebnisse sind weniger eindeutig.

Bezogen auf das Elternverhalten sind die unterschiedlichen Ergebnisse der Fragebögen und der Interviews auffallend, die zunächst widersprüchlich erscheinen. Es wurde vermutet, dass die in den Interviews berichtete ausgeprägte elterliche Ungleichbehandlung dem Theorem der Bevorzugung, das heißt einem ungerechten Elternverhalten zuzuordnen ist; wohingegen die ermittelten T-Wert-Differenzen des standardisierten Fragebogens zum elterlichen Erziehungsverhalten (FEE) sich nicht negativ auf die Beziehungsqualität auswirken. Sie entsprechen eher einer neutralen, ungleichen Behandlung, die von den Geschwistern nicht als ungerecht erlebt wird (vgl. Kapitel 2.2.1.2).

Der Gießen-Test stellt eine Ergänzung zu den bisher benannten Verfahren dar und zeigt auf, inwieweit die Schwestern in der Selbstwahrnehmung ihrer Persönlichkeit und dem von der Schwester erstellten Fremdbild übereinstimmen. Ein Vergleich der T-Wert-Differenzen des Fremd- und Selbstbildes der Schwestern mit der inhaltsanalytisch ermittelten Beziehungsqualität (Valenz) zeigte keine Zusammenhänge. Eine größere Übereinstimmung in Fremd- und Selbstwahrnehmung ist demnach kein Ausdruck einer stärker bejahenden, positiv geprägten Beziehung und auch eine unterschiedliche Sicht heißt nicht, dass die Beziehung eher negativ geprägt ist.

Nach Beckmann et al. (1991) beschreibt jedoch ein Proband, der ein Fremdbild zu einem anderen angibt, auch immer die Beziehung zu dieser Person. Daraus ergibt sich gegenüber den Interviews der Vorteil, dass die Beziehungsebene indirekt erfragt, damit die Tendenz, sozial erwünscht zu antworten, verringert und eine größere Offenheit bei den Befragten erreicht werden kann. Damit lässt sich erklären, warum der Persönlichkeitstest signifikante Unterschiede für die Skalen „Dominanz", „soziale Resonanz" und „Grundstimmung" abhängig vom Geburtsrang aufzeigt, diese jedoch in der inhaltsanalytischen Auswertung nicht erkennbar sind. Der unterschiedlichen Einschätzung der Dominanz kann ein durch die Geburtsposition bedingter Konflikt zugrunde liegen, wenn sich die Schwestern jeweils über die „Dominanz", „Herrschsüchtigkeit" der anderen ärgern oder/und es um die Vorherrschaft in der Beziehung geht (vgl. Beckmann et al., 1991, S. 79ff.). Dieser Konflikt wird in den Interviews aufgrund von Tabus nur zurückhaltend benannt: Lediglich 20 Prozent der Teilnehmerinnen erwähnen eine konflikthaft erlebte Bevormundung. Die Jüngeren erreichen außerdem signifikant höhere negative Differenzwerte für die Skala „soziale Resonanz" zwischen Selbst- und Fremdbild als die Älteren. Die Ergebnisse sind insofern überraschend, als Effekte der Geschwisterposition in der Forschung zunehmend zurückgewiesen werden (vgl. Bank & Kahn, 1991; Ernst & Angst, 1983; Kidwell, 1981). Andererseits entstand bei der Auswertung der Eindruck, dass die älteren ihre jüngeren Schwestern verständnisvoller beschreiben und Erklärungen auch für konflikthafte Verhaltensweisen suchen. Dieser Effekt ließ sich in der inhaltsanalytischen Auswertung leider nicht abbilden. Interessant wäre eine Überprüfung dieses Eindrucks in zukünftigen Untersuchungen. Vorstellbar ist ein Zusammenhang zwischen einem größeren Verständnis der älteren Schwestern und einem ausgeprägten Verantwortungsgefühl. Auslöser hierfür können die Kriegserlebnisse sein, wie der nachfolgende zeitgeschichtliche Bezug verdeutlicht.

7.3 Zeitgeschichtliche Besonderheit

Die Altersbegrenzung der Probandinnen auf mindestens 55 Jahre führte zu einer zeitgeschichtlichen Besonderheit dieser Erhebung: Die Mehrheit der Probandinnen hat den Zweiten Weltkrieg als Kind erlebt. Es ist davon auszugehen, dass die schwierigen Lebenssituationen bewirkten, dass den Kindern mehr Aufgaben übertragen, sie stärker belastet wurden und auch mehr Verantwortung füreinander und für jüngere Geschwister übernehmen mussten. Beispielsweise berichten Teilnehmerinnen, dass sie bei Bombenangriffen für die Versorgung und rechtzeitige Evakuierung der jüngeren Geschwister verantwortlich waren. Grundsätzlich beschreiben zahlreiche Teilnehmerinnen (40 Prozent) eine größere Verpflichtung der älteren zu Hilfe und Aufpassen auf die jüngeren Geschwister (Codierung bei „starre Rollenzuschreibung").

> „Und ich bin sechs. Dann kann man einem Kind, dessen Vater im Krieg oder in Gefangenschaft ist, **muss** man dann schon zumuten, auf die Kleine aufzupassen. Weil meine Mutter, die musste also zusehen, dass wir was zu essen kriegten." (S32, 1)

> „Die Mutter ging hamstern, und die Älteste, mit sechs Jahren alt, passte auf die Vierjährige und die Zwillinge auf. Und wenn die Zwillinge die Windeln voll hatten, dann wurde sie ausgeschimpft." (S34, 2)

Von gut einem Drittel der Probandinnen (beider Geburtsränge) wird diese Verpflichtung oftmals als problematisch erlebt (Codierung bei Konflikten). Traub (2004) bestätigt, dass die Kriegserlebnisse ein größeres Verantwortungsgefühl gegenüber den Geschwistern, sowie die Verpflichtung, früh erwachsen zu werden, auslösen können.

Auch die Ergebnisse des Fragebogens zum erinnerten elterlichen Erziehungsverhalten, nach denen ältere Geschwister eine größere Kontrolle und Überbehütung durch die Eltern erleben, können demnach in diesem zeitgeschichtlichen Zusammenhang gesehen werden.

Die Interviewaussagen lassen außerdem eine durch die extremen Lebensbedingungen ausgelöste größere Familiensolidarität erkennen. Beschrieben werden beispielsweise Entbehrungen, Gefahren, Verluste oder Flucht, die anscheinend eine größere Bindung und Angewiesensein auf die Familie bewirkten.

> „(...) Wir kamen dann in ein Lager, einen Raum, (...). In dieser Zeit weiß ich, dass meine Eltern sehr viel mit uns raus gegangen sind (...). Ich denke, in dieser Zeit haben wir auch als Familie eine Art Zusammengehörigkeitsgefühl entwickelt. (...) auch zu beiden Schwestern." (S8, 2)

> „(...) dadurch, dass wir ja auch die Flucht und Vertreibung durchgemacht haben. Da haben wir ja auch nachher wieder ein anderes Verständnis zueinander gehabt, nicht. Wir waren dann froh, dass wir uns alle wieder gefunden haben und gesund zusammen waren. Das war dann nachher sowieso alles positiver für uns." (S1, 2)

Eine größere Familiensolidarität verstärkt demnach die Tendenz, die Familienbeziehungen und damit auch die Schwester positiver wahrzunehmen oder doch zumindest darzustellen.

Grundsätzlich ist davon auszugehen, dass jede Untersuchung in einem eigenen zeitgeschichtlichen Kontext zu sehen ist. Beispielsweise befindet sich Deutschland gerade in einer ungewöhnlich langen Friedenperiode. Möglicherweise stellt der fehlende zeitgeschichtliche Bezug einen Grund dar, warum es so problematisch ist, typische Beziehungsmuster zu entwickeln und auf bestehende Typologien anzuwenden. Letzteres verdeutlicht das folgende Kapitel.

7.4 Beziehungsmuster

Geschwisterliche Beziehungsmuster lassen sich in dieser Studie, entgegen der anfänglichen Erwartung, nur bedingt abgrenzen. Zu den hier gefundenen Mustern sei zunächst nochmals der Ergebnisüberblick genannt. Deutlich erkennen lassen sich folgende Beziehungsausprägungen:

Eine **überwiegend positive Beziehungswahrnehmung** mit wenig negativen Tendenzen: Die Schwestern sehen sich häufig; die andere wird als Freundin oder beste Freundin gesehen; es wird eine eng verbundene Beziehung mit viel gegenseitiger Hilfe und zahlreichen Gemeinsamkeiten beschrieben. Dagegen werden sehr wenige negative Aspekte, wie Streit, Vergleiche oder Unterschiede erlebt. Parallelen zum engen und sympathisch-angenehmen Beziehungsmuster nach Gold (1989b) sind zu erkennen.

Eine **hauptsächlich negative und wenig positive Beziehung**: Gegenseitige Treffen sind eher selten: Man sieht sich, wenn überhaupt, bei Familienfesten. Hilfe wird kaum gegeben und erfragt. Viele Konflikte, Kritik, distanzierende und abgrenzende Verhaltensweisen werden benannt. Häufiger wird von ausgeprägten Vergleichen und Unterschieden berichtet. Zum Teil kommt es zu längeren, Jahre andauernden Beziehungsabbrüchen. Es bestehen Überschneidungen zum feindseligen Beziehungsmuster nach Gold (1989b).

Ein **ambivalent ausgeprägtes Beziehungsmuster**: dieses ist durch ein Nebeneinander zahlreicher positiver und negativer Aussagen gekennzeichnet. Es werden sowohl eine große Nähe zur Schwester, häufige Treffen, gegenseitige Hilfe und Gemeinsamkeiten beschrieben. Gleichzeitig werden aber auch viele abgrenzende Aspekte, wie Konflikte, Kritik, Neid und/oder Unterschiede erlebt.

Weitere Beziehungsmuster: Schwestern, die eine verhalten positive Beziehung mit seltenen Treffen beschreiben und dem mittleren Valenzbereich zugeordnet werden, sowie negative Einschätzungen mittlerer bis hoher Ausprägung machen, weisen ansatzweise Übereinstimmungen mit dem loyalen Beziehungsmuster nach Gold (1989b) auf. Andere Paare, die Wertungen jeweils im mittleren positiven oder/und negativen Valenzbereich aufweisen, konnten keinem Beziehungsmuster zugeordnet werden.

Die zwiespältige Beziehungsform, die einige Teilnehmerinnen beschreiben, entspricht den theoretischen Ansätzen, nach denen eine gefühlsmäßige Ambivalenz, das gleichzeitige Auftreten negativer und positiver Emotionen, ein Merkmal der

Geschwisterbeziehung darstellt (vgl. Bedford, 1989b, S6ff.; Furman & Buhrmester, 1985, S. 448ff.; Kasten, 1993, S. 8ff.). Überraschenderweise findet sich in den Typologien von Gold (1989b) und Stewart et al. (2001) hierzu kein vergleichbares Beziehungsmuster. Letztere beschreiben zwar eine konkurrierende Gruppe, bei genauerer Betrachtung erscheint ein Vergleich jedoch nicht zuzutreffen, da die Autoren als Kennzeichen zum Beispiel „beinahe tägliche Treffen" und „eine große Bewunderung" benennen.

Wie bereits angesprochen, wirkt sich die Beschränkung auf Paare mit großer Wahrscheinlichkeit auch auf die gefundenen Beziehungsmuster aus. Es ist davon auszugehen, dass sich Personen mit distanzierten bis feindseligen oder sehr konfliktreichen Beziehungen seltener meldeten. Steht eine Analyse der Beziehungsmuster im Vordergrund, erscheint die Teilnahme von Einzelpersonen und Paaren in zukünftigen Untersuchungen sinnvoll, um so ein größeres Spektrum der Geschwisterbeziehung in Erfahrung zu bringen.

Zu bedenken ist auch, dass, wie bereits bei Milgram und Ross (1982) geschildert, unter Geschwistern ein Tabu besteht, Rivalität zu benennen. So fällt auch in dieser Studie auf, dass die Teilnehmerinnen die Frage nach einer Rivalität oder Konkurrenz mit der Schwester oftmals verneinen und auch in Bezug auf andere, eher dem negativen Gefühlsbereich zugeordnete Fragen (z.B. zu Konflikten), zurückhaltend und sozial erwünscht antworten.

> „Also, ich bin nicht auf sie neidisch, da müssen Sie meine Schwester fragen, weiß ich nicht. Also ich bin auf nichts neidisch." (S27, 1)

> „Also, wenn mich an meiner Schwester etwas stört, dann würde ich Ihnen das niemals sagen auch nicht für ein Interview. (...) Jetzt weiß ich auch nicht, was ich da raussuchen sollte." (S16, 1)

> *„Können Sie sich an Auseinandersetzungen in der Kindheit erinnern?"* „Können das manche Menschen in meinem Alter, sonst bin ich schon senil? (...) Da kann ich mich nicht erinnern. Ich glaube nicht, dass es nur harmonisch war. Aber wenn, waren es solche Kleinigkeiten." (S41, 2)

Erst einheitliche Untersuchungsmethoden können eine eindeutige Aussage treffen, ob beispielsweise gefundene Beziehungsmuster tatsächlich mit den bestehenden Typologien übereinstimmen oder ob, wie im Hinblick auf die ambivalente Ausprägung, von einem bisher nicht festgestellten Muster auszugehen ist. Hier besteht eine Forderung an zukünftige Forschungen, ein einheitliches Vorgehen zu entwickeln und die angewandten Methoden transparent und nachvollziehbar darzustellen.

Werden abschließend die Ergebnisse zu den geschwisterlichen Beziehungsmustern in der vorliegenden Studie zusammenfassend betrachtet, bestätigen sie die bestehenden Typologien von Gold (1989b) und Stewart et al. (2001) nicht bzw. nur in Ansätzen. Auch wenn zu Beginn der Befragung eine Typisierung zunächst sehr plausibel und auch verführerisch erscheint, da sie eine einfache Kategorisierung der

Ergebnisse verspricht, zeigt sich in dieser Untersuchung, dass sie in der praktischen Umsetzung kaum haltbar ist. Werden die Einzelfälle betrachtet und ihre beeinflussenden Faktoren berücksichtigt (z.B. zeitgeschichtliche Einflüsse), sind sie nur schwer und unter großen Kompromissen einer Typologie zuzuordnen. Nicht zuletzt lässt sich eine relativ große Teilnehmerinnengruppe (im mittleren negativen oder/und positiven Valenzbereich) keinem Beziehungsmuster zuweisen. Resümierend betrachtet ist der Nutzen und Erkenntnisgewinn einer Typologie der Geschwisterbeziehung daher begrenzt. Vielmehr erscheint eine differenzierte Betrachtung der verschiedenen inhaltlichen Kategorien bzw. Dimensionen sinnvoller und aussagekräftiger, die in den nächsten Kapiteln aufgegriffen wird.

7.5 Schwestern: Was macht ihre Beziehung aus?

Die Frage, was die Schwesternbeziehung ausmacht, ist auch nach Abschluss dieser Studie nicht in einem Satz zu beantworten. Die zahlreichen beeinflussenden Faktoren und Variablen, sowie die Vielseitigkeit ihrer Beziehung machen eine mehrdimensionale Herangehensweise erforderlich.

Nach der Interviewauswertung können Aussagen zu folgenden Bereichen gemacht werden: Häufigkeiten der Kategoriencodierung und ihrer Skalierung, Verteilung der Kategoriengesamtwerte, Inhalte, Themen und Richtung der Interviewaussagen zu den einzelnen Kategorien. Aufgrund ihrer besonderen Bedeutung für die Geschwisterbindung fokussiert die vorliegende Studie jeweils konkreter die Konfliktthemen, die elterliche Ungleichbehandlung und die Besonderheit der Beziehung.

Für die ausführliche Diskussion erfolgt hier nochmals ein kurzer Ergebnisüberblick:

- Die häufigsten hoch und sehr hoch skalierten Codierungen der Teilnehmerinnen fallen auf die Kategorien „Hilfe“, „Nähe“, „Gemeinsamkeit“ und „Konflikt“, gefolgt von der bereits deutlich seltener zugeordneten „Abgrenzung“. Auffallend selten werden dagegen unabhängig von der Skalierung „Identifikation“, „Abhängigkeit“ und eine (unausgeglichene bzw.) „negative Hilfe“ genannt.
- Die überwiegende Zahl der Teilnehmerinnen schildert sehr viele positive Beziehungsaspekte. Sie beschreiben zahlreiche Gemeinsamkeiten, eine große Nähe und ein hohes Maß an gegenseitiger Hilfe. Niedrige positive Kategoriengesamtwerte werden am seltensten für „Nähe“, gefolgt von „Hilfe“ und schließlich „Gemeinsamkeit“ erreicht. Die Kategorien positiver Valenz zeichnen sich durch ein Überwiegen der hohen Gesamtwerte aus. Insgesamt werden mehr positive als negative Aussagen getroffen. Die Mehrzahl (61 Prozent) der Probandinnen erreicht eine sehr hohe bis hohe positive Valenz der Beziehung.

- Die Verteilung der negativ gewichteten Kategorien ist weniger deutlich polarisiert. Die häufigsten hoch skalierten Codierungen liegen zu „Konflikt“ vor, die wenigsten bei „negativer Hilfe“ und „Abhängigkeit“. Die weiteren Codierungen sind relativ gleichmäßig auf die verbleibenden Kategorien verteilt. Niedrige Einstufungen der negativ gewichteten Kategoriengesamtwerte überwiegen deutlich, jedoch liegen auch einige hohe vor; so erwähnt mehr als ein Drittel der Versuchspersonen deutlich ausgeprägte negative Aspekte. Davon beschreiben jedoch einige gleichzeitig zahlreiche positive und verbindende Beziehungsmerkmale oder machen verhalten positive Aussagen. Der Anteil der einseitig negativ geprägten Beziehungen ist in der Minderzahl.

Kurz und prägnant zusammengefasst heißt das: **Schwesternpaare erleben ihre Beziehung überwiegend positiv.** Frauen im späten Erwachsenenalter nennen am häufigsten ausgeprägte verbindende und bejahende Beziehungsmerkmale. Hierbei betonen sie die besondere Verbundenheit zur Schwester, häufige Kontakte, die gegenseitige Hilfe und zahlreiche Gemeinsamkeiten. Es besteht die Tendenz, die Beziehung in der Gegenwart positiver einzustufen als in den vorangegangenen Lebensabschnitten. Es werden jedoch auch relativ häufig negative Aspekte, wie Auseinandersetzungen, Kritik und Unterschiede in der Beziehung erlebt. Und auch hier besteht die Tendenz, die Konflikte in der Gegenwart geringer einzustufen. Nur wenige stehen ihrer Schwester einseitig ablehnend oder kritisch gegenüber.

Die Veränderung der positiven und negativen im späten Erwachsenenalter bestätigt die bisherigen Forschungsergebnisse. So beschreiben Stewart et al. (2001) mit steigendem Alter eine emotional wärmere und weniger konflikthafte Geschwisterbeziehung. Und auch Bedford (1989a), Milgram und Ross (1982) und Schulman (1999) belegen die Tendenz der Geschwister, sich mit zunehmendem Alter wieder näher zusammenzuschließen. Gold (1989a) spezifiziert diesen Effekt als Generationensolidarität, der zu einer größeren Nähe (besonders zwischen Schwestern) und dadurch bedingt jedoch auch zu einem erneuten Anstieg der geschwisterlichen Streitigkeiten führt. Diese Konfliktzunahme wird durch die vorliegenden Resultate jedoch nicht bestätigt.

Für die positive Einschätzung der Beziehung erscheint in dieser Studie die gegenseitige Hilfe besonders bedeutsam. Diese spielt auch bei weniger engen Beziehungen noch eine Rolle. So wird nur selten Unzufriedenheit mit der Hilfe, bzw. eine unausgeglichene oder fehlende gegenseitige Hilfe benannt. Diese besondere Unterstützungsfunktion wird durch verschiedene Studien bestätigt und beispielsweise von Avioli (1989), Campbell et al. (1999) und Goetting (1986) beschrieben (vgl. Kapitel 2.2.2.4).

Die positive Einschätzung der Schwesternbeziehung fällt vermutlich aufgrund der paarweisen Teilnahme etwas ausgeprägter aus, als das im Durchschnitt der Fall ist; dieser Effekt ist bei der Betrachtung der Ergebnisse zu berücksichtigen. Bemerkenswerterweise beschreibt ungeachtet der paarweisen Befragung immerhin mehr als ein Drittel der Frauen auch ausgeprägte negative Beziehungsmerkmale.

Inwieweit sich das Ausmaß sowohl abgrenzender als auch bejahender Aussagen bei anderen Versuchsanordnungen (z.B. Befragung von Einzelpersonen) bestätigt, ist eine Frage an zukünftige Untersuchungen.

7.6 Was ist das Besondere der Schwesternbeziehung?

Die meisten Teilnehmerinnen erleben Besonderheiten der Beziehung, die sie oftmals mit einer familiären Verbundenheit oder einer (verglichen mit Freundschaften) außergewöhnlichen Nähe und Bindung begründen. Nur Einzelne verneinen eine Eigenheit der Geschwisterbeziehung oder nennen stattdessen näher stehende Freunde. Einige Personen sehen die Besonderheit der Beziehung in Abhängigkeit von der Beziehungsqualität. Häufig wird der normative (neutrale und weniger positiv erscheinende) Charakter der Bindung als herausragendes Merkmal benannt. Dieser wird jedoch auffallend selten von beiden Schwestern eines Paares übereinstimmend erwähnt.

Die Ergebnisse verdeutlichen, dass für die Mehrzahl der Teilnehmerinnen die Schwesternbeziehung auch noch im späten Erwachsenenalter eine besondere Bindung darstellt, die sich von anderen Beziehungen unterscheidet. Sie können als Hinweis auf eine lebenslange Wirksamkeit der ersten Bindungserfahrungen nach Bowlby (1975) mit den Geschwistern in der Kindheit gesehen werden (vgl. Bank & Kahn, 1991; Bedford, 1995; Stewart et al., 1998, Kapitel 2.2.2.1). Sehr anschaulich macht das eine Teilnehmerin, die die Geschwisterbeziehung mit der Mutter-Kind-Beziehung vergleicht. Das Zusammengehörigkeitsgefühl, welches durch das frühe Zusammenleben entstanden ist, gewinnt nach Milgram und Ross (1982) im Alter wieder an Bedeutung; dieser Effekt wird auch in der vorliegenden Studie aufgezeigt.

7.6.1 Konflikte

Bezogen auf die Aussagen zu geschwisterlichen Konflikten fallen die zahlreichen hohen Codierungen auf, die mehr als die Hälfte der Teilnehmerinnen beschreiben, die jedoch in der Gegenwart etwas abnehmen. Zu bedenken ist ein Einfluss der retrospektiven Befragung auf die Ergebnisse, der eine genaue zeitliche Zuordnung der Aussagen bereits in der Erinnerung der Teilnehmerinnen erschwert (vgl. Kitze et al., 2007, S59ff.). Gegebenenfalls besteht hinsichtlich der aktuellen Beziehungsdarstellung eine größere Tendenz, sozial erwünscht zu antworten.

Diese Befunde bestätigen Ergebnisse von Stocker et al. (1997). Demnach beschreiben Schwestern im jungen Erwachsenenalter mehr Rivalität in ihrer Beziehung als Brüder. Personen mit weiblichen Geschwistern beschreiben mehr Wärme aber auch mehr Konflikte. Eine größere Nähe und häufigere Konflikte belegen auch

Connidis (1989) und Bank und Kahn (1991) für gleichgeschlechtliche und altersnahe Geschwister.

Bekräftigt werden auch Resultate, nach denen Rivalität als Auslöser geschwisterlicher Konflikte anzusehen ist (Argyle & Furnham, 1983, Bank & Kahn, 1991, Milgram & Ross, 1982). Mehr als drei Viertel der Teilnehmerinnen, die umfassende Vergleiche und Konkurrenz beschreiben, berichten auch von zahlreichen ausgeprägten Auseinandersetzungen (und erreichen einen hohen bis sehr hohen Kategoriengesamtwert).

Ebenfalls in diesen Kontext passen die Ergebnisse zu Konflikten, die die Teilnehmerinnen als „schlimmste" Auseinandersetzung mit der Schwester bewerten: Sie werden häufig in Zusammenhang mit dem elterlichen Erbe erlebt und meist übereinstimmend von beiden Schwestern eines Paares benannt. Streitigkeiten um das elterliche Erbe können als späte Folge lebenslanger geschwisterlicher Rivalität gesehen werden und ein Ausdruck fortgesetzter elterlicher Ungleichbehandlung sein.

Als Konsequenz dieser Ergebnisse und der Tragweite der Auseinandersetzungen ergeben sich Empfehlungen für ein gerechtes Elternverhalten. Hilfreich für die Vermeidung gravierender Konflikte kann beispielsweise eine vorzeitige und gleichmäßige Aufteilung des Erbes noch zu Lebzeiten der Eltern sein.

Interessante Überschneidungen zeigen sich bei den Kategorien „Konflikt" und „negative Hilfe": Von den 20 Personen, die eine ausgeprägte unausgeglichene Hilfe oder Unzufriedenheit mit der Hilfe benennen, beschreiben fast alle auch zahlreiche und umfassende Konflikte. Da jedoch mehr als die Hälfte der Stichprobe ausgeprägte Konflikte benennen, kann sie nur für einen Teil der konfliktreichen Beziehungen als Erklärung herangezogen werden. Ein Zusammenhang zwischen einer unausgeglichenen oder fehlenden geschwisterlichen Hilfe und dem Auftreten von Konflikten zeichnet sich ab. Hier bestätigen sich die Befunde von Avioli (1989), nach denen eine unausgeglichene Reziprozität geschwisterlicher Hilfe Konflikte hervorrufen kann. Ein Fehlen oder Misslingen scheint sich entsprechend negativ auf die Beziehung auszuwirken. Dieser Effekt bekräftigt wiederum die besondere Funktion geschwisterlicher Hilfe, die nach Goetting (1986) eine Entwicklungsaufgabe ihrer Beziehung darstellt.

Zusammenfassend ist festzuhalten, dass Auseinandersetzungen auch im späten Erwachsenenalter für die Schwesternbeziehung bedeutsam sind und häufig auftreten, wenngleich in dieser Studie eine leichte Verringerung mit dem Alter zu beobachten ist. Konflikt verstärkend können sich ein unausgeglichenes bzw. negativ bewertetes Hilfsverhalten und Rivalität auswirken. Besonders negativ werden Konflikte um die Versorgung der Eltern und das Erbe erlebt.

Konflikte und eine große Nähe schließen sich nicht aus, so sind auch ambivalente Beziehungsmuster zu erkennen.

7.6.2 Elterliches Ungleichverhalten

Bemerkenswert sind die zahlreichen Nennungen eines elterlichen Ungleichverhaltens in dieser Studie, die ungeachtet der Norm zur elterlichen Gleichbehandlung bestehen. Hier nochmals ein kurzer Ergebnisüberblick:

- Mehr als die Hälfte der Teilnehmerinnen erinnert sich an eine ausgeprägte Ungleichbehandlung, bei der auch eine deutliche Benachteiligung oder Bevorzugung erlebt wird. Nur ein gutes Viertel beschreibt eine geringe bis keine elterliche Ungleichbehandlung.
- Auffallend ist die große Übereinstimmung der Schwestern in der Einschätzung des Elternverhaltens: Sie bewerten die Ausprägung der Ungleichbehandlung meist ähnlich und nur ein Fünftel weicht deutlich in der Wahrnehmung ab.
- Auch bei der Betrachtung der inhaltlichen Themen und Richtung des Ungleichverhaltens liegen nur bei einem guten Fünftel der Paare sehr unterschiedliche Sichtweisen vor. Die anderen stimmen zu zwei Dritteln in ihrer Wahrnehmung weitestgehend und zu einem Drittel bedingt überein.
- Die Teilnehmerinnen berichten am häufigsten von einer eigenen Benachteiligung. Es wird jedoch auch eine eigene Bevorzugung und eine Benachteiligung oder Bevorzugung der Schwester beschrieben.

Diese Befunde zeigen, dass Geschwister mehrheitlich ein Ungleichverhalten wahrnehmen, ungeachtet ob sie selbst oder ihr Geschwister bevorzugt oder benachteiligt wurden. Die wenigen unterschiedlichen Wahrnehmungen des Elternverhaltens weisen daraufhin, dass diese deutlich abweichenden Sichtweisen innerhalb eines Paares mit einer stärker negativ geprägten Beziehungsqualität (Valenz) zusammenfallen. Überraschenderweise ist kein Zusammenhang zwischen dem Ausmaß der Ungleichbehandlung und einer größeren Abweichung in der Wahrnehmung des Elternverhaltens bei den Schwestern eines Paares zu erkennen. Zukünftige Studien mit Geschwistern, die stärker von trennenden, negativen Beziehungsaspekten berichten, können Aufschluss über die Richtigkeit der gefundenen Tendenzen geben.

Die vorliegenden Befunde belegen einen signifikanten Zusammenhang zwischen dem Ausmaß der Ungleichbehandlung und der Beziehungsqualität. Je höher die elterliche Ungleichbehandlung eingestuft wird, desto geringer fällt die positive Valenz der Beziehung aus und desto ausgeprägter werden negative und trennende Beziehungsaspekte beschrieben. Dieses Ergebnis ist besonders bemerkenswert, da ein zeitlich überdauernder Zusammenhang zwischen der geschwisterlichen Beziehungsqualität und der elterlichen Ungleichbehandlung im späten Erwachsenenalter beschrieben wird. Zu diesem Zeitpunkt sind die Eltern meist bereits verstorben und das gemeinsame Leben der Geschwister im Elternhaus liegt lange zurück. Daher kann die Annahme von Riggio (2000), dass eine elterliche Favorisierung die kindliche jedoch nicht die erwachsene Geschwisterbeziehung negativ beeinflusst, mit dieser Studie nicht bestätigt werden. Stattdessen weisen die vorliegenden Ergebnisse auf einen überdauernden, negativen Effekt elterlicher Ungleichbehandlung hin. Die Kausalität kann aufgrund des retrospektiven Ansatzes jedoch nicht als sicher gewertet werden.

Wird der Zusammenhang zwischen der elterlichen Ungleichbehandlung und dem geschwisterlichen Unterstützungsverhalten betrachtet, zeigt diese Erhebung, dass bei einem ausgeprägten ungleichen Elternverhalten häufiger eine geringe gegenseitige Hilfe ausgedrückt wird. Zusätzlich, jedoch etwas abgeschwächt, waren auch die geschwisterliche Nähe und ihre Gemeinsamkeiten beeinträchtigt. Diese Befunde bekräftigen die Ergebnisse von Boyle et al. (2004) und Ferring, Boll und Filipp (2003). Erstere zeigen, dass bei Kindern mit einer elterlichen Favorisierung auch die Unterstützung durch das Geschwister verloren geht. Möglicherweise setzt sich der dort gefundene Effekt von der Kindheit bis ins Erwachsenenalter fort. Letztere belegen, dass die geschwisterliche Beziehungsqualität bei Erwachsenen auch durch eine erinnerte elterliche Benachteiligung negativ beeinflusst wird. Dabei war besonders das Unterstützungsverhalten beeinträchtigt, während sich ein Einfluss auf die geschwisterliche Nähe und Verbundenheit nur bei einer väterlichen Benachteiligung zeigte.

Entgegen der Erwartung lassen die Ergebnisse keinen Zusammenhang zwischen einer elterlichen Ungleichbehandlung und geschwisterlichen Vergleichen bzw. Konkurrenz erkennen. Das widerspricht dem intuitiv plausibel erscheinenden Zusammenhang zwischen dem Elternverhalten und der geschwisterlichen Rivalität und bisherigen Ergebnissen zur Geschwisterforschung. So beschreiben Milgram und Ross (1982) eine bis ins Alter anhaltende Rivalität und Konkurrenz aufgrund einer elterlichen Favorisierung. Inwieweit hierbei das Tabu einer Erwähnung geschwisterlicher Rivalität wirksam ist, konnte nicht geklärt werden; es ist jedoch zu vermuten.

Ein unterschiedliches Elternverhalten, das von den Teilnehmerinnen eher neutral und nicht benachteiligend erlebt wird, wurde einer geringen Skalierung zugeordnet, die bei der Beschreibung der Kategorien und ihrer Ankerbeispiele zuletzt dargestellt (vgl. Kapitel 5.2.2). Das heißt, die gefundenen ausgeprägten Ergebnisse eines ungleichen Verhaltens sind mehrheitlich dem Konzept einer elterlichen Favorisierung und nur in geringem Maße den „nicht geteilten Umwelten" der Geschwister (welche eher neutral einzustufen sind) zuzuordnen (vgl. Boll et al., 2001, Kapitel 2.1.1.1 und 2.2.2.3).

Der Fragebogen zum erinnerten elterlichen Erziehungsverhalten (FEE) bietet die Möglichkeit, das erinnerte Elternverhalten der Geschwister zu vergleichen und wurde im Sinne einer Triangulation der Methoden hinzugenommen.

Hierbei ergaben sich überraschenderweise für die Skala „Kontrolle und Überbehütung" signifikante Unterschiede je nach dem Geburtsrang der Teilnehmerinnen.

Die Älteren beschreiben eine signifikant höhere Kontrolle für beide Elternteile als ihre Schwestern. In diesen Zusammenhang sind die Ergebnisse von Kowal et al. (2002) beachtenswert, nach denen ältere Geschwisterkinder signifikant mehr elterliche Kontrolle wahrnahmen als die jüngeren. Die Hälfte der Teilnehmer beurteilte dort die ungleiche Kontrolle als fair, die andere Hälfte als unfair. Negative Auswirkungen zeigten sich nur, wenn eine Ungerechtigkeit im Elternverhalten wahrgenommen wurde. Da die vorliegenden Befunde keinen Zusammenhang zur inhaltsanalytisch ermittelten Beziehungsqualität (Valenz) erkennen lassen, ist zu vermuten, dass die Teilnehmerinnen diesen Aspekt des Elternverhaltens nicht als ungerecht erleben (beispielsweise mit dem Alter der anderen oder der eigenen Geschwisterposition erklären). Demnach können die Ergebnisse des FEE zur elterlichen Kontrolle und Überbehütung in einen Zusammenhang mit den „neutraleren" nicht geteilten Umwelten der Geschwister einer Familie gestellt werden (vgl. Boll et al., 2001; Boyle et al., 2004; Dunn & Plomin, 1996; Feinberg et al., 2003, Hetherington, Reiss & Plomin, 1994; Milgram & Ross, 1982, Kapitel 2.2.2.3).

Zusammenfassend ist hervorzuheben: Ein erinnertes elterliches Ungleichverhalten geht in der vorliegenden Studie mit einer beeinträchtigten Beziehungsqualität einher. Schwestern, die sich an große Unterschiede im Elternverhalten erinnern, beschreiben auch noch im späten Erwachsenenalter eine signifikant negativere und weniger positive Beziehungsqualität. Außerdem zeichnet sich ein negativer Einfluss auf das geschwisterliche Unterstützungsverhalten ab. Überlegungen zur wahrgenommen Gerechtigkeit, den geteilten Umwelten der Geschwister machen jedoch deutlich, dass keine einfachen Ursache-, Wirkungszusammenhänge bestehen und die Bewertung der ungleichen Behandlung durch die Geschwister einbezogen werden muss.

Warum die Paardifferenzen im Fragebogen (FEE) und die Interviewauswertung zur erinnerten elterlichen Ungleichbehandlung unterschiedlich ausfallen und inwieweit die jeweiligen Erklärungsansätze zur Gerechtigkeit und dem Theorem der „nicht geteilten Umwelten" sich bestätigen, stellt eine interessante Frage für zukünftige Forschungen dar.

7.7 Dyade

Ein wesentlicher Vorteil dieser Untersuchung besteht darin, dass beide Geschwister zu ihrer Beziehung befragt werden, wie beispielsweise von Cicirelli (1995) gefordert.

Hierbei zeigte sich, dass die Paare in der Ausprägung ihrer positiven und negativen Valenz mehrheitlich übereinstimmen. Die Teilnehmerinnen stellen ihre Beziehung meist übereinstimmend positiv, verbindend oder kaum positiv aber sehr konfliktreich dar. Die wenigen Paare, die sich in ihrer Sichtweise deutlich unterscheiden, beschreiben teils sowohl sehr positive, als auch teils sehr negativ geprägte Beziehungen. Auch ein Vergleich der Selbstbewertung der Beziehung bestätigt diese Tendenz: Die Beziehung innerhalb eines Schwesternpaares wird unabhängig von der Qualität meist ähnlich bewertet.

Bezogen auf die geschwisterlichen Konflikte gehen die Sichtweisen etwas auseinander, aber auch hier werden sie zu einem Drittel übereinstimmend benannt; ein weiteres Drittel nennt die gleichen Konfliktthemen aber unterschiedliche Sichtweisen. Nur eine Minderheit stimmt überhaupt nicht überein. Und auch für das ungleiche Elternverhalten gilt, dass Ausmaß, Inhalte und Richtung von den Schwestern überwiegend ähnlich bewertet werden. Nur wenige unterscheiden sich deutlich in der Wahrnehmung des Elternverhaltens. Am häufigsten wird eine eigene Benachteiligung erlebt, aber auch eine Benachteiligung oder Bevorzugung der Schwester wird gesehen.

Überraschende Unterschiede erbrachte dagegen die bereits bei der Triangulation beschriebene paarweise Gegenüberstellung des Selbst- und (durch die Schwester erstellten) Fremdbildes mit Hilfe des Gießen-Tests. Diese zeigte signifikante Unterschiede zwischen den jüngeren und älteren Schwestern eines Paares. Verschiedene Einflüsse, wie ein zugrunde liegender Konflikt um die Vorherrschaft in der Beziehung, ein größeres Verantwortungsgefühl in Verbindung mit einer verständnisvolleren Sicht der älteren Schwestern, sowie ein zeitgeschichtlicher Kontext wurden diskutiert.

Zusammenfassend zeigen die Resultate, dass Schwestern im späten Erwachsenenalter ihre Beziehung mehrheitlich ähnlich wahrnehmen, ungeachtet ob sie eine große Verbundenheit oder viele negative Beziehungsaspekte erleben. Ein Zusammenhang zwischen der Geschwisterposition und der Persönlichkeitswahrnehmung der Schwestern ist erkennbar.

7.8 Geschwister: ein Resümee

Nach einer langen Zeit der Forschung werde ich immer wieder gefragt, was denn das Besondere der Schwesternbeziehung sei, was ihre Beziehung ausmache.

Die Teilnehmerinnen betonen auf diese Frage zumeist die Einzigartigkeit und Besonderheit ihrer Beziehung, die sie mit ihrer gemeinsamen Herkunft und Kindheit, sowie einer außergewöhnlichen Bindung und Vertrauen begründen.

Eine kurze und prägnante Antwort auf diese Frage ist mir als Forscherin dagegen nicht möglich. Betrachtet man die verschiedenen Forschungsansätze, so erscheint eine allgemeingültige Theorie, die alle Ausprägungen und Relationen vorhersagen kann als unrealistisch. Stattdessen können die verschiedenen Ansätze als Leitlinien für die theoretische Analyse gesehen werden.

Diese Erhebung ist in einen größeren entwicklungspsychologischen Rahmen zu setzen. Sie betrachtet den Verlauf der Geschwisterbeziehung aus der Perspektive des späten Erwachsenenalters (vgl. Cicirelli, 1995, Goetting, 1986). Bindungstheoretische Elemente fließen ein, wenn verschiedene Beziehungsmuster abgegrenzt und kontrastiert werden (vgl. Bank & Kahn, 1991; Gold, 1989b; Stewart et al., 2001). Die Befragung von Schwesternpaaren trägt der Interaktion zwischen Geschwistern Rechnung und berücksichtigt die Perspektive beider Personen, die an der Beziehung beteiligt sind. Als wesentliche Einflussgröße dieser lebenslangen Familienbeziehung ist das Elternverhalten zu berücksichtigen (vgl. Boll et al., 2001, Ferring et al., 2003). Die vorliegenden Befunde zeigen:

- Der Erkenntnisgewinn von Beziehungsmustern ist gering. Ein Vergleich mit bestehenden Typologien gelingt nur ansatzweise. Einige Personen sind nicht zuzuordnen. Eine detaillierte Betrachtung der Beziehungskategorien erscheint ergiebiger.
- Konflikte werden häufig erlebt, haben oftmals allgemeine Inhalte, aber auch die Versorgung der Eltern und das Erbe zum Inhalt. Längere Beziehungsabbrüche sind selten und auch hier scheint das Elternverhalten eine Rolle zu spielen. Es zeigt sich jedoch ein Tabu und eine Zurückhaltung bei der Darstellung negativer Beziehungsinhalte.
- Ein Einfluss des Elternverhaltens zeigt sich auch noch im späten Erwachsenenalter. Es besteht eine signifikante Wechselwirkung zwischen einem erinnerten ungleichen Elternverhalten und der Qualität der Beziehung. Ältere Schwestern erinnern sich an eine größere elterliche Kontrolle als ihre jüngeren Schwestern.
  Aufgrund der großen Rolle, die das Elternverhalten für die Qualität der Geschwisterbeziehung spielt, wird empfohlen, zeitlebens auf eine gerechte und wertschätzende Behandlung aller Geschwister zu achten (beispielsweise gerechte Verteilung materieller Unterstützung).
- Positive Beziehungsaspekte überwiegen im späten Erwachsenenalter, wenngleich auch häufiger Konflikte oder andere negative Seiten benannt werden. Die Beziehung wird mit zunehmendem Alter tendenziell näher erlebt, Konflikte werden weniger ausgeprägt eingestuft als in anderen Lebensabschnitten.
- Das dyadische Erleben der Schwestern weist viele Übereinstimmungen auf. Die Beziehung wird unabhängig von ihrer Qualität überwiegend ähnlich bewertet. Dagegen beschreiben die Schwestern ihre Persönlichkeit in Abhängigkeit von ihrem Geburtsrang unterschiedlich. Eine größere Verantwortung und mehr Verständnis auf Seiten der älteren Schwestern und zugrunde liegende Konflikte werden vermutet. Diese scheinen in einem zeitgeschichtlichen Zusammenhang (einem Einfluss der Kriegserlebnisse auf die Teilnehmerinnen) zu stehen.

Welchen Einfluss kann diese Erhebung auf zukünftige Forschungsansätze haben?

Es zeigt sich, dass die Abgrenzung von Beziehungsmustern kritisch abzuwägen und die Betrachtung einzelner Dimensionen aussagekräftiger ist. Sollen dennoch Typologien gebildet werden, besteht der Bedarf nach einer einheitlichen Herangehensweise und einer größeren Transparenz, um eine Übertragbarkeit auf verschiedene Untersuchungen zu ermöglichen.

Die überraschenden Ergebnisse zur Wahrnehmung der Persönlichkeit der Schwestern und dem Geburtsrang, aber auch der Eindruck eines größeren Verständnis der älteren Schwestern wecken das Interesse an Untersuchungen, die andere Beziehungsformen, wie Brüder oder Freundschaften und weitere Altersgruppen vergleichend einbeziehen und damit zu einer Erklärung dieser Befunde beitragen.

Grundsätzlich zeigt sich sowohl im Rahmen des erinnerten Elternverhaltens, als auch für die paarweise Wahrnehmung der Persönlichkeit, dass die Geburtsposition der Geschwister eine Rolle spielt. Ihr Einfluss sollte demnach auch bei zukünftigen Studien überprüft werden. Dieser ist jedoch nicht mit einer einfachen Zuschreibung von Positionen und Persönlichkeitseigenschaften gleich zusetzen.

Projektive Verfahren, wie sie von Milgram und Ross (1982) oder Bedford (1989c) angewendet wurden, können dazu beitragen, auch die negativen Komponenten der Geschwisterbeziehung aufzuklären und die Tendenz, sozial erwünscht zu antworten, relativieren.

Insgesamt konnte mit dieser Arbeit gezeigt werden, dass eine inhaltsanalytische Interviewauswertung gestützt durch Fragebogenanalysen wesentliche Veränderungen der Beziehung von Schwesternpaaren über die Lebensspanne aufzeigen kann.

Abschließend möchte ich nochmals auf den von Gold (1989a) geprägten Begriff der „Generationensolidarität" zurückgreifen, der meines Erachtens die Geschwisterbeziehung im späten Erwachsenenalter sehr zutreffend beschreibt. Auch wenn in dieser Studie nicht – wie bei ihr beschrieben – neben einer Zunahme der Nähe auch ein Konfliktanstieg erfolgte, integriert er sowohl die große Verbundenheit bzw. Annäherung der Geschwister und die Bedeutung der geschwisterlichen Hilfe. Darüber hinaus können auch die Eindrücke zu einer größeren Familiensolidarität, deren Zusammenhang mit den Kriegserlebnissen diskutiert wurde, eingegliedert werden.

Aufgrund des Eindrucks, dass die Familienbeziehungen (etwa durch Kontaktpflege, Unterstützung weiterer Familienmitglieder) im Wesentlichen von den Frauen der Familie getragen werden, ist der Begriff einer „schwesterlichen" oder „weiblichen Generationensolidarität" zur Charakterisierung der überwiegend nahen Schwesternbeziehungen im späten Erwachsenenalter zu überlegen.

8 Literaturverzeichnis

Abbey, C. & Dallos, R. (2004). The Experience of the Impact of Divorce on Sibling Relationships: A Qualitative Study. *Clinical Child Psychology and Psychiatry*, 9 (2), 241-259.

Adler, A. (1927). *Menschenkenntnis.* Hirzel, Leipzig.

Adler, A. (1983). *Der Sinn des Lebens.* Frankfurt: Fischer.

Ansbacher, H. L. & Ansbacher, R. (2004). *Die Individualpsychologie Alfred Adlers. Eine systematische Darstellung seiner Lehre in Auszügen aus seinen Schriften* (5. Aufl.). Reinhardt: München.

Arber, S. & Ginn, J. (1991). *Gender and later life: A Sociological Analysis of Resources and Constraints.* London: Sage.

Argyle, M. (1992). *The social psychology of everyday life.* London: Routledge.

Argyle, M. & Furnham, A. (1983). Sources of Satisfaction and Conflict in Longterm Relationships. *Journal of Marriage and the Family*, 45 (3), 481-492.

Argyle, M., Furnham, A. & Graham, J. A. (1981). *Social Situations.* University Press: Cambridge.

Arksey, H. & Knight, P. (1999). *Interviewing for Social Scientists: An Introductory Resource with Examples.* London: Sage.

Asendorpf, J. B. & Wilpers, S. (2000). Attachment security and available support: Closely linked relationship qualities. *Journal of Social and Personal Relationships*, 17 (1), 115-138.

Atchley, R. C. (1994). *Social Forces and Aging: An Introduction to Social Gerontology* (7. Aufl.). Belmont: Wadsworth.

Atteslander, P. (1993): *Methoden der empirischen Sozialforschung.* Berlin: Walter de Gruyter.

Auhagen, A. E. (1989). *Freundschaft im Alltag. Eine Untersuchung mit dem Doppeltagebuch.* Unveröffentlichte Dissertation, Freie Universität Berlin.

Auhagen, A. E. & Salisch, M. (1993). *Zwischenmenschliche Beziehungen.* Göttingen: Hogrefe.

Augstein, R. (Hrsg.), (2002). SPIEGEL special: Die Flucht der Deutschen. *SPIEGEL special*, 2002 (2).

Avioli, P. S. (1989). The Social Support Functions of Siblings in Later Life: A Theoretical Model. *American Behavioural Scientist*, 33 (1), 45-57

Backes, G. M. (2001). Lebenslagen und Alter(n)sformen von Frauen und Männern in den neuen und alten Bundesländern. In Deutsches Zentrum für Altersfragen (Hrsg). *Lebenslagen, soziale Ressourcen und gesellschaftliche Integration im Alter: Expertisen zum dritten Altenbericht der Bundesregierung*, Band III (11-115). Opladen: Leske + Budrich.

Backes, G. M. (2005). Alter(n) und Geschlecht: ein Thema mit Zukunft. *Aus Politik und Zeitgeschichte (APuZ),* 49-50, 31-38.

Baltes, P. B, Mittelstrass, J. & Staudinger, U. M. (1994). *Alter und Altern: Ein interdisziplinärer Studientext zur Gerontologie.* Berlin: de Gruyter.

Bank, S. P., Kahn, M. D. (1991). *Geschwister-Bindung* (2.Aufl.). Göttingen: Junfermann.

Bar-On, D. (2004). *Die Last des Schweigens. Gespräche mit Kindern von NS-Tätern* (2. Aufl.). Hamburg: Edition Körber Stiftung.

Beckmann, D. Brähler, E. & Richter, H.-E. (1991). *Gießen-Test, (GT): ein Test für Individual- und Gruppendiagnostik* (4. überarb. Aufl. mit Neustandardisierung 1990). Stuttgart: Huber.

Bedford, V. A. (1989a). Understanding the Value of Siblings in Old Age. *American Behavioural Scientist*, 33 (1), 33-44.

Bedford, V. A. (1989b). Ambivalence in Adult Sibling Relationships. *Journal of Family Issues*, 10 (2), 211-224.

Bedford, V. A. (1989c). A Comparison of Thematic Apperception of Sibling Affiliation, Conflict, and Separation at two Periods of Adulthood. *International Journal of Aging and Human Development*, 28 (1), 53-66.

Bedford, V. A. (1993). Geschwisterbeziehungen im Erwachsenenalter. In Auhagen, A. E. & Salisch, M. (Hrsg.). *Zwischenmenschliche Beziehungen* (119-141). Göttingen: Hogrefe.

Bedford, V. A. (1995). Sibling Relationships in Middle and Old Age. In Blieszner, R. & Bedford, V. H. (Eds.), *Handbook on aging and the family* (201-222). Westport: Greenwood Press.

Betzendahl, H. (30.10.2004). Psychophysische Auswirkungen an den Kriegskindern des WW II. www.kriegskinder.de/download/Betzendahl-Auswirkungen.pdf [Zugriff 10.10.2005]

Blake, J. (1989). *Family Size and Achievement.* Berkeley: University of California Press.

Blieszner, R. & ADAMS, R. G. (1992). *Adult friendship.* Newbury Park, CA: Sage.

Blieszner, R. & Bedford, V. H. (1995). *Handbook on aging and the family.* Westport: Greenwood Press.

Bode, S. (2005). *Die vergessene Generation. Die Kriegskinder brechen ihr Schweigen.* München, Zürich: Piper.

Bölsche, J. (2004). „So muss die Hölle aussehen" – Wie der von Hitler begonnene Bombenkrieg vernichtend auf die Deutschen zurückschlug. In Bugdorff, S. & Habbe, C. (Hrsg.), *Als Feuer vom Himmel fiel. Der Bombenkrieg in Deutschland* (18-38). Bonn: Bundeszentrale für politische Bildung (Lizenzausgabe).

Boll, T., Ferring, D. & Filipp, S.-H. (2001). Struktur und Folgen elterlicher Ungleichbehandlung von Geschwistern: Forschungsstand und -desiderate. *Zeitschrift für Entwicklungspsychologie und pädagogische Psychologie.* 33 (4), 195-203.

Bos, W. & Tarnai, C. (Hrsg), (1996). *Computergestützte Inhaltsanalyse in den empirischen Sozialwissenschaften: Theorie, Anwendung, Software.* Münster, New York: Waxmann.

Bowlby, J. (1975). *Bindung: eine Analyse der Mutter-Kind-Beziehung.* München: Kindler.

Bowling, A.,Gabriel, Z., Dykes, J., Marriott Dowding, L., Evans, O., Fleissig, A., Banister, D. & Sutton, S. (2003). Let's ask them: a national survey of definitions of quality of life and its enhancement among people aged 65 and over. *International Journal of aging and human development,* 56 (4), 269-306.

Boyle, M. H. Jenkins, J. M., Georgiades, K., Cairney, J., Duku, E. & Racine, Y. (2004). Differential-Maternal Parenting Behavior: Estimating Within- and Between-Family Effects on Children. *Child Development,* 75 (5), 1457-1476.

Brähler, E. & Brähler, C. (1993). *Paardiagnostik mit dem Gießen-Test. Handbuch.* Bern: Huber.

Brähler, E., Decker, O. & Radebold, H. (2003). Beeinträchtigte Kindheit und Jugendzeit im Zweiten Weltkrieg. Fassbare Folgen bei den Geburtsjahrgängen 1930-1945. *Psychosozial,* 26 (2), Nr.92, 51-59.

Brandstätter, H. & Kronenberger, N. (2003). Qualität der Partnerschaft – ein Produkt von Wertkonsens und Beziehungsdauer. *Zeitschrift für Sozialpsychologie,* 34 (2), 91-106.

Braun, H. (1992). *Alter als gesellschaftliche Herausforderung.* Regensburg: Friedrich Pustet.

Braun, W. (1981). *Die ältere Generation: zum Problemfeld zwischen Gerontologie und Pädagogik.* Bad Heilbrunn: Klinkhardt.

Brody, G. H., Stoneman, Z. & Mc Coy, J. K. (1992). Parental Differential Treatment of Siblings and Sibling Differences in Negative Emotionality. *Journal of Marriage and the Family,* 54, 643-651.

Brody, G. H. & Stoneman, Z. (1994). Sibling Relationship and Their Association With Parental Differential Treatment. In Hetherington, E. M., Reiss, D & Plomin, R. (1994), *Separate social worlds of siblings: the impact of nonshared environment on development* (129-142). Hillsdale, NY: Erlbaum.

Bühler, C. (1934). *Drei Generationen im Jugendtagebuch.* Jena: G. Fischer.

Bühler, C. (1932). *Jugendtagebuch und Lebenslauf.* Jena: G. Fischer.

Bundesministerium für Familie, Senioren, Frauen und Jugend (BMFSFJ), (2005). *Fünfter Bericht zur Lage der älteren Generation in der Bundesrepublik Deutschland. Potenziale des Alters in Wirtschaft und Gesellschaft.* Berlin. Abrufbar über: http://www.bmfsfj.de/bmfsfj/generator/redaktionBMFSFJ/Abteilung3/Pdf-Anlagen /fuenfter-altenbericht,property=pdf,bereich=,sprache=de,rwb=true.pdf [Zugriff 1.10.2006].

Burgdorff, S. & Habbe, C. (Hrsg.), (2004). *Als Feuer vom Himmel fiel. Der Bombenkrieg in Deutschland.* Bonn: Bundeszentrale für politische Bildung (Lizenzausgabe).

Burgdorff, S., Stern, C., Reddemann, L. & Schröder (2004). „Bombenkrieg macht alle gleich". In Burgdorff, S. & Habbe, C. (Hrsg.), *Als Feuer vom Himmel fiel. Der Bombenkrieg in Deutschland* (141-150). Bonn: Bundeszentrale für politische Bildung (Lizenzausgabe).

Bush, J. E. & Ehrenberg, M. F. (2003). Young Persons' Perspectives on the Influence of Family Transitions on Sibling Relationships: A Qualitative Exploration. *Journal of Divorce & Remarriage,* 39 (3/4), 1-36.

Caffaro. J. V. & Conn-Caffaro, A (1998). *Sibling Abuse Trauma. Assessment and Intervention Strategies for Children, Families and Adults.* New York: Haworth Maltreatment and Trauma Press.

Campbell, L. D., Connidis, I. A. & Davies, L. (1999). Sibling Ties in Later Life. *Family Issues*, 20 (1), 114-149.

Chodrow, N. (1990). *Das Erbe der Mütter. Psychoanalyse und Soziologie der Geschlechter* (3. Aufl.). München: Frauenoffensive.

Cicirelli, V. G. (1982). Sibling Influence Throughout the Lifespan. In Lamb, M. E. & Sutton-Smith, B. (Eds.), *Sibling Relationships: Their Nature and Significance Across the Lifespan* (267-284). Hillsdale, NY: Erlbaum.

Cicirelli, V. G. (1991). Adult Children's Help to Aging Parents. In Montada, L. & Bierhoff, H. W. (Eds.), *Altruismus in social systems* (41-57). Göttingen: Hogrefe.

Cicirelli, V. G. (1992). Siblings as Caregivers in Middle and Old Age. In Dwyer, J. W. & Coward, R. T. (Eds.), *Gender, families, and elder care* (84-101). Newbury Park, CA: Sage.

Cicirelli, V. G. (1995). *Sibling Relationships across the Life Span.* New York: Plenum Press.

Cicirelli, V. G. (2003). Mothers' and Daughters' Paternalism Beliefs and Caregiving Decision Making. *Research on Aging*, 25 (1), 3-21.

Coleman, M. & Ganong, L. (1993). An Exploratory Study of Stepsibling Subsystems. *Journal of Divorce and Remarriage*, 19 (3/4), 125-141.

Connidis, I. A. (1989). Siblings as Friends in Later Life. *American Behavioural scientist*, 33 (1), 81-93.

Connidis, I. A. (2007). Negotiating Inequality Among Adult Siblings: Two Case Studies. *Journal of Marriage and Family*, 69, 482-499.

Coward, R. T, Horne, C. & Dwyer, J. W. (1992). Demographic Perspectives on Gender and Family Caregiving. In Dwyer, J. W. & Coward, R. T., *Gender, families, and elder care* (18-33). Newbury Park, CA: Sage.

Damon, W. (1989). *Die soziale Entwicklung des Kindes. Ein entwicklungs-psychologisches Lehrbuch.* Stuttgart: Klett-Cotta.

Darnstädt, T. & Wiegrefe, K. (2002). „Vater erschieß mich!" *SPIEGEL special*, 2002 (2), 10-19.

Deater-Deckard, K., Pike, A., Petrill, S. A., Cutting, A. L., Hughes, C. & O´Connor, T. G. (2001). Nonshared environmental processes in social-emotional development: an observational study of identical twin differences in the preschool period. *Developmental Science*, 4 ,F1-F6.

Deutsch, M. (1976). *Konfliktregelung. Konstruktive und destruktive Prozesse.* Lückert, H.-R. (Hrsg.). München: E. Reinhardt.

Diepold, B. (1988). Psychoanalytische Aspekte von Geschwisterbeziehungen. *Praxis der Kinderpsychologie und Kinderpsychiatrie*, 37 (8), 274-280.

Dreikurs, R. (1990). *Grundbegriffe der Individualpsychologie.* Stuttgart: Klett-Cotta.

Driesch, G., Schneider, H., Heuft, G., Kruse, A. & Nehen, H. G. (2003). Auswirkungen belastender und fördernder biographischer Erfahrungen auf die aktuelle psychogene Beeinträchtigung Älterer. *Psychosozial,* 26 (2), Nr.92, 17-22.

Dunn, J. (1988). *The beginnings of social understanding.* Oxford: Basil Blackwell.

Dunn, J. & Kendrick, C. (1980). The Arrival of a Sibling: Changes in Patterns of Interaction between Mother and First-Born Child. *Journal of Child Psychology and Psychiatry*, 21, 119-132.

Dunn, J., Kendrick, C. & MacNamee, R. (1981). The Reaction of First-Born Children to the Birth of a Sibling: Mothers´ Reports. *Journal of Child Psychology and Psychiatry*, 22, 1-18.

Dunn, J. & McGuire, S. (1994). Young Children's Nonshared Experiences: A Summary of Studies in Cambridge and Colorado. In Hetherington, E. M., Reiss, D & Plomin, R., *Separate social worlds of siblings: the impact of nonshared environment on development* (111-128). Hillsdale, NY: Erlbaum.

Dunn, J. & Plomin, R. (1996). *Warum Geschwister so verschieden sind.* Stuttgart: Klett-Cotta.

Dwyer, J. W. & Coward, R. T. (1992). *Gender, families, and elder care.* Newbury Park, CA: Sage.

Deutsches Zentrum für Altersfragen (2005). Der Alterssurvey – Lebensqualität in der zweiten Lebenshälfte (Presseinformation). Berlin: BMFSFJ.

Deutsches Zentrum für Altersfragen (2005). Der Alterssurvey – Erwerbsbeteiligung und der Übergang in den Ruhestand (Presseinformation). Berlin: BMFSFJ.

Ellerbrock, B. (2003). Gestern und heute – Zur Lebenssituation der älteren Frauen in der Gesellschaft. *Forum Seniorenarbeit NRW: Themenschwerpunkt [Online-Journal]*, 8, 6-10. Abrufbar über: http://www.forum-seniorenarbeit.de. [Zugriff 10.03.2005].

Ellerbrock, B. (2004). Gender Mainstreaming – geschlechtergerechtes Denken und Handeln in der Arbeit von und mit Seniorinnen und Senioren. *Forum Seniorenarbeit NRW: Themenschwerpunkt [Online-Journal]*, 2. Abrufbar über: http://www.forum-seniorenarbeit.de. [Zugriff 10.03.2005].

Engler, U. (1991). Seeking Help and Thoughts About the Helper. In Montada, L. & Bierhoff, H. W. (Eds.), *Altruismus in social systems* (130-141). Göttingen: Hogrefe.

Engstler, H. (2006). Großelternschaft als Thema sozialwissenschaftlicher Forschung – ein Überblick über ausgewählte neuere Literatur. *Informationsdienst Altersfragen*, 33 (4), 11-16.

Eriksen, S. & Gerstel, N. (2002). A Labor of Love or Labor Itself. Care Work Among Adult Brothers and Sisters. *Journal of Family Issues*, 23, 836-856.

Erlemeier, N. (2002). *Alternspsychologie. Grundlagen für Sozial- und Pflegeberufe* (2. Aufl.). Münster: Waxmann.

Ermann, M. (2003). Wir Kriegskinder. Abrufbar über: www.poolalarm.de/kinderschutz/kriegskinder/Wir_Kriegskinder_SWR-Vortrag.pdf [Zugriff 11.10.2005]

Ernst, C. & Angst, J. (1983) *Birth Order. Its Influence on Personality*. Berlin: Springer-Verlag.

Everwien, S. (1992). *Lebenszufriedenheit bei Frauen: Eine beschreibende Analyse der Ausprägungen und Bedingungen von Lebenszufriedenheit bei ledigen und verheirateten Frauen der Geburtsjahrgänge 1919-1933*. Münster: Waxmann.

Feger, H. (1978). *Konflikterleben und Konfliktverhalten*. Bern: Springer Verlag.

Feinberg, M. E., McHale, S., Crouter, A. C. & Cumsille, P. (2003). Sibling Differentiation: Sibling and Parent Relationship Trajectories in Adolescence. *Child Development*, 74 (5), 1261-1274.

Ferring, D., Boll, T. & Filipp, S.-H. (2003). Elterliche Ungleichbehandlung in Kindheit und Jugend aus der Perspektive des mittleren Erwachsenenalters. *Zeitschrift für Entwicklungspsychologie und pädagogische Psychologie,* 35 (2), 83-97.

Ferring, D., Boll, T. & Filipp, S.-H. (08.08.2004). Elterliche Ungleichbehandlung und elterliche Bevorzugung in Kindheit und Jugend. In Fthenakis, W.E. & Textor, M.R. (Hrsg), *Das Online-Familienhandbuch*. www.familienhandbuch.de /cms/Familienforschung-Ungleichbehandlung .pdf. [Zugriff 1.10.2004]

Ferring, D., Boll, T. & Neumann, B. (2002). Soziale Vergleiche zwischen Geschwistern im frühen Erwachsenenalter: eine explorative Studie. *Zeitschrift für Entwicklungspsychologie und pädagogische Psychologie*. 34 (3), 174-183.

Fishel, E. (1980). *Schwestern. Liebe und Rivalität innerhalb und außerhalb der Familie*. Frankfurt: Ullstein.

Filipp, S.-H. & Mayer, A.-K. (2005). Zur Bedeutung von Altersstereotypen. *Aus Politik und Zeitgeschichte (APuZ)*, 49-50, 25-31.

Finkelhor, D., Turner, H. & Ormrod, R. (2006). Kid's stuff: The nature and impact of peer and sibling violence on younger and older children. *Child Abuse and Neglect*, 30, 1401-1421.

Flick, U. (1992). Entzauberung der Intuition. Systematische Perspektiven-Triangulation als Strategie der Geltungsbegründung qualitativer Daten und Interpretationen. In Hoffmeyer-Zlotnik, J. (Hrsg.), *Analyse verbaler Daten: über den Umgang mit qualitativen Daten* (11-55). Opladen: Westdeutscher Verlag.

Flick, U. (2000). *Qualitative Forschung. Theorie, Methoden, Anwendung in Psychologie und Sozialwissenschaften* (5.Aufl.). Reinbek: Rowohlt.

Flick, U., Kardorff, E., Keupp, H., Rosenstiel, L. & Wolff, S. (Hrsg.) (1995). *Handbuch Qualitative Sozialforschung. Grundlagen, Konzepte, Methoden und Anwendungen* (2.Aufl.). Weinheim: Beltz.

Fooken, I. (1999). Intimität auf Abstand. Familienbeziehungen und soziale Netzwerke. In Frahm, E. (Hrsg.), Niederfranke, A. & Naegele, G., *Funkkolleg Altern 2. Lebenslagen und Lebenswelten, soziale Sicherung und Altenpolitik* (209-243). Opladen: Westdeutscher Verlag.

Forer, L. & Still, H. (1982). *Erstes, zweites, drittes Kind. Welche Bedeutung hat die Geschwisterfolge für Kinder, Eltern, Familie.* Reinbek: Rowohlt.

Forstmeier, S., Uhlendorff, H. & Maercker, A. (2005). Diagnostik von Ressourcen im Alter. *Zeitschrift für Gerontopsychologie &-psychiatrie 18 (4), 227-257.*

Frey, C. & Schmitt, M. (2003). Kindheitsbelastungen und psychische Störungen im Erwachsenenalter: Ergebnisse der Interdisziplinären Längsschnittstudie des Erwachsenenalters (ILSE). *Psychosozial,* 26 (2), Nr. 92, 33-37.

Fuchs, W. (1984). *Biographische Forschung: Eine Einführung in Praxis und Methoden.* Opladen: Westdeutscher Verlag.

Furman, W. & Buhrmester, D. (1985). Children's perceptions of the quality of sibling relationships. *Child Development,* 56, 448-461.

Furstenberg, A.-L. (1994). Rule for Aging: How to manage Growing Older. *Journal of Gerontological Social Work,* 23 (1/2), 223-244.

Ganong, L. & Coleman, M. (2005). Measuring Intergenerational Obligations. *Journal of Marriage and Family,* 67, 1003-1011.

Gans, D. & Silverstein, M. (2006). Norms of Filial Responsibility for Aging Parents Across Time and Generations. *Journal of Marriage and Family,* 961-976.

Gass, K., Jenkins, J. & Dunn, J. (2007). Are sibling relationships protective? A longitudinal study. *Journal of Child Psychology and Psychiatry,* 48 (2), 167-175.

Glasl, F. (2002). *Konfliktmanagement. Ein Handbuch für Führungskräfte, Beraterinnen und Berater* (7. Aufl.). Bern: Verlag Freies Geistesleben.

Goetting, A. (1986). The Developmental Tasks of Siblingship over the Life Cycle. *Journal of Marriage and the Family,* 48, 703-714.

Gold, D. T. (1989a). Generational Solidarity. Conceptual Antecedents and Consequences. *American Behaviorial Scientist,* 33 (1), 19-32.

Gold, D. T. (1989b). Sibling Relationships in Old Age: A Typology. *International Journal of Aging and Human Development,* 28 (1), 37-51.

Gold, D. T., Woodbury, M. A. & George, L. K. (1990). Relationship Classification Using Grade of Membership Analysis: A Typology of Sibling Relationships in Later Life. *Journal of Gerontology: Social Sciences,* 45 (2), S43-51.

Goldring Zukow, P. (Ed.) (1989). *Sibling Interactions Across Cultures: Theoretical and Methodological Issues.* New York: Springer.

Grau, I. & Bierhoff, W. (1998). Tatsächliche und wahrgenommene Einstellungs-ähnlichkeit als Prädikatoren für die Beziehungsqualität. *Zeitschrift für Sozialpsychologie,* 29 (1), 38-50.

Grau, I. & Clashausen, U. & Höger, D. (2003). Der "Bindungsfragebogen" von Grau und der "Bielefelder Fragebogen zu Partnerschaftserwartungen" von Höger und Buschkämper im Vergleich. *Psychology Science,* 45, 41-60.

Grossmann, K. E., Grossmann, K., Kindler, H., Scheuerer-Englisch, H., Spangler, G. Stöcker, K., Suess, G. J., & Zimmermann, P. (2003). Die Bindungstheorie: Modell, entwicklungspsychologische Forschung und

Ergebnisse. In Keller, H. (Hrsg.), *Handbuch der Kleinkindforschung* (3. erweiterte Aufl.). (223-282). Bern: Hans Huber.

Grossmann, K. E., Grossmann, K., Becker-Stoll, F., Maier, M., Scheuerer-Englisch, H., Schieche, M., Stöcker, K., Suess, G. J., Wensauer, M. & Zimmermann, P. (2003). Internalisierung unterschiedlicher kindlicher Bindungserfahrungen und ihre klinische Relevanz. In Keller, H. (Hrsg.), *Handbuch der Kleinkindforschung* (3. Aufl.). (1153-1194). Bern: Hans Huber.

Grossmann, K. E. & Grossmann, K. (2003). *Bindung und menschliche Entwicklung: John Bowlby, Mary Ainsworth und die Grundlagen der Bindungstheorie.* Stuttgart: Klett-Cotta.

Gubrium, J. F. & Holstein, J. A. (2002). *Handbook of interview research: context and method.* Thousand Oaks, CA: Sage.

Gunzelmann, T., Schumacher, J. & Brähler, E. (2002). Normierung des Gießen-Test für über 60-Jährige. *Zeitschrift für Gerontologie und Geriatrie*, 35 (1), 13-20.

Hareven, T. K. (1995). *Aging and generational relations over the life course: a historical and cross cultural perspective.* Berlin, New York: de Gruyter.

Hargrave, T. D. & Hanna, S. M. (1997). *The Aging Family: New Visions in Theory, Practice, and Reality.* New York: Brunner/Mazel.

Hatch, L. (2000). *Beyond Gender Differences: Adaptation to Aging in Life Course Perspective.* New York: Baywood Publishing Co.

Heckhausen, H. (1989). *Motivation und Handeln* (2. Aufl.). Berlin: Springer.

Heinl, P. (2003). *„Maikäfer flieg, dein Vater ist im Krieg..." Seelische Wunden aus der Kriegskindheit* (4. Aufl.). München: Kösel.

Hetherington, E. M., Reiss, D & Plomin, R. (1994). *Separate social worlds of siblings: the impact of nonshared environment on development.* Hillsdale, NY: Erlbaum.

Hinde, R. (1993). Auf dem Weg zu einer Wissenschaft zwischenmenschlicher Beziehungen. In : Auhagen, A. E. & Salisch, M. (Hrsg.), *Zwischenmenschliche Beziehungen* (7-36). Göttingen: Hogrefe.

Hirsch, H. (2003). Flucht und Vertreibung. Kollektive Erinnerung im Wandel. *Aus Politik und Zeitgeschichte*, B 40-41, 14-26. Abrufbar über: http://www.bpb.de/files/HEKVE4.pdf [Zugriff 13.10.2005].

Höpflinger, F. (2003). Soziale Beziehungen im Alter – Entwicklungen und Problemfelder. Abrufbar über: http://www.forum–seniorenarbeit.de/media/custom /373_204_1.PDF?loadDocument& ObjSvrID=373&ObjID =204&ObjLa=1&Ext=PDF [Zugriff 16.05.2007]

Hofer, M., Wild, E. & Noack, P. (2002). *Lehrbuch Familienbeziehungen.* Göttingen: Hogrefe.

Horwitz, A. V., Tessler, R. C., Fisher, G. A. & Gamache, G. M. (1992). The Role of Adult Siblings in Providing Social Support to the Severely Mentally Ill. *Journal of Marriage and the Family,* 54, 233-241.

Institut für Medizinische Dokumentation und Information (2004). Internationale Statistische Klassifikation der Krankheiten und verwandter

Gesundheitsprobleme: F43.1 (Version 10). Abrufbar über: www.dimidi.de/statistic/de [Zugriff 1.10.2005]

Jerouschek, G. (2003).Vertreibungsschicksale in Psychoanalysen. *Psychosozial*, 26 (2), Nr.92, 45-49.

Kappe, D. (1996). *Konfliktbewältigung und kulturspezifisches Konfliktverhalten.* Wiesbaden: Deutscher Universitäts-Verlag.

Kappelmann, P. (2000). Methoden der empirischen Wirtschafts- und Sozialforschung. Skript zur Vorlesung (4. Aufl.) Abrufbar über: http://www.wiwi.uni-wuppertal.de/kappelhoff/papers/ skriptkomplett.pdf [Zugriff 16.05.2007].

Karle, M., Kleefeld, H. & Klosinki, G. (2000). Geschwisterbeziehungen: Allgemeine Aspekte und die besondere Situation in Trennungs- und Scheidungsfamilien. In Klosinki, G. (Hrsg.), *Verschwistert mit Leib und Seele* (155-175). Tübingen: Attempto.

Kasten, H. (1993). *Die Geschwisterbeziehung*, Band 1. Göttingen: Hogrefe.

Kasten, H. (1995). *Einfluß der Familie auf die Geschlechtsrollenverteilung. Ein Forschungsbericht mit erweitertem bibliographischem Anhang.* Bamberg: Staatsinstitut für Familienforschung an der Universität Bamberg.

Kasten, H. (1996). *Weiblich – männlich. Geschlechtsrollen und ihre Entwicklung.* Berlin: Springer-Verlag.

Kasten, H. (1998). Geschwisterbeziehungen im Lebenslauf. In Wagner, M. & Schütze, Y. (Hrsg.), *Verwandtschaft: sozialwissenschaftliche Beiträge zu einem vernachlässigten Thema.*Stuttgart: Enke.

Kasten, H. (2001). *Geschwister. Vorbilder, Rivalen, Vertraute* (4. Aufl.). München: Ernst Reinhardt.

Kasten, H. (30.06.2004). Der aktuelle Stand der Geschwisterforschung. In Fthenakis, W. E. & Textor, M. R. (Hrsg), *Das Online-Familienhandbuch.* Abrufbar über: www.familienhandbuch.de/cms/Familienforschung-Geschwister.pdf [Zugriff 1.10.2004]

Kendrick, C. & Dunn, J. (1983). Sibling Quarrels and Maternal Responses. *Developmental Psychology*, 19 (1), 62-70.

Kidwell, J. S. (1981). Number of Siblings, Sibling Spacing, Sex, and Birth Order: Their Effects on Perceived Parent-Adolescent Relationships. *Journal of Marriage and the Family*, 43 (2), 315-331.

Kidwell, J. S. (1982). The Neglected Birth Order: Middleborns. *Journal of Marriage and the Family*, 29, 225-235.

Kiselica, M. S. & Morrill-Richards, M. (2007). Sibling Maltreatment: The Forgotten Abuse. *Journal of Counseling & Development*, 85, 148-160.

Kitze, K., Hinz, A. & Brähler, E. (2007). Das elterliche Erziehungsverhalten in der Erinnerung erwachsener Geschwister. *Psychologie in Erziehung und Unterricht*, 54 (1), 59-70.

Kivnick, H. Q. & Jernstedt, H. L. (1996). Mama Still Sparkles: An Elder Role Model in Long-Term Care. *Marriage and Family Review*, 24 (1/2), 123-164.

Klagsbrun, F. (1993). *Der Geschwisterkomplex. Ein Leben lang Liebe, Haß, Rivalität und Versöhnung.* Frankfurt: Eichborn.

Klees, E. (2008). *Geschwisterinzest im Kindes- und Jugendalter. Eine empirische Täterstudie im Kontext internationaler Forschungsergebnisse.* Lengerich: Pabst Science Publishers.

Klosinski, G., (Hrsg.), (2000). *Verschwistert mit Leib und Seele.* Tübingen: Attempto.

Kluge, S. & Kelle, U. (1999). *Vom Einzelfall zum Typus: Fallvergleich und Fallkontrastierung in der qualitativen Sozialforschung.* Opladen: Leske + Budrich.

Kock, G. (1997). *„Der Führer sorgt für unsere Kinder…": Die Kinderlandverschickung im Zweiten Weltkrieg.* Paderborn: Schöningh.

Kohli, M. & Künemund, H. (2001). Partizipation und Engagement älterer Menschen. Bestandsaufnahme und Zukunftsperspektiven. In Deutsches Zentrum für Altersfragen, *Lebenslagen, soziale Ressourcen und gesellschaftliche Integration im Alter: Expertisen zum dritten Altenbericht der Bundesregierung,* Band III (117-234). Opladen: Leske + Budrich.

Kohli, M. & Künemund, H. (2003). Der Alters-Survey: Die zweite Lebenshälfte im Spiegel repräsentativer Daten. *Aus Politik und Zeitgeschichte*, B 20, 18-25.

König, K. (1992). *Brüder und Schwestern. Geburtenfolge als Schicksal* (11.Aufl.). Göttingen: Vandenhoeck & Ruprecht.

Kowal, A., Kramer, L., Krull, J. L. & Crick, N. R. (2002). Children's Perceptions of the Fairness of parental Preferential Treatment and Their Socioemotional Well-Being. *Journal of Family Psychology*, 16 (3), 397-306.

Kulturwissenschaftliches Institut (2005). Kinder des Zweiten Weltkrieges: Lebensgeschichtliche und politisch-kulturelle Bedeutung von Kriegserfahrung und Generationalität in Deutschland. Abrufbar über: http://www.kwi-nrw.de [Zugriff 1.10.2005]

Lamb, M. E. & Sutton-Smith, B. (Eds.). *(1982). Sibling Relationships: Their Nature and Significance Across the Lifespan.* Hillsdale, N.Y: Erlbaum.

Lamnek, S. (1995). *Qualitative Sozialforschung. Methoden und Techniken*, Band 2. (3. Aufl.). Weinheim: Beltz.

Lapota, H., Z. (1995). Feminist Perspectives on Social Gereontology. In Blieszner, R. & Bedford, V. H. (Eds.), *Handbook of Aging and the Family* (114-131). Westport: Greenwood Press.

Lehmann, G. & Lehmann, U. (1995). Die Bedeutung der Geschwisterbeziehung aus psychotherapeutischer Sicht. *Zeitschrift für Individualpsychologie*, 20, 195-207.

Lehr, U. (2004). Der demographische Wandel. *Forum Seniorenarbeit NRW: Themenschwerpunkt „Der demographische Wandel" [Online-Journal]*, 6. Abrufbar über: http://www.forum-seniorenarbeit.de/output/La1/373.34/_/ tx/tx|373.838.1/_/_.html, [Zugriff 05.08.2007].

Lehr, U. (2000, 2007). *Psychologie des Alterns.* Wiebelsheim (9., 11. Aufl., neu bearbeitet): Quelle & Meyer.

Leigh, G. K. (1982). Kinship Interaction over the Family Life Span. *Journal of Marriage and the Family*, 44, 197-208.

Leman, K. (1994). *Geschwisterkonstellationen. Die Familie bestimmt ihr Leben.* München: mvg verl.

Lewin, K. (1953). *Die Lösung sozialer Konflikte.* Weiß Lewin, G. (Hrsg.). Bad Naunheim: Christian-Verlag.

Lewin, K. (1982). *Kurt-Lewin-Werkausgabe. Feldtheorie* (Band 4). Stuttgart: Klett-Cotta, Huber.

Ley, K. (Hrsg.). (1995). *Geschwisterliches: jenseits der Rivalität.* Tübingen: edition diskord.

Lienertz, G. A. & Raatz, U. (1994). *Testaufbau und Testanalyse* (5. Aufl.). Weinheim: Psychologie Verlags Union.

Lorenz, H. (2005). *Kriegskinder. Das Schicksal einer Generation.* Berlin: List (Ullstein).

Lückert, H.-R. (1964). *Der Mensch, das konfliktträchtige Wesen. Das Konzept vom Menschen in der gegenwärtigen Psychologie.* München: E. Reinhardt.

Lüscher, B. (1997) *Die Rolle der Geschwister: Chancen und Risiken ihrer Beziehung.* Berlin: Wissenschaftsverlag Spiess.

Maercker, A. (Hrsg.). (2002). *Alterspsychotherapie und klinische Gerontopsychologie.* Berlin: Springer.

Mayring, P. & Saup, W. (Hrsg.). (1990). *Entwicklungsprozesse im Alter.* Stuttgart: Kohlhammer.

Mayring, P. (1993). *Qualitative Inhaltsanalyse. Grundlagen und Techniken* (4. Aufl.). Weinheim: Deutscher Studien Verlag.

Mayring, P. (1996). *Einführung in die qualitative Sozialforschung: Eine Anleitung zu qualitativem Denken* (3. Aufl.). Weinheim: Beltz.

Mayring, P. (2000). Qualitative Inhaltsanalyse. *Forum Qualitative Sozialforschung/ Forum: Qualitative Social Research [Online-Journal]*, 1 (2). Abrufbar über: http://qualitative-research.net/fqs/fqs-d/2-00inhalt-d.htm [Zugriff 1.10.2004].

Mehlsen, M., Platz, M. & Fromholt, P. (2003). Life satisfaction across the life course: Evaluations of the most and least satisfying decades of life. *International Journal of Aging and Human Development*, 57 (3), 217-236.

Merten, K. (1983). *Inhaltsanalyse: Einführung in Theorie, Methode und Praxis.* Opladen: Westdeutscher Verlag.

Miebach, A. (2002). Geschwisterkonflikte. Eine empirisch-psychologische Untersuchung. Universität zu Köln: Unveröffentlichte Diplomarbeit.

Miell, D. & Dallos, R. (1996). *Social Interaction and Personal Relationships.* London: Sage.

Mikula, G. & Leitner, A. (1998). Partnerschaftsbezogene Bindungsstile und Verhaltenserwartungen an Liebespartner, Freunde und Kollegen. *Zeitschrift für Sozialpsychologie*, 29 (3), 213-223.

Milevsky, A. & Levitt, M. J. (2005). Sibling support in early adolescence: Buffering and compensation across relationships. *European Journal of Developmental Psychology*, 2 (3), 299-320.

Milevsky, A., Smoot, K. Leh, M. & Ruppe, A. (2005). Familial and Contextual Variables and the Nature of Sibling Relationships in Emerging Adulthood. *Marriage & Familiy Review, 37* (4), 123-141.

Milgram, J. I. & Ross, H. G. (1982). Important Variables in Adult Sibling Relationships: A Qualitative Study. In Lamb, M. E. & Sutton-Smith, B. (Eds.), *Sibling Relationships: Their Nature and Significance Across the Lifespan* (225-249). Hillsdale, NY: Erlbaum.

Mitterauer, M. (1997). „Das moderne Kind hat zwei Kinderzimmer und acht Großeltern". Die Entwicklung in Europa. In Mitterauer, M. & Ortmayr, N. (Hrsg.), *Familie im 20. Jahrhundert: Traditionen, Probleme, Perspektiven* (13-54). Frankfurt a. M.: Brandes und Apsel.

Montada, L. & Bierhoff, H. W. (Eds.). (1991). *Altruismus in social systems.* Göttingen: Hogrefe.

Montada, L. & KALS, E. (2001). *Mediation. Lehrbuch für Psychologen und Juristen.* Weinheim: Beltz.

Montada, L. & Oerter, R. (2002). *Entwicklungspsychologie* (5. überarbeitete Ausgabe). Weinheim: Beltz.

Motel-Klingebiel A., Hoff, A., Christmann, S. & Hämel, K. (2003). *Altersstudien und Studien mit alter(n)swissenschaftlichem Analysepotential Eine vergleichende Kurzübersicht.* Berlin: Deutsches Zentrum für Altersfragen.

Müller-Heisrath, A., Kückelmann-Metschies, H. (1998). Aufwachsen in der Familie. In Zimmermann, P. (Hrsg.), *Zwischen Dramatisierung und Individualisierung, Geschlechtstypische Sozialisation im Kindesalter* (47-67). Opladen: Leske + Budrich.

Mullins, L. C., Mushel, M., Cook, C. & Smith, R.(1994). The Complexity of Interpersonal Relationships Among Older Persons: An Examination of Selected Emotionally Close Relationships. *Journal of Gerontological Social Work,* 22 (1/2), 109-130.

Murphy, S. O. (1992). Using Multiple Forms of Family Data: Identifying Pattern and Meaning in Sibling-Infant Relationships. In Gilgun, J. F., Daly, K. & Handel, J. (Eds.), *Qualitative Methods in Family Research* (146-171). Newbury Park, CA: Sage.

Neyer, F. J. (1998). Zum Umgang mit dyadischen Daten: Neue Methoden für die Sozialpsychologie. *Zeitschrift für Sozialpsychologie*, 29 (4), 291-306.

Niederfranke, A. (1999). Das Alter ist weiblich. Frauen und Männer altern unterschiedlich. In Frahm, E. (Hrsg.), Niederfranke, A. & Naegele, G., *Funkkolleg Altern 2. Lebenslagen und Lebenswelten, soziale Sicherung und Altenpolitik* (7-52). Opladen: Westdeutscher Verlag.

Noack, H.-J. (2002). Die Deutschen als Opfer. *SPIEGEL special*, 2002 (2), 6-9.

Nolting, H.-P. (1997). *Lernfall Aggression. Wie sie entsteht – wie sie zu mindern ist.* Hamburg: Rowohlt.

Norman, S. M., McCluskey, K. & Ashcraft, L. (2002). Older women's development: a comparison of women in their 60s and 80s on a measure of

Erikson's developmental tasks. *International Journal of Aging and Human Development,* 54 (1), 31-41.

Olbrich, E. (1995). Entwicklung der Persönlichkeit. In Hetzer, H.(Hrsg.), Todt, E., Seiffge-Krenke, I. & Arbringer, R., *Angewandte Entwicklungspsychologie des Kindes- und Jugendalters* (3. Aufl.). (397-427). Heidelberg: Quelle und Meyer.

Oswald, W. D., Lehr, U., Sieber, C. & Kornhuber, J. (Hrsg.), (2006). *Gerontologie: Medizinische, psychologische und sozialwissenschaftliche Grundbegriffe* (3. vollständig überarbeitete Aufl.). Stuttgart: Kohlhammer.

Papastefanou, C. (1992). Das zweite Kind und die Erweiterung der familialen Beziehungen. In Hofer, M., Klein-Allermann, E., Noack, P., *Familienbeziehungen: Eltern und Kinder in der Entwicklung.* Göttingen: Hogrefe, 152-170.

Papastefanou, C. (2002). Die Erweiterung der Familienbeziehungen und die Geschwisterbeziehung. In Hofer, M., Klein-Allermann, E., Noack, P., *Lehrbuch Familienbeziehungen: Eltern und Kinder in der Entwicklung* (2. vollständig überarbeitete, erweiterte Aufl.).
(192-215). Göttingen: Hogrefe.

Parsons, M. L. (2005). „Kinderlandverschickung": Eine Einführung in das erweiterte deutsche Evakuierungsprogramm. www.kriegskinder.de/download/Kinderlandverschickung_parsons.pdf [Zugriff 10.10.2005]

Perlmutter, B. F., Touliatos, J. & Holden, G. W. (2001). *Handbook of Family Measurement Techniques: Abstracts* (Volume 1). Thousand Oaks: Sage.

Perlmutter, B. F., Touliatos, J. & Holden, G. W. (2001). *Handbook of Family Measurement Techniques: Abstracts* (Volume 2). Thousand Oaks: Sage.

Perlmutter, B. F., Touliatos, J. & Holden, G. W. (2001). *Handbook of Family Measurement Techniques: Instruments & Index* (Volume 3). Thousand Oaks: Sage.

Petri, H. (1994). *Geschwister-Liebe und Rivalität. Die längste Beziehung unseres Lebens.* Zürich: Kreuz-Verlag.

Plomin, R. & Colledge, E. (2001). Genetics and Psychology: Beyond Heritability. *European Psychologist,* 6 (4), 229-240.

Plomin, R., Chipuer, H. M. & Neiderhiser, J. M. (1994). Behavioral Genetic Evidence for the Importance of Nonshared Environment. In Hetherington, E. M., Reiss, D & Plomin, R., *Separate social worlds of siblings: the impact of nonshared environment on development* (1-31). Hillsdale, NY: Erlbaum.

Poland, B. D. (2002). Transcription Quality: In Gubrium, J. F. & Holstein, J. A., *Handbook of interview research: Context and method* (629-649). Thousand Oaks: Sage.

Pollet, T. V. (2007). Genetic relatedness and sibling relationship characteristics in a modern society. *Evolution and Human Behavior,* 28 (3), 176-185.

Popper, K. (1994). *Logik der Forschung* (10. verbesserte und vermehrte Aufl.). Tübingen: Mohr.

Pulakos, J. (1989). Young Adult Relationships: Siblings and Friends. *Journal of Psychology*, 123, 237-244.

Radebold, H. (2003). Kriegsbeschädigte Kindheiten: die Geburtsjahrgänge 1930-32 bis 1945-48. *Psychosozial*, 26 (2), Nr.92, 5-15.

Radebold, H. (2004). „Kriegskinder" im Alter. Bei Diagnose historisch denken. *Deutsches Ärzteblatt*, (7), 312-314.

Raffaelli, M. (1992). Sibling Conflict in Early Adolescence. *Journal of Marriage and the Family*, 54, 652-663.

Reddemann, L. & Dehner-Rau, C. (2004). *Trauma: Folgen erkennen, überwinden und an ihnen wachsen.* Stuttgart: Trias.

Rheinberg, F. (1997). *Motivation* (2. Aufl.). Stuttgart: Kohlhammer.

Riggio, H. R. (2000). Measuring Attitudes toward adult sibling relationships: The Lifespan Sibling Relationship Scale. *Journal of Social and Personal Relationships*, 17 (6), 707-728.

Riggio, H. R. (2006). Structural features of sibling dyads and attitudes toward sibling relationships. *Journal of Family Issues*, 27 (9), 1233-1254.

Ross, L. R. & Spinner, B. (2001). General and specific attachment representations in adulthood: Is there a relationship? *Journal of Social and Personal Relationships*, 18 (6), 747-766.

Rufo, M. & Schilte, C. (2004). *Geschwisterliebe, Geschwisterhass. Die prägendste Beziehung unserer Kindheit.* München, Zürich: Piper.

Salisch, M. (1993). Kind-Kind-Beziehungen: Symmetrie und Asymmetrie unter Peers, Freunden und Geschwistern. In : Auhagen, A. E. & Salisch, M. (Hrsg.), *Zwischenmenschliche Beziehungen* (59-78). Göttingen: Hogrefe.

Schachter, F. F. (1982). Sibling Deidentification and Split-Parent Identification: A family tetrad. In Lamb, M. E. & Sutton-Smith, B. (Eds.), *Sibling Relationships: Their Nature and Significance Across the Lifespan* (123-151). Hillsdale, NY: Erlbaum.

Schade, B.(2002). Lebenszufriedenheit als gesundheitsbeeinflussender Faktor im Alter. In Basler, D. & Keil, S. (Hrsg.), *Lebenszufriedenheit und Lebensqualität im Alter* (231-250). Grafschaft: Vektor.

Scharf, M., Shulman, S. & Avigad-Spitz, L. (2005). Sibling Relationships in Emerging Adulthood and in Adolescence. *Journal of Adolescent Research*, 20 (1), 64-90.

Schenk-Danzinger, L. (1988). *Entwicklungspsychologie* (20. völlig neu bearbeitete Aufl.). Wien: Österreichischer Bundesverlag.

Scherer, K. R. & Walbott, H. G. (1995). Entwicklung der Emotionen. In Hetzer, H. (Hrsg.), Todt, E., Seiffge-Krenke, I. & Arbringer, R., *Angewandte Entwicklungspsychologie des Kindes- und Jugendalters* (3. Aufl.). (307-351). Heidelberg: Quelle und Meyer.

Schiller, F. (2001, 1781 Erstveröffentlichung). *Die Räuber.* Stuttgart: Reclam.

Schmidt-Denter, U. (1988). *Soziale Entwicklung. Ein Lehrbuch über soziale Beziehungen im Laufe des menschlichen Lebens.* München-Weinheim: Psychologie Verlags Union.

Schneewind, K. (1991). *Familienpsychologie.* Stuttgart: Kohlhammer.

Schütze, Y. (1986). Der Verlauf der Geschwisterbeziehung während der ersten beiden Jahre. *Praxis der Kinderpsychologie und Kinderpsychiatrie*, 35, 130-137.

Schulman, G. L. (1999). Siblings revisited: Old conflicts and new opportunities in later life. *Journal of Marital and Family Therapy*, 25 (4), 517-524.

Schumacher, J, Gunzelmann, T & Brähler, E. (1996). Lebenszufriedenheit im Alter – Differentielle Aspekte und Einflußfaktoren. Abrufbar über: http://uni-leipzig.del~gespsych/material/zufr_alt.pdf

Schumacher, J. (Hrsg.), Eisemann, M. & Brähler, E. (2000). *FEE. Fragebogen zum erinnerten elterlichen Erziehungsverhalten.* Manual zum Fragebogen. Bern: Hans Huber.

Schumacher, J, Hinz, A. & Brähler, E. (2002). Zur Validität retrospektiver Datenerhebungen. *Zeitschrift für Differentielle und Diagnostische Psychologie*, 23 (4), 459-474.

Schwarz, U. (2004). „Überall Leichen, Überall Tod" – Der Bombenhagel auf die Städte. In Burgdorff, S. & Habbe, C. (Hrsg.), *Als Feuer vom Himmel fiel. Der Bombenkrieg in Deutschland* (70-84). Bonn: Bundeszentrale für politische Bildung (Lizenzausgabe).

Schwarzer, R. & Knoll, N. (2001). Personale Ressourcen im Alter. In Deutsches Zentrum für Altersfragen (Hrsg.), *Personale, gesundheitliche und Umweltressourcen im Alter.* Expertisen zum dritten Altenbericht der Bundesregierung, Band I (11-93). Opladen: Leske + Budrich,

Schwendemann, H. (2002). Tod zwischen den Fronten. *SPIEGEL special*, 2002 (2), 42-47.

Seltzer, M. M. (1989). The Three R's of Life Cycle Sibships: Rivalries, Reconstructions, and Relationships. *American Behavioral Scientist*, 33 (1), 107-155.

Sheean, G. (1997). Adolescent Sibling Conflict. *Family Matters*, 46, 37-39.

Sohni, H. (1995). Horizontale und Vertikale – Die Bedeutung der Geschwisterbeziehung für Individuation und Familie. In Ley, K. (Hrsg.), *Geschwisterliches: jenseits der Rivalität* (19-44). Tübingen: edition diskord.

Sohni, H. (Hrsg.), (1999). *Geschwisterlichkeit. Horizontale Beziehungen in Psychotherapie und Gesellschaft.* Göttingen: Vandenhoek & Ruprecht.

Sohni, H. (Hrsg.), (2004). *Geschwisterbeziehungen in Familien, Gruppen und in der Familientherapie.* Göttingen: Vandenhoek & Ruprecht.

Spitze, G. & Trent, K. (2006). Gender Differences in Adult Sibling Relations in Two-Child Families. *Journal of Marriage and Family*, 68, 977-992.

Spranger, H. (2000). Es ist nie zu spät. Psychotherapeutische Möglichkeiten für späte Traumabewältigung. Abrufbar über: www.kriegskinder.de [Zugriff 11.10.2005].

Staudinger, U. M. (2003). Das Alter(n): Gestalterische Verantwortung für den Einzelnen und die Gesellschaft. *Aus Politik und Zeitgeschichte*, B20, 35-42.

Statistisches Bundeamt (Hrsg.), (2004). *Frauen in Deutschland.* Wiesbaden: SFG.

Stegelmann, K. (2004). Ein Riesenspaß, ein Alptraum. In Burgdorff, S. & Habbe, C. (Hrsg.), *Als Feuer vom Himmel fiel. Der Bombenkrieg in Deutschland* (215-219). Bonn: Bundeszentrale für politische Bildung (Lizenzausgabe).

Stewart, R. B. (1983). Sibling Attachment Relationships: Child-Infant Interactions in the Strange Situation. *Developmental Psychology*, 19 (2), 192-199.

Stewart, R. B. (1990). *The second child: family transition and adjustment.* Newbury Park, CA: Sage.

Stewart, R. B., Verbrugge, K. M. & Beilfuss, M. C. (1998). Sibling relationships in early adulthood: A typology. *Personal Relationships*, 5, 59-74.

Stewart, R. B., Kozak, A., Tingley, L. M., Goddard, J: M., Blake, E. M. & Cassel, W. A. (2001). Adult sibling relationships: Validation of a Typology. *Personal Relationships*, 8, 299-324.

Stocker, C. M., Lanthier, R. P. & Furman, W. (1997). Sibling Relationships in Early Adulthood. *Journal of Family Psychology*, 8, 299-324.

Stöhr R.-M., Laucht M., Ihle W., Esser G. & Schmidt M.H. (2000). Die Geburt eines Geschwisters: Chancen und Risiken für das erstgeborene Kind. *Kindheit und Entwicklung*, 9 (1), 40-49.

Stosberg, M. (1995). *Alter und Familie: Zur sozialen Integration älterer Menschen – Theoretische Konzepte und empirische Befunde.* Frankfurt: Lang.

Sulloway, F. J. (1997). *Der Rebell der Familie. Geschwisterrivalität, kreatives Denken und Geschichte.* Berlin: Siedler.

Teegen, F. & Meister, V. (2000). Traumatische Erfahrungen deutscher Flüchtlinge am Ende des II. Weltkrieges und heutige Belastungsstörungen. *Zeitschrift für Gerontopsychologie & -psychiatrie*, 13 (3/4), 112-124.

Tesch-Römer, C. (2006a). Produktivität im Alter. *Informationsdienst Altersfragen*, 33 (3), 2-5.

Tesch-Römer, C. (2006b). Alterssurvey: Familie und Generationen im Wandel. *Informationsdienst Altersfragen*, 33 (3), 6-8.

Tesch-Römer, C. & Wurm, S. (2006). Subjektive Lebenszufriedenheit oder Unzufriedenheit im Alter? Befunde aus dem Alterssurvey. *Informationsdienst Altersfragen*, 33 (5), 14-15.

Teti, D. M. & Ablard, K. E. (1989). Security of Attachment and Infant-Sibling Relationships: A Laboratory Study. *Child Development*, 60, 1519-1528.

Toman, W. (1986). *Familienkonstellationen: ihr Einfluß auf den Menschen* (4. Aufl.). München: Beck.

Traub, R. (2004). Die gebrannten Kinder. In Burgdorff, S. & Habbe, C. (Hrsg), *Als Feuer vom Himmel fiel. Der Bombenkrieg in Deutschland* (233-239). Bonn: Bundeszentrale für politische Bildung (Lizenzausgabe).

Trimmel, M. (1994). *Wissenschaftliches Arbeiten in der Psychologie.* Wien: WUV-Univ.-Verlag.

Ulich, D. (1971). *Konflikt und Persönlichkeit.* München: R. Oldenbourg.

Ulich, D. (1989). *Das Gefühl: eine Einführung in die Emotionspsychologie.* München: Psychologie Verlags Union.

Ulich, D. (1993). *Einführung in die Psychologie.* Stuttgart: Kohlhammer.

Unzer, U. (1990). *Das mittlere Kind in der Geschwisterkonstellationsforschung -Analyse und pädagogische Auswertung.* Unveröffentlichte Dissertation, Technische Hochschule Aachen.

Wahl, H.-W., Diehl, M., Kruse, A., Lang F. R. & Martin M. (2008). Psychologische Alternsforschung: Beiträge und Perspektiven. *Psychologische Rundschau,* 59 (1), 2-23.

Weaver, S. E., Coleman. M. & Ganong, L. H. (2003). The Sibling Relationship in Young Adulthood. *Journal of Family Issues,* 24 (2), 245-263.

Weinmann-Lutz, B. (1995). Geschwisterbeziehung: Konstanz und Wandel. Identifikationen, Konflikte, Loyalitäten während des ganzen Lebens. *Zeitschrift für Individualpsychologie,* 20, 179-194

Weisner, T. S. (1982). Sibling Interdependence and Child Caretaking: A Cross-Cultural View. In Lamb, M. E. & Sutton-Smith, B. (Eds.), *Sibling Relationships: Their Nature and Significance Across the Lifespan* (305-327). Hillsdale, NY: Erlbaum.

Weisner, T. S. (1989). Comparing Sibling Relationships Across Cultures. In Goldring Zukow, P. (Ed.), *Sibling Interaction Across Cultures: Theoretical an Methodological Issues* (11-25). New York: Springer.

White, L. & Roedmann, A. (1992). Ties among Adult Siblings. *Social Forces,* 71 (1), 85-102.

Whiteman, S. D. & Loken, E. (2006). Comparing Analytic Techniques to Classify Dyadic Relationships: An Example Using Siblings. *Journal of Marriage and Family,* 68, 1370-1382.

Wiehe, V. R. (1997). *Sibling Abuse: Hidden Physical, Emotional, and Sexual Trauma.* Thousand Oaks: Sage.

Wilkening, K. & Köster, A. (2000). Frauen im Alter - das schwache Geschlecht? In Niedersächsisches Ministerium für Frauen, Arbeit und Soziales, *Frauen im Alter: Lust oder Frust?* (5-10). 9. Tagung des Netzwerkes Frauen/Mädchen und Gesundheit Niedersachsen am 1. Juni 1999 in Braunschweig, Hannover.

Wilson, J. G., Calsyn, R. J. & Orlofsky, J. L. (1994). Impact of Sibling Relationships on Social Support and Morale in the Elderly. *Journal of Gerontological and Social Work,* 22 (3/4), 157-170.

Wittkowsky, J. (1994). *Das Interview in der Psychologie: Interviewtechnik und Codierung von Interviewmaterial.* Opladen: Westdeutscher Verlag.

Wright, N. H. (2001). *Geschwister forever: wie sie unser Leben beeinflussen.* Marburg: Francke.

Zöfel, P. (2003). *Statistik für Psychologen im Klartext.* München: Pearson Studium.

Zeitfracht Medien GmbH
Ferdinand-Jühlke-Straße 7
99095 Erfurt, Deutschland
produktsicherheit@kolibri360.de